国家重点研发计划"大规模学生跨学段成长跟踪研究"项目的"多维度场域的学生数据采集技术"课题(课题编号: 2021YFC3340802)

国家自然科学基金面上项目"任务元驱动的自我调节学习服务理论及关键技术研究"(项目编号: 62077020)

国家自然科学基金面上项目"面向自我调节学习的多源行为智能感知与学习目标规划研究"(项目编号: 62177018)

大语言模型
驱动的自我调节学习

刘　海　张昭理　等　著

科学出版社

北　京

内 容 简 介

本书深入探讨了大语言模型在自我调节学习中的应用与实践，首先概述了大语言模型变革教育的现实图景，展示了人工智能在教育领域的应用场景与实际经验，并详细剖析了大语言模型与自我调节学习的紧密关联；其次探讨了基于大语言模型的学习状态分析，如学生情感分析、注意力分析、学习过程行为检测、课堂参与度、学习者知识状态预测等；再次论述了基于大语言模型和个性化推荐技术的学习路径规划与学习行为指导等，揭示了现代技术在教育评估中的巨大潜力；最后展望了大语言模型与自我调节学习深度融合的未来发展趋势，为教育智能化发展提供了重要参考。

本书不仅为教育工作者提供了利用大语言模型优化教学的思路，也为学习者进行自我调节学习提供了新的方法和视角，适合本科生、研究生、高校教师以及教育科技公司的研发人员阅读，是他们了解大语言模型在教育领域应用的重要参考资料。

图书在版编目（CIP）数据

大语言模型驱动的自我调节学习 / 刘海等著. -- 北京：科学出版社，2025.5. -- ISBN 978-7-03-082303-8

Ⅰ. G442-39

中国国家版本馆 CIP 数据核字第 202590JF88 号

责任编辑：朱丽娜　冯雅萌 / 责任校对：杨　然
责任印制：徐晓晨 / 封面设计：有道文化

科 学 出 版 社 出版
北京东黄城根北街 16 号
邮政编码：100717
http://www.sciencep.com
北京建宏印刷有限公司印刷
科学出版社发行　各地新华书店经销
*
2025 年 5 月第 一 版　开本：720×1000　1/16
2025 年 5 月第一次印刷　印张：16 1/2
字数：278 000
定价：**108.00 元**
（如有印装质量问题，我社负责调换）

前　　言

　　在信息技术飞速发展的今天，教育领域正迎来一场前所未有的变革。自我调节学习作为促进学习者终身学习与发展的关键能力，已经成为教育研究与实践的热点。自我调节学习是指学习者以达成学习目标为导向，在元认知、动机和行为方面积极主动地参与自己的学习的学习方式。这种学习方式不仅有助于提升学习者的学习效率和效果，还能够培养学习者的自主学习能力和终身学习习惯。

　　2023 年以来，大语言模型作为人工智能领域的杰出代表，以其强大的语言处理能力和广泛的应用前景，给教育领域带来了新的发展机遇。大语言模型通过深度学习和自然语言处理技术，实现了对海量文本数据的深度理解和智能分析，为教育资源的整合、个性化学习路径的规划、学习过程的诊断与分析等方面提供了有力支持。在教育领域，大语言模型的应用不仅推动了教育资源的数字化和智能化，还促进了教育教学的个性化和精准化，对于提升教育质量、实现教育公平具有重要意义。

　　为推动自我调节学习与大语言模型的深度融合，国家出台了一系列政策文件。特别是近两年来，国家高度重视人工智能在教育领域的应用与发展。2025

年，教育部等九部门发布了《关于加快推进教育数字化的意见》，明确提出要推动大模型与教育教学深度融合，促进教育教学模式的创新与变革。此外，国家还出台了一系列支持人工智能与教育融合发展的政策措施，如设立人工智能教育应用试点项目、加强人工智能与教育领域的产学研合作等，为相关领域的研究与实践提供了有力支持。然而，在自我调节学习的过程中，学习者往往面临着诸多挑战。由于学习环境的复杂性、学习任务的多样性以及学习者个体差异的存在，学习者在自我调节学习过程中常常出现自我记录痕迹轻微、结果归因依据欠妥、目标设定盲目空泛等问题。这些问题不仅影响了学习者的学习效果和自信心，也制约了他们自我调节学习能力的提升。因此，如何为学习者提供有效的支持和指导，成为教育领域亟待解决的问题。

本书旨在探讨大语言模型在自我调节学习中的应用，通过构建基于大语言模型的学习诊断与分析框架，为学习者提供个性化的学习支持和指导。本书的主要内容包括以下几方面：首先，深入分析自我调节学习的内涵和特点，明确大语言模型在自我调节学习中的应用场景和价值；其次，研究基于大语言模型的学习诊断与分析方法，包括文本数据的深度理解和智能分析、学习行为的多模态感知与融合等关键技术；最后，构建基于大语言模型的学习支持系统，为学习者提供个性化的学习路径规划、学习资源推荐以及学习过程中的实时反馈与指导。

在研究过程中，我们得到了国家重点研发计划"大规模学生跨学段成长跟踪研究"项目的"多维度场域的学生数据采集技术"课题（课题编号：2021YFC3340802），以及国家自然科学基金面上项目"任务元驱动的自我调节学习服务理论及关键技术研究"（项目编号：62077020）和"面向自我调节学习的多源行为智能感知与学习目标规划研究"（项目编号：62177018）等的资助。这些项目的支持为我们提供了充足的经费保障和丰富的研究资源，使我们能够深入开展相关研究并取得一系列创新成果。

本书由华中师范大学刘海老师拟定编写框架、体系结构和指导思想，他参与了第三、四、六、八章的编写工作；张昭理老师负责全书的总体策划、质量把控和学术指导工作，参与了第五、七、九、十章的编写工作。编写团队由硕士研究生构成：刘志冰参与了第三章、第十章的编写工作；丁宁参与了第二章第一节、第九章的编写；周良伟参与了第一章第三、四节和第八章的编写；钱诗佳参与了第二章第三节、第六章的编写；张美沂参与了第二章第二节、第七章的编写；曾爽参与了第一章第一、二节和第五章的编写；聂紫洁则参与了第二章第二节、第四章的编写。感谢上述同学在本书编写过程中给予的宝贵帮助和支持。此外，还要特别感谢周启云、李林峰、吴远芳、赵万里等同学在数据收集、格式修订等方面所做的工作，他们为本书的顺利完成提供了有力支持。

最后，特别致谢武汉东湖学院赵莉院长及同人，他们围绕自我调节学习的研讨、应用示范与实证研究，助力书稿提质。我们还要感谢科学出版社的朱丽娜、冯雅萌等编辑。正是他们的精心指导和审阅，使得本书得以高质量出版。他们的专业精神和严谨态度为我们树立了榜样，也为我们今后的研究工作提供了宝贵经验。在此，我们向他们表示衷心的感谢！

由于篇幅所限，书中不足之处在所难免，敬请广大读者批评指正！

作　者

2024 年于桂子山

目　　录

前言

第一部分　研究理论概述

第二部分 学习状态研究

第三部分　规划指导研究

第四部分　研究总结展望

第一部分

研究理论概述

第一章

大语言模型变革教育的现实图景

第一节 人工智能赋能教育的应用场景

人工智能（artificial intelligence，AI）自 2015 年来取得了迅猛发展，被广泛应用于各个领域，深刻改变了人们的生活和工作方式。在教育领域，人工智能的应用场景同样广泛且多样，从个性化学习到自动化评估、从智能课堂辅导到自我调节学习（self-regulated learning，SRL），人工智能技术正在重塑传统的教育模式，提升教学效果和学习体验。通过引入多模态输入的知识，人工智能能够更全面地了解和适应每个学生的学习特点，提供更加精准和有效的学习支持，从而实现真正意义上的因材施教。人工智能赋能教育不仅有助于提高学生的学习效率和兴趣，也在一定程度上解决了传统教育中存在的效率低下、资源不均衡等问题。本节将深入探讨人工智能技术在教育中的具体应用场景，并分析其在解决传统教育问题方面的优势和潜力。

一、智能化教学场景

（一）个性化学习

在教育领域，人工智能在个性化学习方面展示了巨大的潜力。在传统教育中，学生往往接受相同的教学内容，个体差异相对被忽视，导致学习效率差异较大。个性化学习是一种根据学生的自身需求、兴趣和能力，为他们量身定制学习内容和方法的教育方式。人工智能通过多模态输入的知识（如视觉信息、语音信息、文本内容、生物信息等），能够更全面地了解和适应每个学生的学习特点，从而提供更加精准和有效的学习支持（龚瑾，2023）。

学生的学习动机是影响学习效果的重要因素之一。在传统教育中，教师难以关注到每个学生的个体需求，而个性化学习能够通过人工智能技术，为学生提供更为细致和有针对性的学习支持，进而激发他们的学习兴趣和动机。个性化学习系统可以利用人工智能技术，动态调整学习内容和难度，以适应每个学生的独特需求（徐升等，2024）。同时，个性化的激励机制对于个性化学习的开展是至关重要的。传统教育中的评估和反馈往往滞后，学生难以及时了解自己的学习情况和优化方向。而以大语言模型为代表的人工智能技术通过分析学生的学习行为和情感状态，可以提供个性化的激励机制，例如，可在学生提交作业或完成测验后提供即时的反馈与鼓励。这种即时反馈不仅包括正确与否的判断，还包括关于错误原因的解释和改正建议。这种即时性和详细性的反馈能够帮助学生迅速了解自己的学习状况，及时调整学习方法，避免错误的重复发生，从而增强他们的学习自信心。此外，当学生在学习日志中表达出对某一任务的兴趣或成就感时，个性化学习系统可适时给予鼓励和奖励，进一步激发学生的学习热情。对于表现出学习疲劳或挫败感的学生，个性化学习系统可以通过情感分析，及时提供心理支持和学习建议，帮助他们克服学习中的困难。

人工智能在个性化学习中的应用展示了其巨大的潜力。通过多模态输入，人工智能可以全面了解学生的学习特点和需求，提供个性化的学习支持和指导，解决传统教育中的诸多问题。未来，随着人工智能技术的不断发展和应用，个性化学习将在教育领域发挥越来越重要的作用，为每个学生提供更加公平和高效的学习机会。

（二）智能协助教学

人工智能技术除了可被应用于直接帮助学生的教育场景外，还可用于协助教师的教学。传统教育中的教师往往需要处理大量的教学和评估任务，负担过重，并且受限于时间和空间。而教育智能辅导系统利用人工智能技术，可以为学生提供全天候的在线帮助，并给予即时反馈和解释。此外，在传统教育中，优质学习资源往往集中在少数发达地区，导致教育资源不均衡。通过在线智能教育平台和智能辅导系统，优质教育资源可以被传递到世界各地，以协助教育不发达地区的教师，同时也能使这些地区的学生享受到良好的教育。

图 1-1 展示了人工智能技术在教育中的典型应用。例如，可汗学院（Khan Academy）的智能辅导工具能够根据学生的学习进度和表现，提供即时的反馈和指导。学生在学习过程中遇到困难时，可以随时向智能辅导系统求助，获得详细的解答和建议，从而及时解决学习中的疑难问题。此外，由谷歌公司开发的智能辅导平台 Socratic，利用大语言模型帮助学生解决学习中的难题。学生通过手机拍摄问题的图像后上传至 Socratic，Socratic 会利用图像识别技术识别相应问题，并提供详细的解答步骤和相关学习资源。这不仅极大减轻了教师的工作负担，而且能够及时发现学生在学习过程中存在的问题，并提供有针对性的指导。

图 1-1　人工智能技术在教育中的典型应用

二、智能教辅设备

智能教辅设备是指运用人工智能技术设计和开发的教学工具，其核心目的是提高教学质量和效率。图 1-2 展示了一些典型的智能教辅设备，这些设备不仅可以实现传统教具的基本功能，还能够根据学生的学习情况进行学情记录，从而使教师能够更加高效地管理课堂。

科大讯飞AI学习机T20 Pro　　　作业帮智能辅导机　　　智能教育机器人

AI电子白板　　　虚拟设备　　　美国肯尼索州立大学课堂眼动仪

图 1-2　典型智能教辅设备

（一）AI 电子白板

AI 电子白板是一种集成了触控技术和计算机技术的教学辅助工具，被广泛应用于现代课堂。通过智能白板，教师可以更高效地组织教学内容，减少传统板书的时间，提高课堂效率。互动和多媒体功能使得教学内容更加丰富和有趣，有助于激发学生的学习兴趣和动力。例如，教师和学生可以通过触摸屏直接在白板上进行书写、绘图和操作，使得课堂互动更加生动和有趣。此外，智能白板还集成了音频、视频、图像等多种多媒体资源，可以帮助教师更好地展示教学内容，增进学生的理解和记忆。

（二）智能教育机器人

智能教育机器人通过预设的学习程序和人工智能算法，能够模拟教师的部分功能，利用互动和游戏方式为学生提供娱乐和教育体验，帮助学生进行课后复习和解答疑问。例如，Cozmo 机器人是一款由 Anki 公司开发的小型智能机器人，该机器人通过其显示屏上的眼睛和一系列动画表情来表达情感，能够模拟多种情绪，如快乐、悲伤、愤怒等，同时还内置了强大的人工智能系统来辅导学习者进行高效学习。具体而言，Cozmo 可以通过人脸识别技术识别不同学习者的面部，并呼叫其名字进行互动，还可以识别学生的语音指令，并根据指令进行相应的回应和教学指导。

（三）虚拟设备

人工智能结合虚拟现实（virtual reality，VR）和增强现实（augmented reality，AR）技术，通过创建虚拟学习环境，使学生能够身临其境地进行学习，帮助他们更直观地理解抽象的概念和复杂的实验过程（马丁，2019）。例如，谷歌公司发布的 Expeditions 是一款结合虚拟现实和增强现实技术的教育应用，提供了多种虚拟实地考察和学习体验。学生可以通过 Expeditions 进行虚拟的历史遗址考察、科学实验和自然探索。此外，zSpace 是一款基于虚拟现实技术的教学平台，通过 3D 虚拟实验室，可以帮助学生进行科学实验和探究学习。在生物学课程中，学生可以通过 zSpace 虚拟解剖青蛙，观察其内部器官结构，而不需要进行真实的解剖实验。这种沉浸式学习体验不仅能够增强学生的理解力，还能够提高他们的学习兴趣和参与度。

虚拟现实和增强现实技术通过提供虚拟实验和沉浸式学习体验，在一定程度上减轻了教师的负担。教师不再需要亲自指导每一个实验过程，学生可以在虚拟环境中自主进行实验和探索，提升了教学效率和效果。

三、自我调节学习场景

自我调节学习是指学习者系统地引导自己的思维、情感和行为，激励自我并使用适当的学习策略来实现学习目标的一种能力（Zimmerman，2002）。良好的自我调节学习能力可以帮助学习者制定学习计划，监控和评价学习过程，形成良好学习习惯和培养学习技能，是学生取得优异学业成绩的重要保障（张成龙，李丽娇，2018）。

学习者在开展自我调节学习时，需要聚焦于"任务元"，以此完成整个学习任务，实现学习目标。任务元是自我调节学习过程中学习者学习任务中不可再分的最小单位。以图 1-3 所示的齐默尔曼教授的三阶段循环自我调节学习理论为理论根基，针对学习者在自我调节学习的计划阶段、行为表现阶段和自我反思阶段存在的目标模糊，规划章法凌乱、落实拖延，记录痕迹轻微、评估缺位，归因依据欠妥等常见问题，采用先进的技术手段和智能化调节模型是极其必要的。人工智能技术能够对学习者的任务元执行过程进行有效的量化和感知，并对任务元的执行情况进行智能化评估和归因，进而对学习者接下来的任务元执行过程进行个性化规划和指导，以辅助学习者更有效地开展自我调节学习，提高自我调节学习能力。

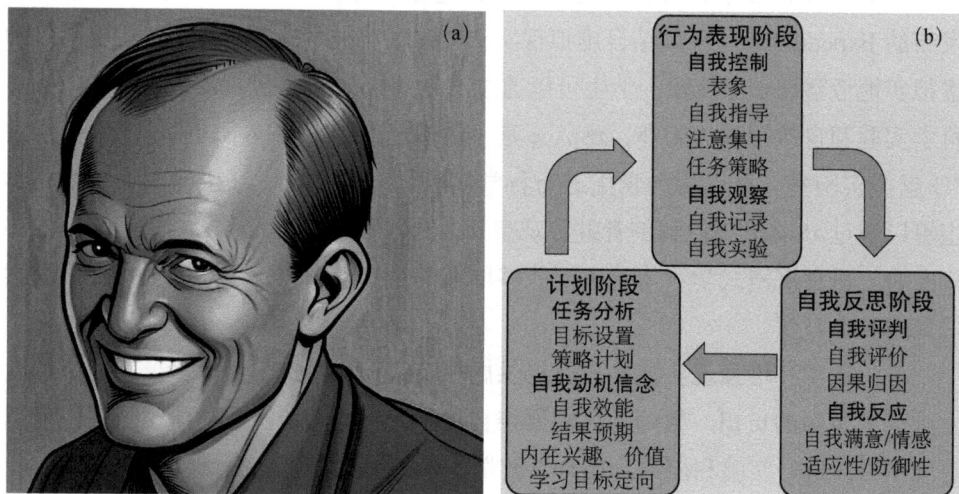

图 1-3　自我调节学习理论

注：（a）齐默尔曼教授肖像画；（b）三阶段循环自我调节学习理论

（一）在线学习环境的自我效能增益

学习者在开展自我调节学习的过程中，需要积极主动地发起并指导自己规划、监控和反思学习过程来努力获取知识和技能，以期达到理想的个人目标，而不是依赖教师、家长或其他利益相关者。自学校出现以来，研究者和教育工作者发现学习者在学业表现中存在着十分明显的差异：一部分学生能够很容易地掌握许多重要概念，同时学习的积极性也很高；另一部分学生则很难理解和记忆相关知识点，而且对学习的兴趣不是很高。随着关于元认知和社会认知研究的广泛开展，研究者开始将个体学业表现差异归因于学习者自我调节学习策略的不同。

进入在线学习时代，技术进步增加了学习者对自我调节学习的需求。尽管丰富的网络资源能够提供宝贵的学习机会，但对学习者来说，最显著的挑战是网络上呈现的信息是无限的，而且质量各不相同，这无疑会增加学习者的认知负荷。因此，学习者必须牢记学习目标，并评估自己是否已获得了足够的信息来解决问题。此外，即使是结构良好的超媒体，学习资料仍以非线性形式呈现，学习者必须调节其导航方式（Jansen et al.，2020）。但学习者通常缺乏自我调节学习技能，从而容易导致其在在线学习过程中表现出低投入的浅层学习状态，进而影响在线学习效果。

在这种非线性、多重表征、开放式的学习环境中，学习往往需要大量自我调节的过程，如计划、反思、元认知监控和调节。人工智能技术通过不断地强化学习者在学习过程中依据自我设定的学习目标的学习动机，制定个性化学习策略，使学习者开展自定步调学习，在增强其自我效能感的同时，满足了在线学习环境对学习者主动性的高要求。在在线学习过程中，学习者的学习轨迹、交互行为等得以记录，从而形成了生成性教育大数据，这些生成性数据反映了学习者的认知结构和学习特征，为提升他们的自我调节学习能力提供了有效的数据支撑。人工智能技术通过充分利用生成性数据，可以提供精准的学习支持服务，有助于提高学习者的自我调节学习能力，辅助其进行学习任务的规划和指导，促进有意义学习和深度学习的发生。

人工智能技术帮助学习者在在线学习环境中设定个性化的学习目标，具体包含呈现学习内容、激活学习过程、安排学习活动、评估学习效果，不断聚焦自我调节设计，从而促进学习者的全面、个性和持续发展。在此过程中，人工智能技术不断对大规模、多模态信息进行评估，将得到的结果运用到下一阶段，进行更加有效的自我指导，并进一步落到目标设定上。人工智能技术通过挖掘不同阶段、不同年级学习者在线学习的系统交互数据，包括视频流和日志信息，同时深度挖掘学习者个体的内隐模态信息，更好地对学习者的特征进行表征，生成相应目标候选集，为学习者设计多角度的学习目标，切实有效地改善学习者对学习任务的规划与指导能力。

（二）多模态特征的学习者状态感知

在自我调节学习过程中，全面而精准地量化感知学习者学习状态是评估其任务完成情况和在线环境下设定学习目标的前提。由于在线学习环境中学习者的外显行为和内隐特征具有很强的相关性，利用人工智能技术感知学习者在自我调节学习过程中的学习状态，是整个自我调节学习过程中的重要环节。

利用多模态信息融合技术，多角度刻画学习状态已成为国内外的热点研究领域。在国外，Montero 和 Suhonen（2014）在该领域的研究颇深，该团队开发了一套记录学习者面部表情和肢体动作的 AutoTutor 系统，分析其学习过程相关数据，从而引导学习者保持积极的学习状态。在国内，Lee 等（2007）设计出一个虚拟人物 Maggie，通过观察和分析学习者的面部表情、手势、身体动作等多种数据，并与之进行互动，以此达到理解学习者学习状态的目的。除了将上述多种外显特征融合之外，国内北京师范大学朱朝喆教授团队将功能性近红外光谱（functional near-infrared spectroscopy，fNIRS）技术和经颅磁刺激（transcranial magnetic stimulation，TMS）技术进行融合，建立标准颅骨空间内功能信息的概率对应模型，并在此基础上构建运动和工作记忆系统的经颅功能脑图谱，将学习者在学习时表现出较高敏感性和特异性的特征直观表示出来，从而达到对学习者学习状态的整体把握。

利用人工智能技术分析学习者的多模态特征，从而感知学习者在学习过程中的状态，是自我调节学习过程中的关键步骤，同时也是对学习任务完成情况进行评估和归因的基础。融合多模态特征不仅能够对自我调节学习执行阶段进行更为全面的刻画，而且更符合学习者对自己学习状态认知的规律。

（三）复杂情境下的自我评估与归因

在自我调节学习过程中，正确地对任务元执行过程进行评估与归因，能够有效地帮助学习者总结并规划下一步的学习，以提高学习效率。针对自我调节学习过程中的学习目标多样、行为特征复杂等特点，人工智能技术可以构建多元任务元执行评估方法，通过过程性评价，及时反映学生的学习情况，辅助学生对自身的学习过程进行反思和总结。

采用机器学习及人工智能技术对结果进行归因的相关研究已经受到关注。宗阳等（2016）从 MOOC（massive open online courses，大规模开放在线课程）在线学习过程出发构建了学习行为指标，并应用逻辑回归对 MOOC 学习数据进行分析，就学习者在线学习行为对学习成绩的影响展开了探索。Colombo 等（2012）基于贝叶斯结构提出了快速因果推论算法，用于学习有向无环图中随机变量之间的因果关系。何绯娟等（2018）提出了因果图构建与隐变量插入的方法，实现了从 MOOC 的学习行为数据中挖掘不同学习效果的因果关系。

总体来看，针对学习者任务完成情况的结果归因属于在线学习领域的热点议题，融合先进的人工智能技术进行结果归因，解决了以往的归因方法受限于数据源海量杂乱和算法效率低下等问题，更加具有全面性和实时性。

从事先计划阶段、执行阶段到自我反思阶段，从行为的自我调节、环境的自我调节到内部过程的自我调节，人工智能技术正在全阶段、全过程地赋能自我调节学习模式，提升自我调节学习效能和加深学习者学习体验。

第二节　人工智能赋能教育的国际经验

全球范围内，人工智能技术已经成为推动教育革新的重要力量，越来越多的国家开始探索人工智能技术在教育领域的应用，旨在通过智能化手段提升教学效果和管理效率（李永智等，2023）。各国政府和教育机构通过制定战略性文件、推动政策支持，以及实施创新项目和计划等，共同推进教育技术的发展。在这一过程中，各国根据自身的教育需求和技术基础，制定了符合各国国情的政策和实施方案，以探索人工智能与教育结合的最佳模式，目前已经形成了一系列国际经验，给全球教育发展带来了启示。

一、美国的 AI 教育实践与政策推动

美国作为全球人工智能技术发展的创新大国之一，其在 AI 教育领域的发展可谓是步步为营（王志军等，2024）。2019 年，美国计算机社区联盟（Computing

Community Consortium，CCC）和国际先进人工智能协会（Association for the Advancement of Artificial Intelligence，AAAI）发布了《未来 20 年美国人工智能研究路线图》（A 20-Year Community Roadmap for Artificial Intelligence Research in the US），建议制定各学习阶段人工智能课程、授予高级别研究生学位补助金并实施人才留存计划、激励开展跨学科人工智能研究、支持构建开放人工智能平台，以重组和培训全能型劳动力队伍（Gil，Selman，2019）。2023 年 5 月，美国教育部教育技术办公室发布了政策报告《人工智能与教学的未来》（Artificial Intelligence and the Future of Teaching and Learning）。该报告阐述了共享知识、提供支持和制定人工智能政策的明确需求，指出人工智能是一种快速发展的识别模式和自动化行动的基础能力，为解决教育政策优先事项带来了重要机遇，必须同时关注应用中的预期风险。人工智能可被描述为促进学校教育模式发生两个巨大转变的重要力量，即从获取数据模式转变到检测数据模式，从提供教学资源转变到提供自动化教学和学习过程决策。[①]在对未来的长期规划方面，美国政府在其公布的《美国政府国际基础教育战略 2024—2029》（U.S. Government Strategy on International Basic Education 2024-2029）中强调了以下三方面内容：①通过改进教学方法和教育资源，确保学生能够达到重要的学习标准，提高基础知识技能，从而提升教学质量；②根据数据驱动决策，利用人工智能收集和分析教育数据，识别教育系统中的不足之处，制定针对性的改进措施，提高教育系统的整体效率和效果；③利用人工智能技术，构建个性化在线学习平台和教育应用程序，扩大教育的覆盖面和效果。[②]

2024 年，美国教育部发布《国家教育技术计划》（National Educational Technology Plan，NETP），明确提出了利用人工智能技术来实现个性化学习内容推荐和路径规划，以适应不同学生的学习需求。美国教育部还在该计划中列出了解决限制教育技术在支持教学方面变革潜力关键问题的三个方法：①为学生提供使用数字化技术提高学习效果的机会，包括动态应用技术来探索、创造和参与对学术内容和知识的批判性分析；②为教育工作者提供机会，扩大他们的专业学习领域，培养

---

① Artificial Intelligence and the Future of Teaching and Learning. https://www.ed.gov/sites/ed/files/documents/ai-report/ai-report.pdf.（2023-05-01）[2025-06-02].

② U.S. Government Strategy on International Basic Education 2024-2029. https://www.usaid.gov/sites/default/files/2024-04/USG-Education-Strategy_FY2023-2024_FINAL_digital_single-508.pdf.（2024-04-15）[2025-06-02].

他们设计用技术推动的教学所需的能力；③为学生和教育工作者提供公平获取教育技术的机会。该计划还重点关注学校、学区和各州如何利用教育技术来帮助设计学习体验，从而增加学生获得教育机会的途径并改善其学习效果。其为各州、学区和学校领导提供了以行动为导向的建议，同时还提供了来自 50 个州、哥伦比亚特区和几个地区的案例，以解决教育技术方面的问题。①

此外，佐治亚理工学院开发的 AI 助教 Jill Watson 能够回答学生在课程论坛中提出的问题，该 AI 助教是借助国际商业机器公司（International Business Machines，IBM）的 Watson 平台实现的，经过不断完善，Jill Watson 回答问题的正确率达到了 97%，提高了日常教学效率和学生参与度。②AI 助教的应用不仅减轻了教师的负担，还增强了学生的学习兴趣和参与度。

二、欧洲各国的人工智能赋能教育

（一）英国：框架政策与研究基础

英国政府早在 2017 年就发布了面向未来 10 年发展的《工业战略：建设一个适应未来的英国》（Industrial Strategy：Building a Britain Fit for the Future），其中就强调了人工智能在教育领域的潜力及重要性，并提出了一系列推动 AI 教育的措施，包括建设人工智能和数据驱动创新的全球中心、支持产业界通过人工智能和数据分析技术提高生产力、设立人工智能和数据经济工作组以推动相关工作等。③随后，为贯彻落实这一战略，英国政府又发布了发展人工智能的具体政策——《工业战略：人工智能领域行动》（Industrial Strategy：Artificial Intelligence Sector Deal）。2021 年，英国政府发布了《国家人工智能战略》（National AI Strategy），旨在确保英国在人工智能领域的全球领导地位。其主要内容包括投资和规划人工智能生态系统的长期需求，支持向人工智能驱动的经济转型，以及改

---

① A Call to Action for Closing the Digital Access，Design，and Use Divides：2024 National Educational Technology Plan. https://tech.ed.gov/netp.（2024-01-24）[2025-06-02].

② AI-Powered Adaptive Learning：A Conversation with the Inventor of Jill Watson. https://www.onlineeducation.com/features/ai-teaching-assistant-jill-watson.（2023-05-21）[2025-06-02].

③ Industrial Strategy：Building a Britain Fit for the Future. https://www.gov.uk/government/publications/industrial-strategy-building-a-britain-fit-for-the-future.（2017-11-27）[2025-06-02].

进治理和监管体系以鼓励创新和保护公众权益。[①]随着生成式人工智能时代的到来，2023 年 11 月，英国教育部发布《生成式人工智能在教育中的应用》（Generative Artificial Intelligence in Education），阐述了如何在教育领域中使用生成式人工智能，包括大语言模型，如 ChatGPT 等。该报告包括六大部分：普及生成式人工智能、教育行业未来机会、有效利用人工智能、保护学生和教师的数据隐私、正式评估，以及未来的知识和技能。其中，在"有效利用人工智能"部分，英国教育部称正在和专家合作，寻找利用生成式人工智能工具提高教育质量和减少教师复杂、冗余工作量的机会。在"未来的知识和技能"部分，该报告强调扎实的基础知识可确保学生掌握正确的技能和更好地利用生成式人工智能工具。[②]

此外，如图 1-1 所示，英国开发了多种智能辅导系统，如 Knewton 等，这些系统利用 AI 技术分析学生的历史学习行为数据，可提供个性化的学习建议和资源。其中，Century Tech 专注于通过人工智能和大数据分析来提供个性化的学习体验，其所推出的自适应学习平台涵盖从小学到高中的多个学科，通过实时收集和分析学生的学习数据，帮助教师了解学生的学习进度和困难，提供及时的支持和干预。基于学生过往的学习表现，Century Tech 会为每位学生适配最适合的学习资源和活动，帮助学生有效地进行学习和复习。

（二）德国：技术集成与职业培训

德国特别注重人工智能技术与职业教育的结合。2011 年，德国联邦教育与研究部推出了"工业 4.0 平台"（Industrie 4.0）项目，该平台由多个政府部门和私营企业合作建立，旨在推动工业 4.0 的各项技术，包括人工智能的应用。这个平台支持的项目中包含教育和培训的内容，旨在帮助学生与工人更好地理解和应用人工智能技术。该项目通过模拟真实工厂的环境，使用人工智能技术来培训学生面对工业 4.0 时代的各种挑战。2016 年，德国政府在其《数字化战略 2025》（Digital Strategy 2025）中提出了关于数字教育和职业培训的"数字教育行动计

---

① National AI Strategy. https://www.gov.uk/government/publications/national-ai-strategy.（2021-09-22）[2025-06-02].

② Generative Artificial Intelligence（AI）in Education. https://www.gov.uk/government/publications/generative-artificial-intelligence-in-education/generative-artificial-intelligence-ai-in-education.（2023-11-13）[2025-06-02].

划"，该计划包含如何通过技术改进教育系统的具体步骤，包括支持智能化学习环境和职业培训。德国通过"数字教育行动计划"提供资金支持，鼓励学校和企业合作，开发符合未来工业需求的教育方案。此外，德国哈索·普拉特纳研究所（Hasso Plattner Institute，HPI）开发的 Schul-Cloud 智能课堂平台，通过人工智能技术实现了课堂教学的智能化管理和个性化学习。

（三）法国：立法支持与创新实验

2018 年，法国制定了"AI 造福人类"（AI for Humanity）计划，旨在通过一系列政策推动人工智能的发展，包括其在教育领域的应用。该计划强调了通过人工智能技术提升教育质量和公平性的目标，并提出了一系列具体的措施，如增加人工智能教育研究经费、发展教育科技企业等。同时，法国高等教育与研究部推出了多项策略来促进数字教育和人工智能在教育中的应用。这些策略包括开发和推广数字教育资源、支持教师的技术培训以及实施数字学习项目等。法国国家科研署实施"未来投资计划"（Programme d'Investissements d'Avenir，PIA），重点资助 AI 教育项目，如智能辅导系统和教育数据分析平台等。法国还启动了"数字学校"（École Numérique）计划，该计划旨在通过向学校引入数字工具和资源，提升教育系统的数字化水平，具体包括推广电子教材、开发数字化学习平台以及提供技术培训。此外，法国政府与微软公司合作的"École IA Microsoft"项目，旨在通过人工智能培训提升教师和学生的技能。该项目提供了免费的 AI 课程，帮助学生和教师了解并应用人工智能技术。另外，École 42 是一个由法国企业家 Xavier Niel 创办的编程学校，完全免费，并采用人工智能技术进行个性化教学，利用人工智能技术来分析学生的学习数据，提供个性化的学习路径和资源，提高了学习效率和效果。École 42 学校的学生在完成学业后，往往能够迅速找到高薪工作，这表明法国的人工智能教育项目显著提升了学生的学习效果，特别是在个性化学习和数据驱动教学方面表现突出。

三、新加坡的国家人工智能战略

早在 2017 年，新加坡制定并发布了"新加坡人工智能"（AI Singapore，

AISG）计划，旨在巩固其在人工智能领域的领先优势，建立一个完备的人工智能人才培养系统，除了对人工智能发展给予经济、政策支持外，还在教育和人才培养方式上做了很多变革。2019 年，新加坡出台《国家人工智能战略》（National AI Strategy，NAIS），加大了对人工智能教育的研究投入和扶持力度，并从根源上重新思考人工智能教育的发展模式，以提升创新创造生产力。新加坡作为世界科技和教育强国，在人工智能赋能教育方面采取了多种创新和实践措施，旨在提升学生的综合素养和技术能力（徐鹏等，2022）。

第一，新加坡采用"双师制"模式，聘请有实际经验的人工智能工程师兼任教师，带领学生进行人工智能项目实践。这种模式将教育目标分解为理论与实践两个部分，由不同教师负责，确保学生既能掌握理论知识，又能积累实际操作经验。AISG 计划按照学习、实践、分享三个步骤，通过整合各种教育资源，分别针对不同年龄段和职业背景的群体设计了许多在线课程。同时，新加坡还制定了人工智能工程师的职业培训计划（AI for Apprenticeship Programme，AIAP）（彭俊坤，2022），即通过对理工科学生进行专业培训，源源不断地为国家输送高水平的 AI 工程师。

第二，新加坡实施分层教授策略，将人工智能学习分为三个级别：初级、中级和高级（刘天雨，2023）。学生通过深入学习，逐步掌握编程技能、批判性思维以及进行人工智能项目实践所需的经验和知识。这种层层递进的学习方式确保了学生在各个阶段都能获得相应的知识和技能。

第三，新加坡通过配备数字学习设备、建立数字学习空间和应用自适应学习系统，促进学生的个性化自主学习，这些措施帮助学生在数字技术条件下更高效地学习人工智能知识和技能。2023 年，新加坡在基础教育数字化领域提出了最新战略规划——教育技术计划（Educational Technology Program，ETP），该计划着力从顶层规划、推进机制、经费支持三个方面构筑保障体系。在新加坡教育数字化转型进程中，教育部主导实施了两项核心举措：首先，通过为中小学配备智能学习终端和高速网络设备，系统构建数字化学习空间；其次，在此基础上引入人工智能驱动的自适应学习系统，有效促进学生开展个性化自主学习。随着"智慧国 2025"教育信息化战略的推进，新加坡已形成基于数字技术的"自主–个性"双轮驱动教育模式。与此同时，新加坡教育部通过实施数字形成性评价体系、建立数字阅读素养评估标准、推行国家数字化考试平台等方式，逐步构建起以学习者发展为核心的数字评价生态系统，使教、学、评三个环节在虚拟学习环境中实现深度融合与动态优化。

第四，新加坡国立大学提供了人工智能与机器学习在线课程，该课程介绍了人工智能和机器学习的最新技术，涵盖基础知识和实际应用技能。课程结束后，学生将掌握人工智能的基础知识，包括各种类型的机器学习算法，并且能够应用所学知识解决实际问题，如在物联网数据上应用人工智能技术。

第五，新加坡的高等教育领域采取了一系列产教融合国际化的措施，如吸引全世界知名跨国公司与本地高等学府建立研究合作伙伴关系、引进跨国企业力量提升高校课程体系的实践性和国际性、高校与区域性或全球性企业共同开发多维度的人才培养综合项目、积极派遣学生参与跨国公司在本地承担的各类专业建设工程等（庄腾腾，洪化清，2023）。新加坡政府制定了《研究、创新及企业 2025规划》（Research，Innovation and Enterprise 2025 Plan），拟在 21 世纪的第三个十年为高端制造业、数字技术等关键领域提供充足的研发资金支持。新加坡的高等教育领域强调产教融合，为学生提供了在金融科技、智能交通、物流和医疗保健等行业应用 AI 的实践机会。这种模式不仅提升了学生的就业竞争力，也推动了新加坡和东南亚地区的人工智能创业。

通过这些措施，新加坡在人工智能赋能教育方面走在了世界前列，不仅注重理论教学，更强调实践操作和实际应用，为学生提供了全面发展的平台和实践机会，培养了大量人工智能领域的人才。

四、日本的"超智能时代"

日本是世界上人工智能技术发展水平较高的国家之一。日本政府将培养人工智能人才视为重要、紧迫的课题与长期实施的教育战略，试图以此在世界范围内特别是亚洲地区形成国际影响力。日本政府将 AI 教育覆盖全部教育阶段，重视将数学、数据科学和 AI 教育融合，以形成适应"社会 5.0"时代的教育模式，具有一定的特色（蒋玲玲，2024）。日本在 AI 赋能教育方面的实际经验主要体现在以下几个方面。

第一，为推动人工智能发展，日本政府在 2019 年出台《AI 战略 2019》，希望通过发展人工智能，推动社会制度改革，改善公民生活，并提升日本的国际影响力。该战略将教育体系改革和研发体系重组放在首位，以奠定未来发展基础。为进一步确保国家战略目标的实现，日本政府于 2021 年出台了《AI 战略 2021》。该战略旨在通过实现"社会 5.0"的目标，为解决重要的全球问题及日本自身社会问题贡献方案。日本计划在 2025 年前在高中和大学普及人工智能基础知识教学，培养能够将人工智能知识应用于其他领域的复合型人才。日本政府于 2022 年出台的《AI 战略 2022》也提出构建国际化的人工智能研究教育和社会基础网络，并以研发尖端人工智能技术为目标，建设一批吸引全球优秀人才的人工智能研究基地。

第二，日本在中小学阶段也开始引入人工智能教育，通过系统的课程设计，启发学生对人工智能技术的兴趣和理解，培养学生基础的人工智能素养，该教育课程体系注重实践，鼓励学生通过实际操作和参与项目来理解和应用 AI 技术。这种实践导向的教学方式不仅提高了学生的动手能力，还增强了他们解决实际问题的能力（孙立会，周亮，2023）。

第三，日本在"第五期科学技术基本计划（2016—2020）"中提出了构建"社会 5.0"——"超智能时代"的发展理念，寄希望于利用科技创新和人工智能技术，突破发展瓶颈，解决社会问题，率先进入"社会 5.0"时代。为落实"超智能时代"发展目标，日本文部科学省推出了"以尖端技术支持新时代学习推进方略"，强调利用信息通信技术（information and communications technology，ICT）和大数据技术来驱动教育创新。这一策略促进了数字化教学的广泛应用，使教学更具互动性和个性化。

第四，日本教育部实施人工智能赋能行动，促进 AI 技术与教育教学（AI for Education）、科学研究（AI for Science）和社会（AI for Society）的深度融合，旨在全面提升教育质量和科研水平，推动 AI 在科学研究和社会生活中的应用，为学习型社会的建设提供有力支持。

第五，在日本推进"社会 5.0"战略框架下，产学协同机制发挥关键作用。以东京大学为首的顶尖学府与软银等科技巨头构建战略联盟，通过定期举办人工智能全球峰会、组建校企联合实验室等方式，不仅为专家学者搭建了跨域创新平台，还实质性地推动了教育数字化与高端人才培养体系的重构。2021 年，日本文部科学省实施了"数学、数据科学、人工智能高等教育认证计划"（Approved

Program for Mathematics，Data Science and AI Smart Higher Education，MDASH），鼓励大学、大专院校开设人工智能课程，制定人工智能专业人才培养计划，推进产教融合，重视高端人才和应用型人才培养。2023 年，日本政府进一步提出制定区域官民合作的中长期发展路线图，推进区域核心和特色大学产学合作与开放创新，建立核心基地培养人才等。

这些举措表明，日本在利用人工智能技术提升教学质量、培养人工智能人才以及推动教育模式创新方面采取了系统且富有成效的措施。通过这些措施，日本在人工智能赋能教育方面取得了显著进步，为未来的人工智能人才培养奠定了坚实基础。

第三节　我国人工智能赋能教育发展路径

在新时代背景下，人工智能技术迅猛发展，推动教育更新已成为大势所趋。图 1-4 展示了我国人工智能赋能教育的发展路径，描绘了从起步阶段到创新阶段的渐进过程。以自我调节学习为例，起步阶段通过强化基础研究，奠定了技术的根基；应用阶段则致力于推动教育资源的开放共享，使教育资源更加普及和可及；融合阶段强调人工智能和教育深度融合，通过云计算、大数据等技术手段，提升教学质量和效率；最终，在创新阶段，通过自动化、自适应学习的推动，人工智能技术进一步支持创新教育模式的探索，实现"三位一体"的教育目标。图中展示的路径强调了信息技术在教育中的关键作用，特别是大语言模型在推动自我调节学习发展中的重要性。从互联网到云计算，再到大数据的逐步推进，信息技术的每一次进步都为教育创新提供了新的动能。这些技术的融合与应用能够为教育领域提供更加个性化、智能化的教学支持环境，全面提升教育治理效能和治理水平，为培养创新型人才提供坚实的保障。

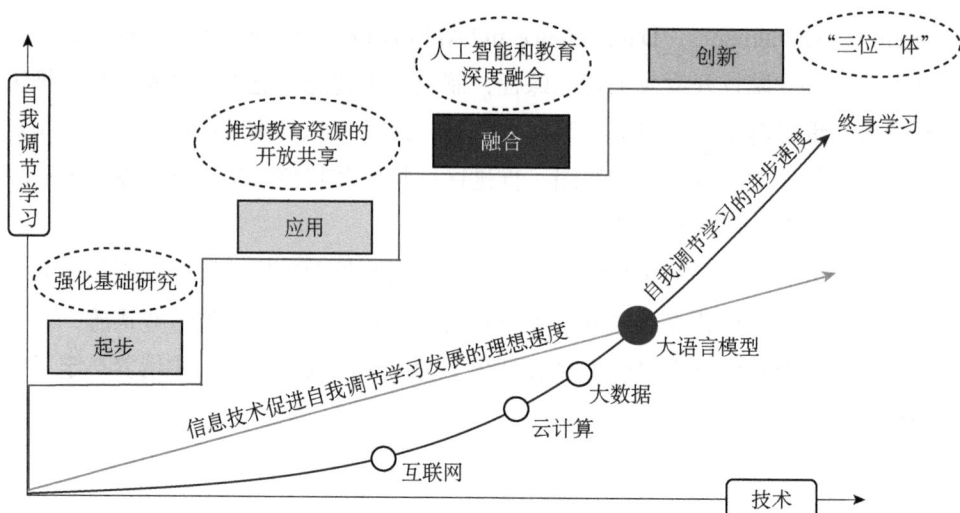

图 1-4 大语言模型为自我调节学习的发展注入新动能

一、人工智能赋能教育的政策支持

（一）发展规划与行动计划

2017 年，国务院印发了《新一代人工智能发展规划》，指出到 2030 年，我国人工智能理论、技术与应用总体达到世界领先水平，成为世界主要人工智能创新中心，智能经济、智能社会取得明显成效，为跻身创新型国家前列和经济强国奠定重要基础。该规划旨在构建开放协同的人工智能科技创新体系，把握人工智能技术属性和社会属性高度融合的特征，坚持人工智能研发攻关、产品应用和产业培育"三位一体"推进，全面支撑科技、经济、社会发展和国家安全。

2018 年，教育部印发了《高等学校人工智能创新行动计划》，目的是引导高校瞄准世界科技前沿，强化基础研究，实现前瞻性基础研究和引领性原创成果的重大突破，进一步提升高校人工智能领域科技创新、人才培养和服务国家需求的能力。计划到 2030 年，高校成为建设世界主要人工智能创新中心的核心力量和引领新一代人工智能发展的人才高地，为我国跻身创新型国家前列提供科技支撑和人才保障。

2023 年，国家互联网信息办公室联合国家发展和改革委员会、教育部、科学技术部、工业和信息化部、公安部、国家广播电视总局公布《生成式人工智能服务管理暂行办法》，该办法支持行业组织、企业、教育和科研机构在生成式人工智能技术创新与转化应用方面开展工作。

2024年，人力资源社会保障部、中共中央组织部等九部门印发《加快数字人才培育支撑数字经济发展行动方案（2024—2026年）》，明确指出紧贴数字产业化和产业数字化发展需要，用3年左右时间，扎实开展数字人才育、引、留、用等专项行动，提升数字人才自主创新能力，激发数字人才创新创业活力，增加数字人才有效供给，形成数字人才集聚效应。

（二）政策与支持措施

为加强产学研合作，推动自主创新，促进人才培养，教育部与中国移动通信集团公司于2012年联合设立教育部–中国移动科研基金，主要资助中国移动发展需要的信息技术和教育信息化等领域的项目研究，面向高等学校定向邀请申报。教育部于2018年发布《教育信息化2.0行动计划》，强调充分利用云计算、大数据、人工智能等新技术，构建全方位、全过程、全天候的支撑体系，数字教育资源实现开放共享，教育大资源开发利用机制全面形成。国家互联网信息办公室发布的《数字中国发展报告（2020年）》指出，全国一体化数据共享交换平台建成，公共信息资源开放有效展开，政务信息整合共享工作基本实现"网络通、数据通"的阶段性目标。2022年，科技部等六部门印发《关于加快场景创新以人工智能高水平应用促进经济高质量发展的指导意见》，鼓励算力平台、共性技术平台、行业训练数据集、仿真训练平台等人工智能基础设施资源开放共享，为人工智能企业开展场景创新提供算力、算法资源。2024年，《中国智慧教育发展报告（2023）》发布，指出中国在过去三年，通过实施国家教育数字化战略行动，在数字资源建设应用、数字素养培养、数字教育体系构建三个方面取得明显进展，尤其是发挥数字教育发展比较优势，建成了世界最大的教育资源中心——国家智慧教育公共服务平台，实现了公共数字教育资源规模化应用的跨越式发展。[①]同时，中国也在较短时间内，在师生数字素养与教育治理的数字化方面，通过实施

---

① 全球数字教育发展指数和中国智慧教育发展报告2023发布. http://www.moe.gov.cn/jyb_xwfb/xw_zt/moe_357/2024/2024_zt02/mtbd/202402/t20240201_1113900.html.（2024-01-31）[2025-06-02].

一系列推进措施，取得了长足进步。2024年，《中国教育报》发文《坚定走好教育数字化的中国道路》，指出作为有担当的教育大国，我们要始终坚持立足国内、面向国际，在加强政策对话沟通、推动基础设施联通、推进数字资源共享、加强融合应用交流、开展能力建设合作等方面全面发力，携手打造全球数字教育命运共同体，共同开创教育美好未来，坚定走好教育数字化的中国道路。①

（三）教育改革与创新

习近平总书记强调，"中国高度重视人工智能对教育的深刻影响，积极推动人工智能和教育深度融合，促进教育变革创新"②。2020年，教育部发布《关于加强"三个课堂"应用的指导意见》，"三个课堂"具体指"专递课堂""名师课堂""名校网络课堂"，三者分别从专门性、共享性以及开放性三个方面促进信息技术与教育教学实践深度融合，推动课堂革命，创新教育教学模式，促进育人方式转变，支撑构建"互联网+教育"新生态，发展更加公平更有质量的教育，加快推进教育现代化。2022年，《人民日报》锐评，"人工智能+教育"，变革教育生态。教、练、考、评、管各环节均有人工智能辅助，让教师教得更好；虚实融合多场景教学、协同育人，让学生学得更好。③同年，教育部在北京大学开展人工智能助推教师队伍建设试点工作集中调研，调研活动充分肯定了试点单位改革探索取得的成效，明确了聚焦教育重点难点、加强与社会各方合作、强化成果的应用转化、重视跟踪评估、强化典型引领带动等工作要求，推进人工智能与教师队伍建设深度融合，推动教师教育理念和教学方法的深刻变革，建设高素质专业化创新型教师队伍。④2018年，教育部印发《高等学校人工智能创新行动计划》，指出优化高校人工智能领域科技创新体系这一重点任务主要包括加强新一代人工智能基础理论研究、推动新一代人工智能核心关键技术创新、加快建设人工智能科

---

① 坚定走好教育数字化的中国道路. http://www.moe.gov.cn/jyb_xwfb/s5148/202403/t20240329_112929 56.html.（2024-03-29）[2025-06-02].

② 人工智能促进教育变革创新. http://www.moe.gov.cn/jyb_xwfb/s5148/202212/t20221222_1035689.html. （2022-12-22）[2025-06-02].

③ 人工智能促进教育变革创新. http://www.moe.gov.cn/jyb_xwfb/s5148/202212/t20221222_1035689.html. （2022-12-22）[2025-06-02].

④ 教育部开展人工智能助推教师队伍建设试点工作集中调研. http://www.moe.gov.cn/jyb_xwfb/gzdt_ gzdt/moe_1485/202207/t20220701_642477.html.（2022-07-01）[2025-06-02].

技创新基地、加快建设一流人才队伍和高水平创新团队、加强高水平科技智库建设、加大国际学术交流与合作力度等，以进一步推进人工智能在教育领域的创新应用。

二、"人工智能+教育"的典型案例

为深入贯彻落实国家关于开展"人工智能+"行动的战略部署，积极推动高等教育与人工智能技术的融合发展，利用智能技术支撑人才培养模式的创新、教学方法的改革、教育治理能力的提升，教育部高等教育司组织了首批"人工智能+高等教育"典型应用场景案例的征集和论证工作，寻找、发掘和推广在人工智能技术应用上具有代表性、前瞻性且能够产生积极影响的高等教育实践案例，经高校申报、专家论证等环节，确定首批 18 个"人工智能+高等教育"应用场景典型案例[①]，本书选取了其中一部分进行介绍，各案例界面如图 1-5 所示。

图 1-5 "人工智能+高等教育"应用场景典型案例

---

① 教育部高等教育司关于公布首批"人工智能+高等教育"应用场景典型案例的通知. http://www.moe.gov.cn/s78/A08/tongzhi/202404/t20240417_1126075.html.（2024-04-12）[2025-06-02].

（一）智能教育平台

华中师范大学的"人工智能赋能教与学——基于小雅平台的智能场景创设"如图1-5（a）所示。小雅平台支持创新教学模式，能够提供数据驱动的"备、教、学、测、评、督、管"服务体系，以促进人工智能技术与高等教育教学的深度融合。小雅平台还能提供启发式学习、个性化学习、对话式自主学习等。具体而言，当学生遇到问题时，小雅平台可以启发学生根据提示和引导信息，分步骤地逐步解决问题；小雅平台可基于学生的过程性学习数据和知识图谱，以可视化形式呈现学情，并根据学习状态进行预警，为学生提供自主学习知识和推荐个性化学习资源；小雅平台还可通过对话式自主学习帮助学生快速获取和学习相关知识。目前，小雅平台已在华中师范大学、武汉理工大学、南开大学等多所高校得到运用。

（二）虚拟实验与仿真

北京大学口腔虚拟仿真智慧实验室是国内首家专注于口腔医学教学的虚拟仿真实验室，如图1-5（b）所示。该实验室旨在通过先进的虚拟现实技术与智能化手段，提升口腔医学教学的质量和效果。该实验室基于北京大学和北京航空航天大学虚拟现实技术与系统国家重点实验室的十余年合作研发成果，采用先进的虚拟仿真训练系统，确保教学的技术支撑和前沿性，可提供全景式虚拟仿真环境，使学生能够在逼真的模拟条件下进行口腔操作训练，有助于提升他们的实践技能和临床判断能力。

（三）人工智能赋能教与学

为进一步推进教育数字化，促进学校信息技术与教育教学的深度融合，清华大学启动人工智能赋能教学试点，如图1-5（c）所示，根据不同学科特点开发大语言模型的垂直应用，打造智能助教、知识图谱等多元化教学场景，并深入观察和分析人工智能技术与教育教学融合所带来的深远影响。试点工作主要使用清华大学计算机科学与技术系和北京智谱华章科技有限公司共同研发的千亿参数多模态大模型——GLM（General Language Model，通用语言模型）作为平台与技术基座，以服务不同学科领域教师的教与学生的学。

（四）智能课堂教学评测

北京师范大学的"创新'AI+'课堂教学智能评测"如图 1-5（d）所示，该案例通过整合计算机视觉（computer vision，CV）、自然语言处理（natural language processing，NLP）、集成学习和统计建模等多种人工智能与数据分析技术，构建了一个全面的课堂教学过程化智能评测系统。该系统能够实时监测和分析教师教学行为、学生学习行为、教学内容与课堂组织形式等，能够对教师教学风格、学生专注度和教学知识点等多维度指标进行量化评估和可视化展示。这种智能化评测方法旨在克服传统教学评价的主观性、滞后性，实现更加精确的教学过程化监控。

（五）个性化学习路径规划

"水杉在线"是华东师范大学在探索教育数字化转型过程中打造的新一代数字化全链路在线学习平台，如图 1-5（e）所示，该平台以数据驱动为核心，集成了"教、学、练、测、评、创"等多个环节，形成了一个综合性的学习社区。其核心模块包括水杉学堂、水杉工坊、水杉校场和水杉码园，通过全面采集学生的学习行为数据，运用人工智能技术制定个性化教学方案，进一步构建数据驱动的过程性评价体系。"水杉在线"通过个性化编程知识图谱与资源推荐、交互式编程助教与智能问答、规模化容器云智能运维与监控，以及全流程区块链数据存证与过程性评价等创新技术的融合，充分挖掘数字中国和高校数字素养与技能提升的业务场景，不仅提升了教学质量，也为教育的数字化转型提供了新思路。

（六）教育管理智能化

华中农业大学的"'有教灵境'智慧实验室实验教学管理系统"如图 1-5（f）所示，该系统通过物联网技术和人工智能技术，对实验室进行数字化升级，实现本科实验教学的"教、学、管、评"全过程信息化覆盖，深度强化师生互动，有效促进实践教学智能化转型。通过该系统，教师可将示教台画面及课件资料推送至大屏及学生交互终端展示，学生无须围观，即可清晰观看示教全过程及课件内容；教师可以实时查看各实验台的实验画面，掌握学生的实操水平，并给予针对性指导；教师还可任意调取多个实验台的实验画面，并将其推送至智慧大屏及学生交互终端上加以展示，以进行对比教学。

第四节　人工智能赋能教育小结

本章探讨了大语言模型在教育中的应用，展现了人工智能赋能教育的广泛图景，首先详细介绍了智能化教学和智能教辅设备的实际应用，其次回顾了世界各国在人工智能赋能教育领域的具体实践和政策推动，最后讨论了中国在人工智能赋能教育方面的政策支持和实际应用。通过发展规划与行动计划、政策与支持措施以及教育改革与创新，中国在推动 AI 教育变革方面取得显著进展。具体实践案例展示了人工智能技术在教与学中的实际应用效果，为未来发展提供了宝贵经验。

通过本章内容，希望读者能够尽可能了解人工智能赋能教育的现状与未来发展路径，洞察人工智能技术在教与学领域的巨大潜力和实际应用效果，以便理解人工智能赋能教育与后文提及的自我调节学习之间的联系。

参 考 文 献

龚瑾.（2023）．人工智能赋能的多模态学习状态研究与分析. 信息系统工程，（11），137-140.

何绯娟，石磊，缪相林.（2018）．MOOC 学习行为数据中因果关系的挖掘方法. 信息与电脑（理论版），15（21），129-131.

蒋玲玲.（2024）.智能化时代国外教育人工智能战略分析和发展启示.机器人产业，（1），11-17.

李永智，秦琳，康建朝，张永军.（2023）.数字教育赋能教育强国的国际观察.电化教育研究，（11），12-20.

刘天雨.（2023）.新加坡：分层教授，培养人工智能领域人才.上海教育，（6），34-37.

马丁.（2019）.VR 技术应用于教育教学中的思考——评《VR 虚拟现实与 AR 增强现实的技术原理与商业应用》.中国教育学刊，（11），120.

彭俊坤.（2022）.新加坡推出"AI 学生拓展计划".上海教育，（35），50-51.

孙立会，周亮.（2023）.面向中小学的生成式人工智能教育政策制定路向——基于日本《中小学生成式人工智能教育应用指南》的分析.中国电化教育，（11），53-61.

王志军，滕志强，苏晨予.（2024）.国际生成式人工智能教育应用创新——全球人工智能学习和教育研究联盟之"人工智能赋能学习者会议"综述.远程教育杂志，42（2），65-74.

徐鹏，董文标，王丛.（2022）.新加坡人工智能终身教育体系现状及启示.现代教育技术，32（1），35-43.

徐升，佟佳睿，胡祥恩.（2024）.下一代个性化学习：生成式人工智能增强智能辅导系统.开放教育研究，30（2），13-22.

张成龙，李丽娇.（2018）.基于 MOOC 的混合式教学对网络自我调节学习的影响.现代教育技术，28（6），88-94.

庄腾腾，洪化清.（2023）.新一轮产业革命背景下新加坡高等教育产教融合的国际化.浙江大学学报（人文社会科学版），53（9），18-28.

宗阳，孙洪涛，张亨国，郑勤华，陈丽.（2016）.MOOCs 学习行为与学习效果的逻辑回归分析.中国远程教育，（5），14-22.

Colombo, D., Maathuis, M. H., Kalisch, M., & Richardson, T. S.（2012）. Learning high-dimensional directed acyclic graphs with latent and selection variables. The Annals of Statistics, 40（1），294-321.

Gil, Y., & Selman, B.（2019）. A 20-year community roadmap for artificial intelligence research in the US. arXiv. https://doi.org/10.48550/arXiv.1908.02624.

Jansen, R. S., van Leeuwen, A., Janssen, J., Conijn, R., & Kester, L.（2020）. Supporting learners' self-regulated learning in massive open online courses. Computers & Education, 146, 103771.

Jiang, Y., Li, Z., Zhao, Y., Xiao, X., Zhang, W., Sun, P., ... & Zhu, C.（2020）. Targeting brain functions from the scalp: Transcranial brain atlas based on large-scale fMRI data synthesis. NeuroImage, 210, 116550.

Lee, T., Chang, C. W., & Chen, G. D.（2007）. Building an interactive caring agent for students in computer-based learning environments. Seventh IEEE International Conference on Advanced Learning Technologies, 300-304.

Montero, C., & Suhonen, J.（2014）. Emotion analysis meets learning analytics: Online learner profiling beyond numerical data. Proceedings of the 14th Koli Calling International Conference on Computing Education Research, 165-169.

Zimmerman, B. J.（2002）. Becoming a self-regulated learner: An overview. Theory into Practice, 41（2）, 64-70.

第二章

大语言模型下的自我调节
学习研究与实践

第一节　自主学习策略驱动自我调节学习的现实问题

　　不同学生在学业表现上存在明显差异，早期学习失败被广泛归因于个人智力限制和懒惰，随着研究的逐渐深入，学者逐步将学业表现差异归因于自我调节学习的不同。自我调节学习是指学习者系统地引导自己的思维、情感和行为，激励自我并使用适当的学习策略来实现学习目标的一种能力。良好的自我调节学习能力可以帮助学习者形成良好的学习习惯、提升学习技能，使其有效应用学习策略监控和评价自身学习的进步情况，是学生取得优异学业表现的重要保障。

　　随着信息技术的发展和学习需求的变化，线上和线下相结合的教学环境越来越普遍，因此，关于混合学习的研究亟待推进。尽管丰富的网络资源能够提供宝贵的学习机会，但对学习者来说，最显著的挑战是网络上呈现的信息是海量的，而且质量参差不齐，这无疑会增加学习者的认知负荷。因此，学习者必须牢记学习目标，并评估自己是否已获得足够的信息来解决问题。即便是结构良好的超媒体学习资料，通常也会以非线性方式呈现，这就要求学习者适当调整其浏览方法。但大部分学习者通常缺乏自我调节学习能力，在学习过程中普遍存在以下问题（图2-1）：目标设定盲目空泛，模糊不清；规划章法凌乱，落实拖延；自我监督能力欠缺，形式单调；结果归因依据欠妥，失之偏颇。究其原因，主要是师生时空分离，加之缺乏教师的有效监管和交互，学习者通常难以保持学习的长久性和持续性，在学习过程中表现出低投入的浅层学习状态，进而影响学习效果，特别是在非线性、多重表征及开放式的学习环境中，常常需要学习者及时进行自我调节，包括计划、反思、元认知监控与调节。换言之，混合学习环境对学习者的主动性要求较高，需要学习者在学习过程中依据自我设定的学习目标不断强化学习动机，利用相关学习策略开展自定步调的学习。自我调节能力是学习者获得学习成功的重要因素，自主学习的独特挑战要求学习者使用自我调节学习策略。

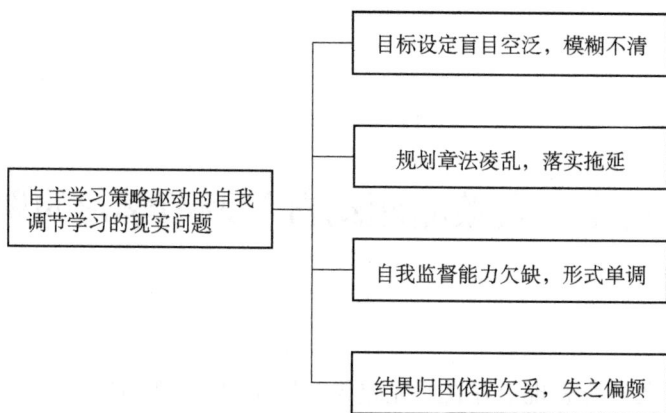

图 2-1　自主学习策略驱动的自我调节学习的现实问题

一、自主学习目标的盲目性

许多应用型高校的学生甚至教师对自主学习的概念和内涵认知不清，认为自主学习等同于自学，这直接导致教师无法对学生的自主学习进行合理引导，从而使得学生在学习过程中缺乏明确的学习目标，加上学生通过互联网获取信息的系统性较差，这进一步导致学生缺乏完整的知识体系，在学习过程中缺少探索的乐趣，最终影响学习计划和学习效果，使自主学习难以持续下去。

在传统的自我调节学习过程中，学习者的目标设定不满足 SMART 原则。目标设定理论强调 SMART 原则，即目标应该是具体的（specific）、可衡量的（measurable）、可达到的（achievable）、相关的（relevant）和有时限性的（time-bound）。在线上线下相结合的混合学习中，学习者由于缺乏教师的直接指导，在设定学习目标时往往较为盲目，这会对他们的学习体验和效果产生负面影响。盲目的学习目标设定削弱了学习者的控制感和成就感，导致学习动机下降。动机的增强依赖于自我调节过程与当前动机状态之间的反馈，而盲目的学习目标会使这种反馈机制失效。

不具体的学习目标使学习者难以有效地测量和识别自己的学习进度，导致他们在缺少明确反馈的情况下感到迷茫，难以及时调整学习策略。例如，"提高编程技能"这样一个模糊的学习目标难以为学习者提供明确的学习方向和检验点，使他们难以选择合适的学习资源和方法。此外，缺乏明确的学习目标会导致学习者在面对困难时更容易放弃。成就感和自我效能感是持续学习动力的重要来源，而不具体的目标会削弱、降低学习者的成就感和自我效能感。自我效能感高的学习者更有信心面对挑战，而目标不明确会让他们怀疑自己的能力，降低继续学习的动力。

为充分发挥混合学习的潜力，学习者需要被指导如何设定具体和有意义的学习目标，并获得相应支持和资源以实现这些目标。这样，学习者才能在混合学习环境中获得清晰的方向，有效地监控自己的学习进度，增强成就感和自我效能感，从而提高学习效率和学习成效。

二、学习规划章法凌乱与落实拖延的问题

在传统的自我调节学习过程中，学习者往往存在规划章法凌乱与落实拖延问题，这两个问题相互交织，是构成学习者学习效率低下的重要原因（Kong，Yang，2024）。存在这些问题的学习者往往是在缺乏清晰方向的情况下进行学习的，同时他们还必须与时间的流逝做斗争，这会对培养他们的自我调节学习能力产生负面影响。

这些问题主要源于学科的复杂性和学业的高压力，导致学习者在面对繁杂的学科内容时缺乏明确的学习规划和时间管理技巧。学科的复杂性要求学习者投入更多的时间和精力来理解与掌握知识，而学业的高压力则会让学习者迫切需要迅速提高成绩。这种迫切感往往导致学习者在复习时缺乏明确的规划，难以有序安排学习计划。若缺少清晰的学习目标和时间表，学习者容易在知识的海洋中迷失

方向，难以有效掌握和消化所学内容，这种漫无目的、缺乏系统性的学习方式会影响他们学科素养的全面提升。此外，学科知识通常是相互关联、有机联系的，缺乏系统性的学习方法往往使得学习者难以建立起完整的知识体系。他们可能对同一学科的不同知识点了解不够深入，难以形成系统性的认知结构。这种散乱的学习方式不仅会影响学习者对知识的整体理解，也会制约他们综合能力的提升。

规划章法凌乱往往源于目标的不明确性和时间管理的混乱。没有一个清晰的目标规划，学习者就像在没有地图的情况下航行，难以判断哪些学习活动是有效的，哪些学习活动是无效的。在这种情况下，即使学习者花费了大量时间，也可能因为方向错误而收效甚微。时间管理的混乱会进一步加剧这一问题，使得学习者在面对多个任务时无法区分哪些是优先级高的任务，导致重要的学习活动被置于次要位置，或是在高压力下匆忙完成任务但完成质量不佳。

规划章法凌乱继而会导致落实拖延的问题。学生群体普遍存在学业拖延行为。拖延不仅会减少学习者实际的学习时间，还会随着时间的推移累积心理压力。这种压力不仅会影响学习效率，还可能导致心理健康问题。随着拖延成为习惯，学习者的自我效能感也会受到影响，他们可能开始怀疑自己的能力，这种自我怀疑又会进一步加剧拖延行为，形成恶性循环。

要解决规划章法凌乱和落实拖延的问题，学习者需要的不仅仅是时间管理和目标设定的技巧，更重要的是对自我认知能力的提升和对学习态度的调整。学习者需要认识到，学习是一个动态的过程，需要持续进行调整和适应。通过反思自己的学习习惯、找出拖延的根本原因并寻求解决方案，学习者可以逐渐克服这些困难。同时，通过将大目标分解成小步骤，并为每个小步骤设定具体可实现的目标，学习者可以减少拖延的产生，增加完成任务的可能性，这种方法不仅有助于提高学习者的学习效率，还能逐步增强学习者的自信心和自我效能感，从而使他们在学习旅程中走得更远。

三、学习过程自我监督效率低下的问题

在自主学习策略驱动的自我调节学习过程中，学习者需要通过自我监督来实现学习状态的感知与归因。这种策略带来了许多问题，其中最为普遍的两个问题

是学习者自我监督能力欠缺导致学习效率低下和自我监督缺乏实时性。

自我监督是学习者感知和归因学习状态的关键策略，但学习者的自我监督能力往往不足，导致学习效率低下。此外，自我监督缺乏实时性，使得学习者难以迅速发现和解决问题，进一步影响学习效果。学习者的自我监督能力欠缺往往表现为难以有效管理和评估自己的学习过程，他们可能难以设定具有挑战性和可达成性的学习目标，缺乏监控学习进度的方法，难以准确判断何时理解了学习内容或者何时需要额外的帮助。这种自我监督上的疏忽会限制学习者从学习经历中提取和巩固知识的能力，对学习效果产生不利影响。

自我监督缺乏实时性，主要是因为目前学习效果评估的不全面性导致监督形式的单调以及监督结果的不准确。如果评估方法仅限于传统的笔试或选择题，那么这些方法可能难以捕捉到学习者的高阶思维技能，如批判性思维、解决问题的能力或创造性思维等。这种评估的局限性不仅可能导致学习者对学习失去兴趣，还可能阻碍学习者发展必要的自我监督能力，使学习者失去反思的机会。建构主义学习理论认为，知识是通过个体在特定情境中的经验、互动和反思构建的。当缺少自我监督时，学习者往往缺少足够的信息来回顾和分析自己的学习过程，导致他们难以进行深入反思，进而难以充分理解和内化学习内容。

在终身学习的背景下，自我监督能力欠缺的问题可能会阻碍学习者发展成为自主、反思和自我调节的学习者。有效的学习监督过程不仅可以帮助学习者回顾和巩固过去习得的知识，还可以为未来的职业发展和终身学习奠定基础。鼓励学习者在自我学习过程中进行详细的记录和深入的反思，加强自身的自我监督能力，对于提高学习者的学习效果至关重要。

四、学习结果归因的偏颇性

在自主学习策略驱动的自我调节学习过程中，学习者对学习结果的归因主要依赖于自身的反思。在此过程中，学习者容易受到复杂的教育动态和心理过程相互作用的干扰，学习者对自己的学习成果产生错误的理解，从而导致结果归因依据欠妥或失之偏颇等问题。

为进一步揭示传统自我调节学习归因偏颇问题，我们先来对教育心理学中的归因理论进行简单叙述。归因理论为我们提供了理解学习者如何解释自己学习效果的框架。学习者倾向于将自己的成功或失败归因于特定的因素，这些因素可以是内部的（例如，努力或能力）或外部的（例如，任务难度或运气），也可以是可控的（例如，学习策略）或不可控的（例如，先天智力）。然而，在新时代的教育背景下，尤其是随着线上与线下学习的普及，学习者更多地依赖自我指导和自我监控，这可能导致他们在归因学习成果时出现偏差。缺乏面对面的即时反馈和支持，学习者有时可能难以准确判断学习成果背后的真正原因。他们可能会将学习挑战归咎于技术问题或线上课程的质量，而不是自己的学习策略或努力。这种外部归因可能会导致他们忽视自身在学习过程中的主动作用和改进空间。

此外，学习者在学习中可能缺乏与同龄人进行社会交往和合作学习的机会，这种孤立感可能会影响他们的情绪和动机，从而影响他们对学习成果的归因。当学习者感到孤独或缺乏归属感时，他们可能会将学习困难归因于个人的社会能力或其他不相关因素。如果没有足够的外在反馈，一些学习者可能高估自己对所学知识的理解和掌握程度，将成功过度归因于自己的能力，而忽视了自己需要进一步深化学习的领域。相反，一些学习者可能会因为在线学习中的挑战而对自己的能力产生怀疑，将失败归因于自己的不足，而不是将其归因于可改进的学习方法或策略，导致学习者过度自信或缺乏自信。

为纠正不恰当的归因，教师可以采取一些措施。教师可以通过提供积极的反馈来帮助学习者认识到努力和有效策略的重要性，也可以教授学习者具体的学习技巧和问题解决技巧，以增加他们对学习过程的控制感。此外，鼓励学习者进行自我反思，识别不恰当的归因模式，并学习如何做出更准确的归因，也是一种有效的措施。

长期以来，我国混合学习领域面临的突出矛盾是迫切需要学习者具备高水平自我调节学习能力与自我调节学习能力整体低下之间的矛盾。我国教育信息化发展进程中存在着学习者群体多元化、学习需求多样化、资源质量差别大等问题，这些问题又为上述矛盾的解决带来了重重障碍。可见，在线学习环境中尤其需要提供有效的支持和干预措施，以提升学习者的自我调节学习能力。

随着自然语言处理技术的高速发展，大语言模型也为自我调节学习注入了新鲜的血液。大语言模型通过个性化学习支持和实时反馈，帮助学生制定合适的学习目标和计划，并指导他们理解和掌握学习内容。同时，大语言模型还能分析学习者的学习行为和结果，并为其提供反馈和建议，帮助学生识别学习的不足之处并加以改进。此外，大语言模型集成了多样化的学习资源和工具，可丰富学习者的学习体验，进一步提升学习效果。

第二节　大语言模型支撑自我调节学习的发展

一、大语言模型的基本概况

（一）大语言模型的发展

大语言模型的发展脉络是现代人工智能技术进步的重要见证之一。其起源可以追溯到早期的语言模型，这些模型主要依赖于统计方法，如 N-gram 模型通过计算词语序列的共现概率来进行预测。然而，这些传统方法存在明显的局限性，难以捕捉语言中的长距离依赖关系和复杂结构。随着神经网络技术的兴起，基于递归神经网络（recurrent neural network，RNN）和长短期记忆（long short-term memory，LSTM）网络的模型逐渐在自然语言处理任务中有更好的表现。特别是长短期记忆网络能够在一定程度上缓解长期依赖问题，可通过引入记忆单元捕捉更长序列的依赖关系。然而，这些模型依然面临训练困难、计算复杂度高等挑战。

转折点出现在 Transformer 架构的提出，这一架构通过引入自注意力（self-attention，SA）机制，显著提升了模型处理长距离依赖关系的能力。Transformer 架构中的自注意力机制使得模型可以在并行计算的同时，关注输入序列中的所有位置，从而大幅度提高了训练效率和效果。基于这一创新，谷歌公司的研究团队在 2018 年发布了 BERT（Bidirectional Encoder Representations from Transformers），通过双向编码器架构，BERT 在多个自然语言处理任务中刷新了性能纪录。BERT 的成功标志着大语言模型进入了一个新的阶段，预训练–微调（pre-training and fine-tuning）范式开始成为主流。

继 BERT 之后，OpenAI 发布的 GPT（Generative Pre-trained Transformer）系列进一步推动了大语言模型的发展，特别是 GPT-3 展示了大规模预训练模型在多任务处理和语言生成上的巨大潜力。GPT-3 的问世标志着大语言模型进入超大规模时代，通过海量数据的预训练，这些模型不仅能够执行特定任务，还表现出了一定的通用智能，能够完成翻译、摘要提取和编程生成等多种任务。

大语言模型的发展不仅体现在模型规模和性能的提升上，还体现在其在各领域的应用广度和深度的拓展上。随着 GPT-3 的成功发布，其他研究机构和企业也纷纷投入到大语言模型的研究和应用中，由此推动了这一领域的快速发展。例如，微软公司与 OpenAI 合作，进一步将大语言模型引入到商业应用中，使得这些先进的技术能够在实际产品和服务中发挥作用，提升了生产力和用户体验。与此同时，研究者也在探索如何更有效地利用大语言模型，一个重要的方向是模型的压缩和加速，以降低其计算成本和能耗。具体来说，通过剪枝、量化和蒸馏等技术，研究者在保持模型性能的前提下，显著降低了模型的尺寸和计算复杂度。除了上述两方面外，大语言模型在医疗、人机交互和教育等领域也展现出了广阔的应用前景。

大语言模型的发展历程充分展示了人工智能技术的巨大潜力和广阔的应用前景。从早期的统计语言模型到现代的深度学习模型，再到具有多模态能力和通用智能的大规模预训练模型，大语言模型的发展不断突破技术瓶颈，开创了一个又一个新的应用领域。本书将基于大语言模型的发展历程和基本原理，探讨大语言模型赋能自我调节学习领域的新模式。

（二）大语言模型的基本原理

大语言模型的核心在于其架构和训练方法，其中最著名的架构是 Transformer，其关键组件包括多头自注意力（multi-head self-attention，MHSA）机制和前馈神经网络（feed-forward neural network，FFN）。自注意力机制使得大语言模型在处理文本时能够同时关注输入序列中的所有词语，捕捉长距离依赖关系和复杂的上下文信息，从而在语言理解和生成任务中表现出色。在 Transformer 架构的基础上，大语言模型也出现了很多变体架构，其中比较典型的有如下几种。

1. 编码器-解码器

编码器-解码器（Encoder-Decoder）架构通过编码器处理输入，并将中间表示传递给解码器以生成输出。编码器利用自注意力机制来查看完整的序列，而解码器则通过应用交叉注意力机制来逐个处理序列。

2. 因果解码器

因果解码器（Causal Decoder）架构通过解码器处理和生成输出。其核心特点是在序列生成过程中，每个预测的标记仅依赖于之前的时间步长，而不会考虑未来的标记。因果解码器在训练和推理时采用自回归（auto-regressive）的方式，即每一步生成一个新的标记，并将其添加到已生成的序列中，然后使用更新后的序列进行下一步的预测。

3. 前缀解码器

前缀解码器（Prefix Decoder）架构是一种注意力计算不严格依赖于过去信息的架构，且其注意力机制是双向的。这意味着，在生成每个标记时，前缀解码器不仅会考虑该标记之前的所有输入信息，还会利用之后的上下文信息。这种双向注意力机制使得前缀解码器在处理序列数据时能够更全面地理解和生成内容。

4. 混合专家

混合专家（Mixture-of-Experts，MoE）通过引入多个并行的专家网络（即前馈神经网络），并使用一个路由器（Router）来动态地选择和激活其中的一部分专家，从而实现高效的稀疏计算。这种设计允许大语言模型在不显著增加计算成本的情况下扩展其参数规模，以处理更复杂的任务和更大规模的数据。

大语言模型训练的过程如图 2-2 所示，大体上可以分为两个阶段：预训练和微调。

1. 预训练

在预训练阶段，大语言模型在大规模通用语料库的基础上进行训练，通过语言建模任务（如下一词预测或掩码语言模型）学习通用的语言知识。预训练完成后，大语言模型具备了强大的语言理解和生成能力。预训练的具体流程如下。

（1）数据收集和预处理

研究人员会收集并整理大规模的通用语料库，这些语料库涵盖了广泛的主题和领域，以确保大语言模型能够学习到丰富且多样的语言知识。常见的数据来源

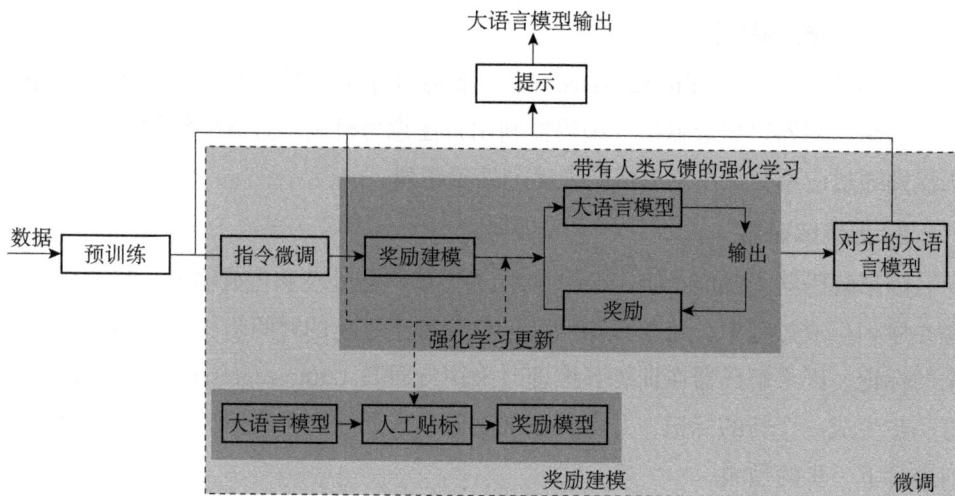

图 2-2　大语言模型从预训练到微调的各个阶段的基本流程图

包括维基百科文章、新闻报道、书籍和社交媒体内容等。收集到的原始数据需要经过预处理，包括文本清洗、分词、去重等步骤，以去除噪声和冗余信息。预处理后的文本数据会被转换成大语言模型可以接受的输入格式，如词向量或子词编码。

（2）训练任务构建

根据预训练目标，研究人员构建相应的语言建模任务。例如，对于下一词预测任务，大语言模型需要根据给定的上下文预测下一个词；对于掩码语言模型任务，大语言模型需要预测被随机掩盖的词汇。通过这些任务，大语言模型能够逐步学习语言的统计特性和上下文关系。这一过程通过大量的训练数据和长时间的训练来实现，以确保大语言模型能够捕捉到语言中的复杂模式和结构。

（3）模型架构选择

选择适合的模型架构是预训练的关键步骤之一。研究人员通常会选择Transformer 模型，该架构包括多层的编码器和解码器，通过自注意力机制捕捉长距离依赖关系。每一层中的神经元通过权重参数调整学习不同的语言特征。大语言模型的初始参数通常是通过随机初始化来获得的，然后通过训练数据不断优化。

（4）模型训练

模型训练是在大规模数据的基础上进行的，通常采用分布式训练技术来加速这一训练过程，并通过反向传播算法，不断调整模型的权重参数，使得预测误差最小化。训练过程中的超参数（如学习率、批量大小等）需要精心调整，以确保大语言模型能够高效地学习和收敛参数。训练过程中，大语言模型会定期在验证集上进行评估，以监控其性能并防止过拟合或欠拟合。

（5）模型评估和验证

预训练的最后阶段是模型评估和验证。研究人员使用专门的验证集对大语言模型进行评估，监控其在不同任务上的表现。通过评估大语言模型在验证集上的预测准确性，研究人员可以调整训练策略，确保其在实际应用中的泛化能力。预训练完成后，大语言模型基于大规模通用语料库学习到了一般性的语言知识，包括词汇、语法结构和语义关系，具备了较强的语言理解和生成能力。

在预训练阶段，大语言模型通过处理海量文本数据，学习广泛的语言知识和复杂的语义关系。此外，预训练还能使大语言模型捕捉深层次的模式和结构，通过自注意力机制有效处理长距离依赖关系，从而可以快速适应特定任务或领域，减少训练时间和资源消耗。

2. 微调

在微调阶段，大语言模型在特定任务或领域的数据上进行进一步训练，以适应具体的应用需求。通过微调，大语言模型能够充分利用在预训练阶段学到的通用语言知识，将其转化为在特定任务中的优势。这一过程通常包括以下几个关键步骤。

（1）选择适合微调的数据集

这些数据集通常包含与目标任务密切相关的文本数据。大语言模型在这些数据的基础上进行再训练，以优化其在特定任务上的性能。例如，对于文本分类任务，大语言模型会学习如何根据输入文本的内容进行分类；对于机器翻译任务，大语言模型会优化其翻译质量，使得生成的译文更加准确和自然。

（2）调整超参数

研究人员会根据任务的特点和数据集的规模，选择合适的学习率、批量大小和训练轮数等参数，以确保大语言模型在微调阶段能够稳定收敛，并达到最佳性能。此外，微调过程中还会应用一些正则化技术，如部分丢弃（dropout）和权重衰减（weight decay），以防止大语言模型出现过拟合，保证其在实际应用中的泛化能力。

（3）根据特定的应用场景进行优化

例如，在医疗领域，大语言模型可以通过微调以适应医疗文献的分析和临床数据的处理，帮助医生更快、更准确地获取关键信息；在法律领域，大语言模型可以通过微调以适应法律文本的解析和法律条款的引用，辅助律师进行法律研究和案件分析。

微调阶段的重要性还体现在其对持续学习和模型更新的支持上。随着时间的推移和数据的不断积累，大语言模型可以定期进行微调，以适应新的任务需求和变化的语言模式。这种动态更新机制使得大语言模型能够在实际应用中保持高效性和准确性，不断为用户提供最新和最相关的服务。

二、大语言模型赋能自我调节学习的新模式

在传统教学中，学生主要基于自主学习策略开展自我调节学习。在这种策略下，学生需要自主制定学习计划、监控自己的学习进度并调整学习策略。由前文可知，基于自主学习策略的自我学习主要存在四类问题：①自主学习目标的盲目性；②学习规划章法凌乱与落实拖延；③学习过程自我监督效率低下；④学习结果归因的偏颇性。相较于传统模型，大语言模型在语言理解和生成能力、多任务处理和知识整合能力、推理能力等方面明显提升，这些优势为大语言模型在教与学领域的应用提供了现实依据。

目前，大语言模型在教与学领域的初步应用和探索如图 2-3 所示，主要涉及以下几个方面。

（一）差异化教学

通过融合物理和虚拟教学空间的数据，教师可以更全面地掌握学生的学习情况，大语言模型在这一过程中发挥了重要作用。具体来说，物理教学空间的数据包括课堂互动、考试成绩、作业反馈以及学生在教室中的行为和表现，而虚拟教学空间的数据则涵盖在线学习平台的访问记录、在线测试结果、学习资源的使用情况、参与在线讨论的频率和质量等。

差异化教学：融合物理与虚拟教学空间的数据，尝试开展差异化的课堂教学

自适应诊断：大语言模型驱动的精准诊断与量化评估，提供自适应学习服务

个性化学习：通过MOOC平台记录分析海量在线学习过程行为，提供个性化学习服务

图 2-3 大语言模型在教与学领域的初步应用和探索

（二）自适应诊断

通过分析学生的学习表现数据，大语言模型可以精准地诊断出学生的学习状态和问题所在。例如，大语言模型可以识别出学生在特定知识点上的理解程度、学习速度以及可能存在的困难。这一过程通常涉及多方面的数据收集和分析，包括学生的课堂参与情况、作业完成度、测试成绩以及在线学习活动的记录等。

（三）个性化学习

通过分析学生在 MOOC 平台上的学习行为数据，大语言模型可以深入了解学生的学习偏好和学习模式。该模型可以识别出学生喜欢的学习方式、学习资源偏好以及学习时间安排等个性化信息。基于这些信息，教师可以为学生推荐符合其个性化需求的学习资源和学习路径，帮助他们更高效地学习和掌握知识。

基于传统的自我调节学习存在的问题和大语言模型在教与学领域的应用，本书提出了一种大语言模型赋能自我调节学习的新模式。具体而言，该模式通过以大语言模型为代表的人工智能技术，对学生的多元学习行为、知识状态和情感进行智能感知，基于感知结果对学生的学习状态进行全面分析。相较于传统模式下的自我调节学习，该模式的感知结果更加精准和全面。

　　具体而言，通过人工智能技术的深度学习能力，大语言模型能够实时处理和分析大量的学习数据，从而对学习者的内在状态（如知识掌握程度和情感状态）和外显行为（如学习行为、参与度和注意力）进行综合评估。这种高效的数据处理能力超越了传统模式下依赖于教师观察和学生自我监督的方法，不仅提高了数据的准确性，还节省了大量的人力资源。

　　此外，在基于学习状态智能感知的体系下，大语言模型可以动态跟踪学生的学习进展，识别其在不同学习阶段的知识掌握情况、情感状态和学习行为。大语言模型可以根据对学生学习进展的实时跟踪，预测其未来的学习路径和潜在的学习瓶颈，并为其制定相应的学习计划。这种基于数据驱动的学习路径规划，不仅能够提高学习的针对性和有效性，还能够促进学生的自主学习和自我调节能力的提升。除此之外，大语言模型还可以根据学生状态对学生的学习行为进行个性化指导。通过对学生的学习习惯、学习速度、知识掌握情况以及情感变化的深入分析，大语言模型能够为每个学生量身定制学习策略。例如，对于那些在某些科目上表现出明显优势的学生，大语言模型可以推荐更具挑战性的学习材料，以激发他们的学习潜力。而对于那些在某些方面存在困难的学生，大语言模型则可以提供更加详细的解释和多样化的练习题，帮助他们逐步攻克知识难点。

　　基于大语言模型的自我调节学习新模式不仅为传统教学模式带来了革新，也为未来的教学发展提供了新的方向。通过智能感知和个性化学习支持，学生的学习体验将更加丰富，学习将更加高效，学生的自我调节学习能力也会逐步得到提升。这种新型的教学模式对于提高整体教学质量和促进个性化学习具有重要意义，能够为培养更多具备自主学习能力和创新精神的人才奠定坚实的基础。

第三节　跨模态感知支撑的自我调节学习相关技术

　　通过采用跨模态感知技术，研究人员可以多方位地对学习者的学习状态进行感知和归因推理。跨模态感知技术允许我们整合来自不同来源的数据，如文本、图像、音频和视频，以全面了解学习者的学习状态。这些技术能够处理和分析各种形式的信息，提取出关键的特征和模式。跨模态感知技术主要包括卷积神经网络（convolutional neural networks，CNN）、图卷积网络（graph convolutional networks，GCN）、Transformer 以及视觉 Transformer（vision Transformer，VIT）等，为学习者提供了从多源数据中提取关键特征的能力。学习者首先明确自己的学习目标和学习计划，然后使用这些技术从文本、图像、语音等多种模态中收集数据，并提取出与学习目标紧密相关的特征。在学习过程中，跨模态感知技术不仅可用于数据的收集和处理，还可用于实时监控和评估学习者的学习状态，通过分析学习者的注意力集中程度、情绪状态以及学习进度等信息，以评估学习者学习策略的有效性和学习目标的达成情况，并为学习者提供个性化的学习建议和反馈，帮助他们调整学习策略、优化学习计划，从而实现更高效的学习。

一、卷积神经网络介绍

卷积神经网络的灵感源自人类视觉系统，特别是视觉皮层中的神经元结构。视觉皮层细胞的构造复杂，这些细胞对视觉输入空间的子区域非常敏感，我们称之为"感受野"。基于这样的生物学原理，研究者试图通过构建类似的结构来模拟人类视觉系统的工作方式，从而实现对图像等数据的高效处理。虽然卷积神经网络早在 20 世纪 60 年代就由 Hubel 和 Wiesel 在研究猫脑皮层中对应局部敏感和方向选择的神经元时发现了，但直到 1998 年，纽约大学的 Yann LeCun 才正式提出了"卷积神经网络"的概念，并成功构建了第一个卷积神经网络模型——LeNet-5，由此奠定了卷积神经网络在计算机视觉领域的重要地位。

随着新技术的迅猛发展，卷积神经网络也在不断融合各种创新技术，展现出了强大的潜力和广阔的应用前景。例如，郭佳霖等（2025）将卷积神经网络与视觉 Transformer 模型巧妙地融合，在图像处理任务中取得了卓越的成效。这一创新性的方法不仅提升了图像处理的精度，也为后续研究开辟了新的方向。与此同时，Shang 等（2024）也提出了一种颇具影响力的技术——基于残差结构的单幅超分辨率扩散概率模型 ResDiff，该技术结合了卷积神经网络和扩散模型的优点，实现了高效的图像超分辨率处理。这些前沿技术的研究和应用不仅展现了卷积神经网络在新技术融合方面的强大潜力，也为图像处理领域带来了新的突破和进展。

神经网络主要是由模型里的神经元对训练样本进行拟合，形成模型权重。卷积神经网络主要由卷积层、激活层、池化层、全连接层（fully connected layer，FC）组成。待测图像输入到神经网络后，由卷积层提取特征图，激活层更改线性表达，池化层进行最大特征提取，全连接层进行信息交融，计算出预测结果。

用于二维图像上的卷积层是 2D 卷积，其最大的特点是保留了图像空间上的位置信息，减少了特征表达；剔除掉冗余部分后，计算效率也得到了极大提升。2D 卷积函数可以视为一个滑窗在图像上滑行。常用的卷积核大小有 3×3、5×5、7×7，卷积核滑窗滑到对应图像的像素处进行点积运算，如图 2-4 中的灰色方框区域所示，然后再以一定的步长滑行，由此计算得出特征图。重叠多个卷积层，进行更高维的特征表达，如图 2-4 中的白色方框区域所示。卷积核越大，感受野越大，特征图越小。值得注意的是，同一个卷积层中其实有若干个相同大小的卷积核，它们对不同区域的感知能力不同，会生成不同的特征图，所以，图像的通道数在逐层增加，如图 2-4 所示。设定输入图像为学习者 X，有 m 个大小为 $M×N$ 的卷积核，特征图的值 u_{ij} 的计算从（$i-m$, $j-n$）开始，到（i, j）结束，权重矩阵为 W，*表示卷积操作，公式表达为：

$$u_{ij} = (W * X)(i, j) = \sum_{m=1}^{M}\sum_{n=1}^{N} X_{i-m,j-n}W_{mn} \tag{2.1}$$

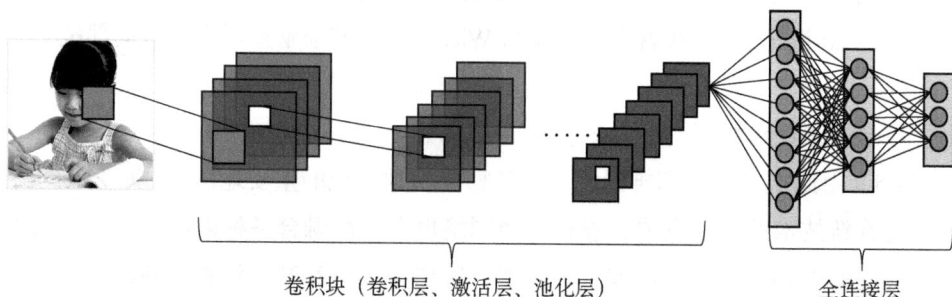

卷积块（卷积层、激活层、池化层）　　全连接层

图 2-4　卷积神经网络示意图

卷积层之后是激活层，通常把一个卷积层、激活层、池化层组合成为一个卷积块。由于卷积层的计算是线性的，为使数据拟合更优，表达更丰富，激活层应运

而生。常用的激活函数有 Sigmoid、Tanh、ReLU 等。Sigmoid 函数的公式如下：

$$\text{Sigmoid}(x) = \frac{1}{1 + e^{-x}} \tag{2.2}$$

其中，x 为输入，e 是自然对数的底数，Sigmoid 函数的作用是把 x 控制在（0，1）的范围内，为之后的计算提供便利，而且其图像为曲线，改变了线性表达。Sigmoid 函数较为平滑，易于求导，但计算量较大，在网络学习中容易出现振荡，导致模型收敛不稳。Tanh 是双曲正切函数，图像同样也为曲线，可以改变线性表达，其公式如下：

$$\text{Tanh}(x) = \frac{e^x - e^{-x}}{e^x + e^{-x}} \tag{2.3}$$

Tanh 函数解决了 Sigmoid 函数收敛变慢的问题，相对于 Sigmoid 而言提高了收敛速度。但两者有同样的问题，即指数计算复杂，有可能出现梯度消失问题，不利于正向与反向传播。ReLU 函数较之前两种函数有着计算简单的特点，它把小于 0 的值直接置为 0，而大于 0 的值则保持不变，其公式如下：

$$f(x) = \max(0, x) \tag{2.4}$$

ReLU 函数克服了 Tanh 函数和 Sigmoid 函数可能出现的梯度消失的问题，并加速了模型的收敛。此外，它还是一种非饱和性函数，在一定程度上缓解了过拟合现象。尽管这样，我们也不能够说哪种函数一定是最好的，任务不同，网络结构不同，所需的激活方式也不同，应该具体问题具体分析，以选择合适的激活函数。

池化层的作用是进一步简化计算，抽取特征，常用的池化方法是最大池化和平均池化。池化层与卷积层类似，也是通过滑窗计算的方式，进一步缩小特征图并提取重要特征的。但与卷积层不同的是，池化层不包括参数，只是对前一层的参数进行池化计算，并没有学习参数的过程。池化层只改变了特征图的大小，其通道数并没有改变，所以它的计算量比卷积层要小很多。激活层和池化层都没有参与网络建设的权重参数，所以一般不把它们视为神经网络中的层。如图 2-5 所示，图中的灰色区域经过池化操作后，得到的值组成了新的特征图。

全连接层是最后的信息交融层。如图 2-6 所示，前边做的所有工作是为把真实有效的特征信息提取出来，这些特征经过拉伸变形后，把高维特征信息降成一维，形成形如长方体的张量。全连接层里有多个神经元，前一层的全连接层与后一层的全连接层里的所有神经元都要进行连接。高维特征信息通过全连接层中的神经元进行交互计算，以得到模型权重。但因为本层的每个神经元都要与下一层的所有神经元进行计算操作，所以计算量比较大。一般来说，全连接层的长度会逐渐缩短，最后的长度为所需要分类的类别。

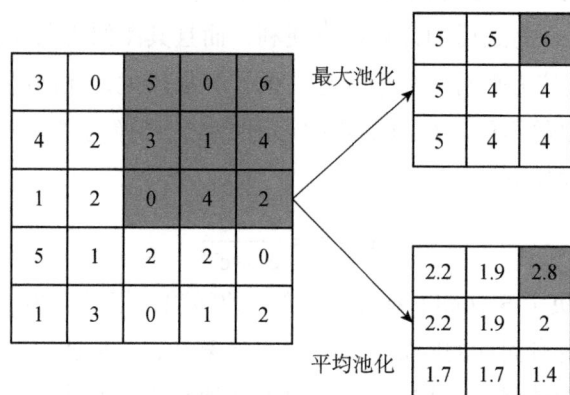

图 2-5   图像特征提取中最大池化与平均池化的差异

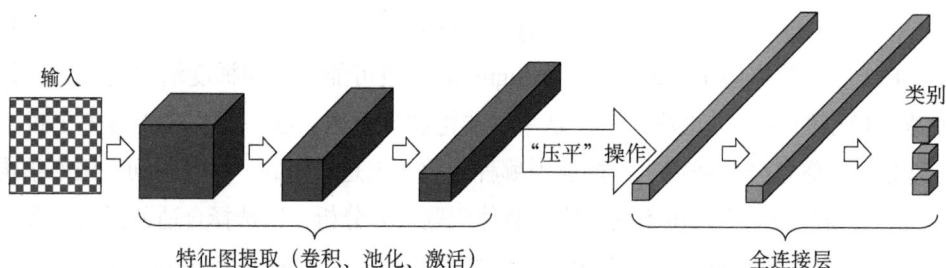

图 2-6   基础卷积神经网络流程图

卷积是一种提取特征非常好的工具，其中有一类卷积比较特殊，被称为空洞卷积。与常规的卷积核不同，空洞卷积的卷积核是分散式的，参数与参数在空间上并不直接相连，如图 2-7 所示。一个常规的 3×3 卷积核的感受野也为 9 个像素，即感知这 9 个像素的特征信息。由于空洞卷积的参数不相连，参数与参数之间通常间隔一个像素，也可间隔多个像素，所以卷积核的感受野会成倍增加。以图 2-7 为例，虽然是 3×3 的卷积核，但实际的感受野达到了 5×5，即感知到了 25 个像素的特征信息。这样可以在不增加参数的情况下增大感受野，能够对图像的整体信息进行把握，而不只局限于一些细微信息。

计算机视觉任务是深度学习中非常重要的任务方向。诸多学者研发了比较通用的主干网络，用于特征提取。具有里程碑性质的模型有深度神经网络（deep

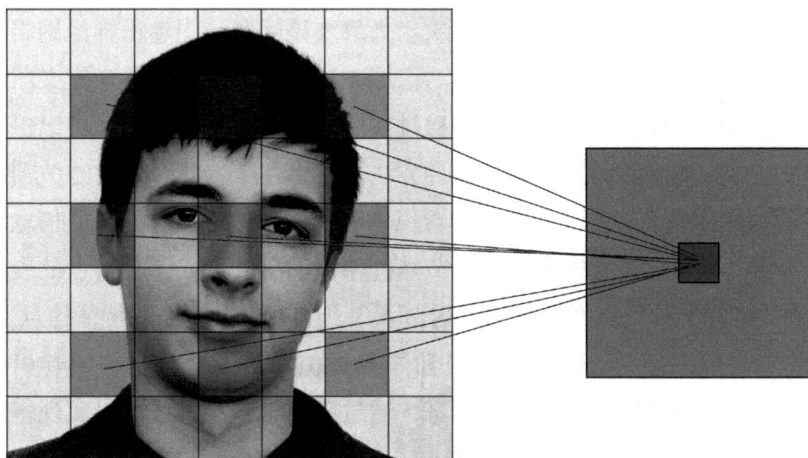

图 2-7 空洞卷积示意图（人像图像来源：AFLW2000 数据集）

neural networks，DNN）AlexNet、VGG（Visual Geometry Group）、残差网络
（residual neural network，ResNet）。这些网络极大地提高了图像特征的提取效率
与准确率，为下游任务提供了有力支撑。尽管目前的计算设备已经非常强大，
但轻量化模型依然有非常广的应用范围，被广泛应用于自动驾驶和智能家居等
领域。

二、图卷积神经网络原理

图卷积神经网络起源于对图形信号处理和卷积神经网络的研究。在 21 世纪
初，图形信号处理开始受到关注，其中一项研究是使用卷积运算处理图形数据。
图卷积神经网络最早由 Kipf 和 Welling 在 2016 年提出，他们基于图信号处理中
的谱卷积理论，将传统的卷积神经网络推广到了图结构数据上。2017 年，他们提
出了基于局部连接和卷积操作的图卷积神经网络，进一步推动了图卷积神经网络
的发展。图卷积神经网络的历史可以追溯到图形信号处理和卷积神经网络的发
展，其作为一种专门针对图形数据的卷积神经网络，已经成为图形数据学习和处
理的重要工具。

图卷积神经网络的核心思想是将卷积操作从传统的欧氏空间数据推广到图等
非欧氏空间数据结构上。传统的卷积操作在欧氏空间中具有良好的平移不变性，

但在图结构数据上却无法保持这一性质。为解决该问题，图卷积神经网络采用谱域方法和空域方法来定义图卷积操作。谱域方法通过引入滤波器来定义图卷积操作，类似于图信号处理中的滤波器，通过在图信号上应用滤波器，可以提取有用的特征并进行分类或回归等任务。这种方法的关键在于选择合适的滤波器，以便更好地提取图的特征。空域方法将图卷积表示为聚合来自邻居的特征信息。具体来说，图卷积神经网络通过聚合邻居节点的特征信息来生成每个节点的表示。这种方法的关键在于如何选择合适的邻居节点以及如何聚合它们的特征信息。

图卷积神经网络是谱图卷积的一阶局部近似，是一个多层的图卷积神经网络，每一个卷积层仅处理一阶邻域信息，通过叠加若干卷积层可以实现多阶邻域的信息传递。每一个卷积层的传播规则如下：

$$H^{(l+1)} = \sigma\left(\tilde{D}^{-\frac{1}{2}}\tilde{A}\tilde{D}^{-\frac{1}{2}}H^{(l)}W^{(l)}\right) \tag{2.5}$$

其中，$\tilde{A} = A + I_N$，是无向图 G 的邻接矩阵加上自连接，I_N 表示 N 阶单位矩阵。$\tilde{D}$ 是 $\tilde{A}$ 的度矩阵，即 $D_{ii} = \sum_i \tilde{A}_{ij}$。$H^{(l)}$ 代表第 l 层的激活单元矩阵，$H^0 = X$。$W^{(l)}$ 是每一层的参数矩阵。

为在图上有效地传播信息，整体模型是用于半监督学习的多层图卷积神经网络，如图 2-8 所示。考虑在具有对称邻接矩阵 A（二进制或加权）的图上用于半监督节点分类的两层图卷积神经网络，首先在预处理步骤中计算 $\tilde{A} = \tilde{D}^{-\frac{1}{2}}\tilde{A}\tilde{D}^{-\frac{1}{2}}$，前向模型采用了如下形式：

$$Z = f(X, A) = \text{Softmax}(\hat{A}\,\text{ReLU}(\hat{A}XW^{(0)})W^{(l)}) \tag{2.6}$$

其中，Z 表示线性变换的输出，$W^{(0)} \in R^{C \times H}$ $W^{(0)} \in R^{C \times H}$，是一个具有 H 个特征映射的隐藏层的输入到隐藏的权重矩阵。$W^{(1)} \in R^{H \times F}$，是一个隐藏到输出的权重矩阵。Softmax 函数的定义为：

$$\text{Softmax}(x_i) = \frac{1}{Z}\text{Exp}(x_i) \tag{2.7}$$

$$Z = \sum_i \text{Exp}(x_i) \tag{2.8}$$

对于半监督多类分类，评估所有标记示例的交叉熵误差如下所示：

$$L = -\sum_{l \in y_L}\sum_{f=1}^{f} Y_{lf}\ln Z_{lf} \tag{2.9}$$

其中，y_L 是有标签的节点索引的集合，Y_{lf} 为第 i 个样本的真实标签，Z_{lf} 为预测概率。

神经网络权值 $W^{(0)}$ 和 $W^{(1)}$ 采用梯度下降法进行训练。在该任务中，我们每次训练选代中使用完整的数据集进行批量梯度下降，只要数据集能够在（计算机）内存中存储，这就是一个可行的选择。使用对称矩阵 A 的稀疏表示，内存需求为 $\vartheta(|\varepsilon|)$，即边的数量呈线性。训练过程中的随机性通过部分丢弃操作来保证。

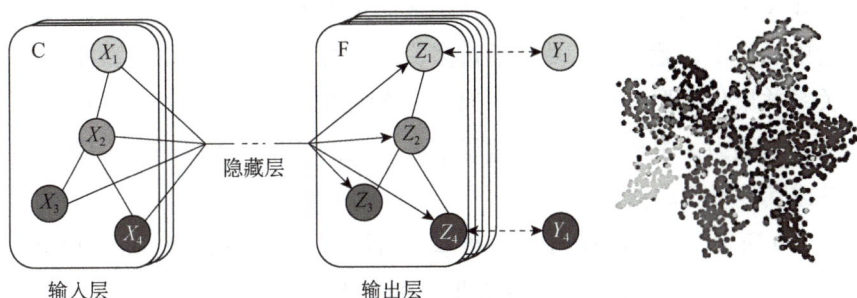

图 2-8　用于半监督学习的多层图卷积神经网络

三、Transformer 网络原理

Transformer 是一种深度学习网络，被广泛应用于处理序列化数据，尤其是在自然语言处理领域。该模型已成为许多现代自然语言处理应用的核心技术，包括机器翻译、文本生成和语义理解等。该模型采用了基于自注意力和前馈神经网络的编码器-解码器架构，在自然语言处理方面取得了巨大成功。Transformer 网络通过自注意力机制，能够在处理一个序列的时候，同时考虑序列中的所有元素（如单词）之间的关系。它可以识别出序列中的哪些部分更为重要，因此可以专注于重要的信息，从而更好地理解数据的整体结构。它主要涉及以下关键组件。

1）多头自注意力：在自注意力机制的基础上，多头自注意力进一步拓展了模型的处理能力。它将自注意力机制分割成多个"头"，每个"头"从不同的角度学习输入数据的不同特征，这样能够让模型获得更丰富的信息。

2）位置编码（positional encoding）：Transformer 模型本身不像递归神经网络那样天然具有处理序列数据的能力，因此需要通过位置编码来加入序列中各个元素的位置信息，使模型能够考虑到元素在序列中的顺序。

3）层次结构：Transformer 模型通常包括多个相同的层，每一层都包含多头自注意机制和简单的前馈神经网络。这种层次结构使得模型能够学习到非常复杂的数据表示。

Transformer 模型的基本工作流程可以分为四个步骤：首先，输入编码，将输入数据（如文本序列中的每个单词）转换成向量形式。其次，将位置编码添加到输入向量中以提供位置信息，然后通过多头自注意力层处理，使模型能够学习单词间的关系并聚焦重要信息。再次，通过一个前馈神经网络进一步处理数据，增强模型的表达能力。最后，输出经过层层处理后的数据，可以是一个序列、一个分类标签或其他形式的信息。

如图 2-9 所示，Transformer 是一种基于自注意力机制的序列到序列模型，在自然语言处理任务中取得了很好的效果，如机器翻译、语言模型等。相比于传统的循环神经网络和卷积神经网络，它具有更好的并行化能力和记忆力。Transformer 主要由输入、编码、解码和输出模块组成。

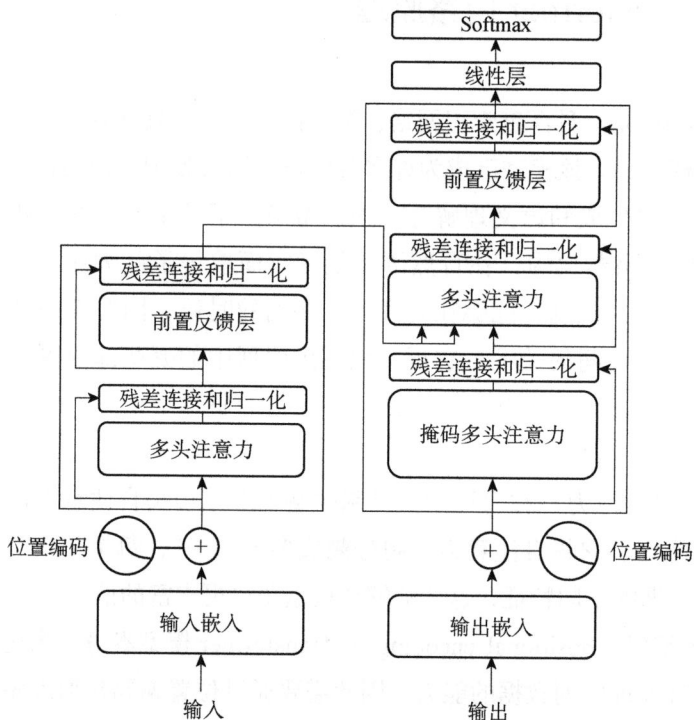

图 2-9　Transformer 整体架构

输入模块通常被称为嵌入层，其主要作用是将输入的离散符号（如单词）转换为连续的向量表示，从而能够在模型中进行处理和计算。嵌入层由一个固定大小的嵌入矩阵和一个可学习的线性变换组成。嵌入矩阵的每一行对应一个字符的嵌入向量，输入序列中的每个符号都会被映射成一个对应的嵌入向量，并按照其在序列中的位置进行编码，从而将得到的张量作为模型的输入。除了输入序列的嵌入向量外，还会添加一个位置编码向量，用于表示输入序列中每个字符的位置信息，位置编码向量通常采用正弦、余弦函数进行编码，可以通过学习得到不同的位置编码方式。

编码器由多个相同的编码层堆叠而成，每个编码层包含多头自注意力层和全连接前馈层。在多头自注意力层中，输入序列中的每个符号都会被映射为三个向量：查询向量 Q、键向量 K 和值向量 V。对于每个查询向量，通过计算其与所有键向量之间的点积，得到一个注意力分布向量，然后将该注意力分布向量与所有值向量加权求和得到输出向量。多头自注意力层将输入序列中的每个符号都进行了全局的注意力计算，从而能够更好地捕捉序列中不同位置之间的依赖关系。在全连接前馈层中，对于每个符号的输出向量，通过一个带有激活函数的全连接层进行处理，然后再通过另一个相同的全连接层得到最终的输出向量。在每个编码层中，使用残差连接和层归一化对子层的输出进行加权和归一化处理，从而使得模型更加稳定和易于训练。具体来说，残差连接将输入序列的嵌入向量与子层的输出向量相加求和，层归一化则对该和进行归一化处理。在堆叠多个编码层后，编码器的输出向量可以被视为输入序列的一个固定长度的向量表示，可以被用于下游任务的处理，如机器翻译、文本摘要等。具体描述如下：

$$\text{Attention}(Q,K,V) = \text{Softmax}\left(\frac{QK^T}{\sqrt{d_k}}\right)V \tag{2.10}$$

$$\text{FFC} = \max(0, XW_1 + b_1)W_2 + b_2 \tag{2.11}$$

其中，$\text{Attention}(\bullet)$ 是自注意力机制的输出，d_k 表示 Q、K 向量维度，FFC 是全连接前馈层的输出，X 代表输入，两者维度一致，W 为权重，b 为偏置项。

解码模块与编码模块相似，是由多个相同的解码层堆叠而成的，每个解码层包含三个子层：多头自注意力层、多头编码器-解码器注意力层和全连接前馈层。在多头编码器-解码器注意力层中，解码器的输出向量与编码器的输出向量进行注意力计算，从而能够将编码器中的信息引入解码器中。具体来说，对于解码器中的每个查询向量，通过计算其与编码器中的所有键向量之间的点积，得到一个注意力分布向量，然后将该注意力分布向量与编码器中的所有值向量加权求和得到输出向量。在每个解码层中，同样使用残差连接和层归一化对子层的输出进行加权和归一化处理。

输出模块是由一个全连接层和一个 Softmax 层组成的，用于将编码器或解码器的输出向量转化为对下游任务的预测。在编码器中，输出模块的输入向量是输入序列的一个固定长度的向量表示，用于文本分类、情感分析等任务。在解码器中，输出模块的输入向量是目标序列的一个固定长度的向量表示，用于生成目标序列。

随着 Transformer 的逐渐发展，其在许多领域都产生了重要的影响，如自然语言处理、图像处理、信息检索等。为满足不同任务的需求，大量的研究者对该模型进行了改进。自注意力机制是 Transformer 的关键特征，它可以通过计算每个位置与其他所有位置的相似度，来确定每个位置在不同位置上的重要性，同时自注意力也面临着增加显存占用空间和计算时间的问题，因此许多研究者对 Transformer 的改良也集中在注意力模块，并将其分为稀疏注意力（sparse attention，SA）、线性注意力（linear attention，LA）、低秩注意力（low-rank attention，LRA）、先验指导的注意力（prior-guided attention，PGA）等类别。Star-Transformer 用星型拓扑结构替代了全连通结构，将序列中的每个位置视为一个节点，并将它们组织成一个星形结构。在这个星形结构中，每个节点都与一个中心节点相连，并与其他节点之间相互独立。相比于传统的自注意力机制，Star-Transformer 可以处理更长的序列数据，同时减少了计算复杂度，保持了 Transformer 模型的并行计算能力和准确性。一些研究致力于降低模型的复杂性。不同于基于注意力机制的改进，研究人员认为造成注意力计算复杂度高的根本原因在于 Softmax 层，因此提出不依赖于注意力的稀疏性和低秩矩阵，通过分解 Softmax 中的指数运算，使用核技法、正值和正交方法降低计算复杂度。一般情况下，注意力分布可以不用通过对值的加权求和计算得到，这被称为带先验的注意力。一些研究人员将残差结构放到注意力矩阵上，依旧保持 PostLN 结构。这样可以避免在层归一化之前对注意力矩阵进行残差连接的问题，同时也可以保持模型的稳定性和收敛性。

2023 年以来，大模型技术的热度持续攀升，其中基于 Transformer 的大语言模型以其卓越的性能和广泛的应用前景，成为人工智能领域的明星技术。Bietti

等（2024）的研究为我们揭示了 Transformer 模型在处理语言任务时如何巧妙地平衡全局知识和特定于上下文的知识，通过从双元分布中生成 Token，这一模型能够更准确、更灵活地捕捉语言的结构和含义。与此同时，Lieber 等（2024）在模型架构上做出了创新，提出了 Jamba 这一新型大型基础语言模型。Jamba 采用了一种混合 Transformer-Mamba 的混合专家架构，通过结合 Transformer 的强大表示能力和 Mamba 架构的灵活性，实现了更高效、更强大的语言处理能力。随着技术的不断进步，基于 Transformer 的大语言模型将在未来持续发挥重要作用，为人工智能领域带来更多的突破和进展。

四、视觉 Transformer 网络机理

Transformer 最初是为自然语言处理任务设计的，但随着时间的推移，其强大的处理能力和灵活性也被逐渐应用于计算机视觉领域。在计算机视觉中，Transformer 通过其自注意力机制有效地捕捉图像中的全局依赖关系，从而在多种视觉任务上取得了显著的成效。视觉 Transformer 是 Transformer 在计算机视觉中的成功应用之一。

视觉 Transformer 核心思想是将图像划分为一系列小的图像块，然后将这些图像块视为自然语言处理中的单词，并将其输入到 Transformer 模型中进行处理。通过这种方式，视觉 Transformer 模型能够利用 Transformer 的自注意力机制来捕捉图像中的全局信息，并在多个尺度上进行特征提取。此外，视觉 Transformer 模型还采用了预训练和微调的策略，使得模型能够在大型数据集上进行训练，并在各种计算机视觉任务上取得优异的性能。如图 2-10 所示，视觉 Transformer 的核心组件包括以下几个部分。

（一）图像块嵌入

首先，输入到视觉 Transformer 的图像会被裁剪或调整为一个固定的尺寸，并被均匀地分割成一系列小的、不重叠的图像块。这种分割方式可以将一幅 $H \times W$ 的图像分割成固定 $N \times N$ 像素的图像块，通道数为 C，维度为 $N \times N \times C$，形成

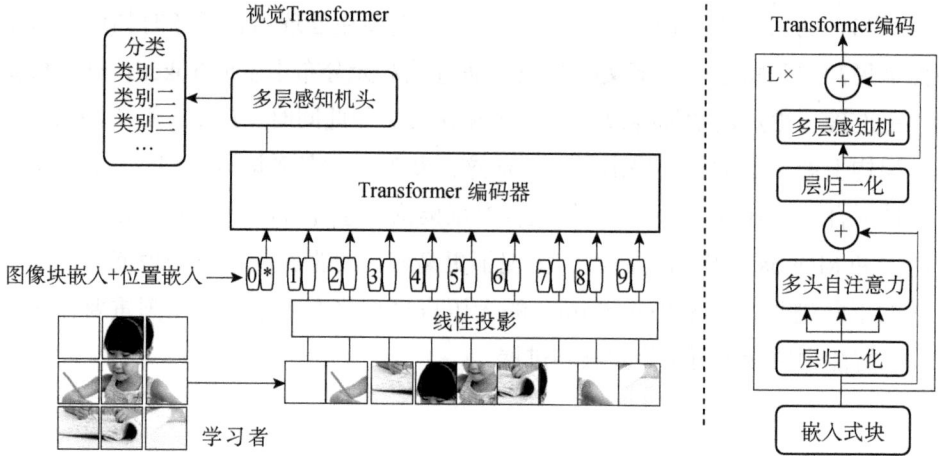

图 2-10   视觉 Transformer 流程图

长度为 $K=(H \times W)/(N \times N)$ 的图像块序列。在将图像分割成图像块之后，每一个图像块都需要被转换为一维特征，以便输入到 Transformer 模型中进行处理。这个转换过程就是图像块嵌入（patch embeddings）。具体来说，每个图像块都会被展平成一个一维张量，然后通过线性变换将其转换为一个更高维度的张量。这个特征的维度是固定的，并且在整个模型中保持一致。通过嵌入过程，每个图像块都被转换为一个 D 维的特征向量，从而可以将整个图像表示为一个 $K \times D$ 的张量。这个张量可以被视为一个序列，其中每个元素都是一个图像块的嵌入向量。在图像分类任务中，通常会在图像块嵌入序列的开头位置添加一个特殊的分类 Token。这个分类 Token 是一个额外的嵌入向量，它的作用与自然语言处理中的[CLS] Token 类似，用于表示整个图像的全局信息，模型训练结束后，这个分类 Token 会被作为输出用来预测图像的类别。

（二）位置嵌入

Transformer 模型的核心架构本身是与位置无关的，即它无法直接识别序列中不同元素的相对或绝对位置。为弥补这一不足，并为模型提供空间位置信息，我们需要为每个图像块添加一个位置嵌入（position embeddings）。位置嵌入是一个与图像块嵌入具有相同维度的向量，用于编码图像块在原始图像中的空间位置（Su et al., 2024）。与图像块嵌入不同，位置嵌入不是通过图像数据直接得到的，而是通过模型训练得到的。这意味着，模型能够基于任务的特定需求学习并适应位置信息的编码方式。为将位置信息整合到模型中，我们需要构造一个与图像块嵌入序列长度相同，且维度为 D 的位置嵌入张量，这个张量中的每个位置的嵌入向量都要通过模型训练进行优化，确保它们能够有效地反映图像块的空间位置，并帮助模型理解图像中的空间关系。在将位置嵌入与图像块嵌入结合时，通常将两者相加，得到一个同时包含图像内容和位置信息的嵌入向量序列，这个过程可以表示为：

$$z_0 = \left[X_{\text{class}}; X_P^1 E; X_P^2 E; \cdots; X_P^N E \right] + E_{\text{pos}} \tag{2.12}$$

其中，z_0 表示向量序列，X_p 表示图像块，X_{class} 表示分类 Token，E 表示图像块嵌入，E_{pos} 表示位置嵌入。

这个序列随后被输入到视觉 Transformer 的注意力层中，使得模型能够在处理图像数据时考虑到每个图像块的空间位置信息，从而增强其在图像识别和其他视觉任务上的性能。通过这种方式，视觉 Transformer 能够有效地处理图像数据，并保留关键的位置信息。

（三）Transformer 编码器

在视觉 Transformer 中，融合了图像块嵌入和位置嵌入的序列被作为输入送入标准的 Transformer 编码器（Transformer encoder）中。Transformer 编码器是视觉 Transformer 架构的核心，它通过一系列精心设计的组件来捕捉图像块之间复杂的依赖关系。这个编码器由多个自注意力层和前馈神经网络层堆叠而成，每个编码器层都致力于从不同角度提取和增强图像中的特征信息。具体而言，每个编码器层都包含以下几个关键组件。

1）多头自注意力机制：这一机制通过计算输入序列中所有元素之间的注意力权重，有效地捕捉图像中的全局信息。多头注意力通过多个并行的注意力子层，使模型能同时关注输入序列的不同特征模式。

2）前馈神经网络：前馈神经网络通常由一个线性层、一个激活函数（如GELU）以及另一个线性层组成。这一结构对经过自注意力机制处理后的特征进行进一步的变换和提炼，以产生更加丰富和复杂的特征表示。

3）残差连接：残差连接通过将输入直接加到子层的输出上，有助于保持信息的流通性，避免在深度神经网络中出现的梯度消失问题。

4）层归一化：在每个子层之后，应用层归一化有助于稳定模型的训练过程，并加速收敛速度。通过调整每个层的激活值的均值和方差，层归一化能够使模型具有更强的鲁棒性，并减少对初始参数设置的依赖，如下所示：

$$z'_l = \text{MSA}(LN(z_{l-1})) + z_{l-1}, l = 1 \cdots L \tag{2.13}$$

其中，LN 表示层归一化操作，z 表示层归一化后的向量序列，MSA 为多头自注意力，l 为序列的计数器。

（四）多层感知机

在 Transformer 编码器处理完输入序列后，紧接着的是一个多层感知机（multi-layer perceptron，MLP）作为分类头。多层感知机负责将编码器输出的特征表示映射到最终的类别空间，以执行图像分类任务。多层感知机的结构通常包括两个全连接层，中间嵌入一个非线性激活函数，如 ReLU 或 GELU。通过这两层线性变换和非线性激活函数的组合，多层感知机赋予了模型更强的特征表示能力和复杂的决策边界学习能力。在将图像特征送入多层感知机之前，通常有一个池化步骤。具体来说，经过所有 Transformer 编码器层后，序列中特定位置（通常是 CLS 标记位置）的向量会被提取出来，这个向量被视为图像的全局特征表示。CLS 标记位置的向量被单独挑选出来，因为它包含了整个图像的综合信息，并且会经过模型的特别训练以捕获图像的全局特征。接下来，这个全局特征向量通过一个或多个全连接层进行进一步的处理和变换。这些全连接层将特征向量映射到与任务相关的输出空间。对于分类任务，最终的全连接层将 D 维特征向量映射为 M 维输出，其中 M 表示类别的数量；对于回归任务，M 则代表回归目标的维度。因此，整个视觉 Transformer 模型的输出是一个（$K+1$）× D 的张量，但在分类或回归任务中，我们仅关注 CLS 标记位置的 D 维向量，并通过多层感知机将其映射为与任务相关的 M 维输出。这种结构使得视觉 Transformer 模型能够被灵活地应用于各种图像识别任务中，并通过调整多层感知机的结构和参数来适应不同的任务需求。多层感知机的具体操作可以被描述为：

$$z_l = \text{MLP}(LN(z'_l)) + z'_l, l = 1 \cdots L \tag{2.14}$$

$$y = LN(z_L^0) \tag{2.15}$$

其中，MLP 表示多层感知机，LN 表示层归一化操作，y 为最后的输出值。

与传统的卷积神经网络相比，视觉 Transformer 在一些高级图像分类任务中表现出了更优的性能。除了基本的图像分类外，Transformer 也被应用于更复杂的视觉任务中，如目标检测和语义分割。例如，DETR（Detection Transformer）模型利用 Transformer 来直接预测目标的边界框和类别，无须依赖预先定义的锚框，简化了传统的目标检测流程。

参 考 文 献

丁浩，徐凤.（2024）. 学习分析视角下大学生线上自我调节学习干预设计与检验. 蚌埠学院学报,（1），91-97.

丁浩，徐凤.（2024）. 混合学习下学业自我效能感和学习投入：自我调节学习的中介效应. 宜春学院学报,（2），107-113.

郭佳霖，智敏，殷雁君，葛湘巍.（2025）. 图像处理中 CNN 与视觉 Transformer 混合模型研究综述. 计算机科学与探索, 19（1），30-44.

李爽，陈佳琪，刘司卓，杜君磊.（2024）. 学习内在价值能直接提升学生在线学习接受度吗？——自我调节学习技能的中介作用. 现代远距离教育,（1），58-68.

孙文杰，郭凯玥，赵晓萌，张佳佳，雒瑞帆，司继伟.（2024）. 高中生成就目标定向与学业成绩的关系：以自我调节学习为中介. 心理研究,（1），78-86，96.

王耀祖，李擎，戴张杰，徐越.（2024）. 大语言模型研究现状与趋势. 工程科学学报, 46（8），1411-1425

薛以胜，宋春晖，陈焕东.（2023）. 大学生在线学习自我调节能力及干预建议. 电脑知识与技术,（32），177-180.

张刚要，俞犇.（2024）. 探究社区对大学生在线自我调节学习的影响——基于潜变量增长模型的分析. 现代教育技术,（5），114-122.

张钦彤，王昱超，王鹤羲，王俊鑫，陈海.（2024）. 大语言模型微调技术的研究综述. 计算机工程与应用, 60（17），1-22.

Bietti, A., Cabannes, V., Bouchacourt, D., Jegou, H., & Bottou, L.（2024）. Birth of a transformer: A memory viewpoint. Advances in Neural Information Processing Systems, 1560-1588.

Kong, S. C., & Yang, Y.（2024）. A human-centred learning and teaching framework using generative artificial intelligence for self-regulated learning development through domain knowledge learning in k-12 settings. IEEE Transactions on Learning Technologies, 37-51.

Lieber, O., Lenz, B., Bata, H., Cohen, G., Osin, J., Dalmedigos, I., ... & Shoham, Y.（2024）. Jamba: A hybrid transformer-mamba language model. arXiv. https://doi.org/10.48550/arXiv.2403.19887.

Naveed, H., Khan, A. U., Qiu, S., Saqib, M., Anwar, S., Usman, M., ... & Mian, A.（2023）. A comprehensive overview of large language models. arXiv. https://doi.org/10.48550/arXiv.2307.06435.

Shang, S., Shan, Z., Liu, G., Wang, L., Wang, X., Zhang, Z., & Zhang, J.（2024）. ResDiff: Combining CNN and diffusion model for image super-resolution. Proceedings of the AAAI Conference on Artificial Intelligence, 8975-8983.

Steel, P.（2007）. The nature of procrastination: A meta-analytic and theoretical review of quintessential self-regulatory failure. Psychological Bulletin, 133（1）, 65-94.

Su, J., Ahmed, M., Lu, Y., Pan, S., Bo, W., & Liu, Y.（2024）. RoFormer: Enhanced transformer with rotary position embedding. Neurocomputing, 568, 127063.

第二部分

学习状态研究

第三章

基于面部表情识别的学生情感分析

第一节　面部表情识别支撑的学生情感分析相关研究

一、情感识别相关研究理论

（一）学生情感识别相关研究

情感识别方法在教育领域的应用具有独特的重要性，原因在于情感是学生在学习过程中自然产生和真情流露出来的，这种情感本身就是一种消极或者积极的精神状态表达，反过来也会影响学习效率。消极的情绪可能会使人感到痛苦，难以或无法集中注意力，而积极的情绪可使人的大脑保持一直运转的最佳状态，进而有助于提升学习效率。情感分析的目的是将各种具有情感倾向的主观性信息进行识别，它是一个跨学科的领域，涉及多个领域的知识和计算，包括计算机科学、心理学等。情绪和情感在我们的学习与生活中至关重要，可以在以人为中心的环境中帮助个体进行决策、学习、沟通和姿势感知。在日常学习过程中，学生通常会通过生理信号（如皮肤电反应、脑电波）和外显行为（如面部表情、语音、文本信息以及形体姿态）等表现来传达情感的变化，识别和分析这些信息有助于我们更加真实有效地感知学生的情感变化，理解学生的真实意图。如图 3-1 所示，根据学生个体数据信息的不同，单模态的学习情感识别可分为以下四种：基于面部表情的学生情感识别、基于语音信号的学生情感识别、基于文本信息的学生情感识别，以及基于生理信号的学生情感识别。

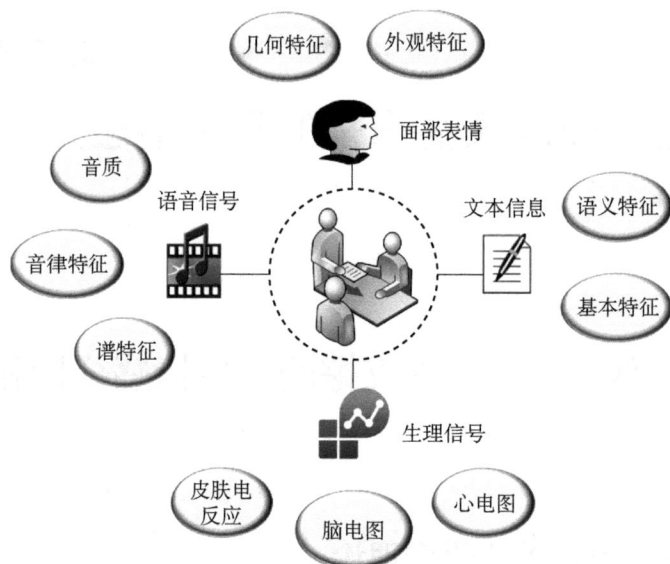

图 3-1　情感识别数据源

1. 基于面部表情的学生情感识别

基于面部表情的学生情感识别方法的核心思想是学生的面部表情与情感之间存在密切的关系，不同的情感状态往往会引起面部肌肉的特定运动和表情变化，通过捕捉这些特征性的面部运动，可以推断学生当前的情感状态，从而实现情感识别的目标。早期的基于面部表情的情感识别主要是基于面部动作编码系统（Facial Action Coding System，FACS）来开展的，这种识别将面部各部分作为重要特征并将其引入情感分析模型中，通过挖掘面部的永久特征和瞬态特征对表情进行预测，据此推断个体的情感状态，其中永久特征是指那些不会随着时间推移而改变的特征，包括嘴唇和眼睛的开合程度、瞳孔的位置、眉毛和脸颊区域的形状等，瞬态特征只在某些特定表情中会被观察到，如皱肌的收缩会在眉毛之间产生皱纹。孙波等（2015）基于面部动作编码系统来构建一种情感分析框架，通过将面部表情的特征和个体特征进行分解，输入到各个子空间，并在子空间中加入一定的干预，以识别学生当前的情感状态。此外，机器学习算法也在该领域展现出极大的应用价值。在在线学习领域，Daouas 和 Lejmi（2018）提出了一种智能在线学习系统情感识别框架，研究者使用贝叶斯网络来识别学习者在在线学习环境中的情绪并处理在这一情绪识别过程中的不确定性，该系统通过学习者在在线学习过程中的面部表情数据来预测他们的情绪，以提高远程学习的质量。随着大规模真实场景数据集的出现，传统的机器学习方法也逐步被深度学习方法替代，基于面部表情的学生情感识别方法也进入了深度学习阶段，各种深度学习网络，如图神经网络（graph neural network，GNN）、深度卷积神经网络（deep convolutional neural network，DCNN）等的应用，不断地促进基于面部表情的学生情感识别领域的发展。

2. 基于语音信号的学生情感识别

基于语音信号的学生情感识别方法通过收集并整理学习者的语音信号，对语音信号进行预处理，将其输入情感识别模型后获得情感特征，再对情感特征进行降维和分类处理，最后得到情感识别结果，如图 3-2 所示。通过音频特征进行情感分析往往涉及特定的成分。早期音频特征提取研究主要集中在音质、音律和谱特征上，并且发现声音参数对情绪识别起着重要作用，如音高、强度、语速和音质，但声音的参数变化不仅依赖于口腔变化，还与个人特征相关，如与音调和能量相关的特征。在语音识别过程中，研究者通常关注以下特征：①显示信号中节奏频率的直方图，称为节拍直方图；②查找信号中常规拍的拍和；③最强拍，识别节拍直方图中的最强部分；④描述信号功率谱变化速度的谱通量；⑤音调的高低；⑥在语音片段中，说话者沉默的时间；⑦简单提供声音亮度指示的谱质心；⑧梅尔频率倒谱系数，梅尔频率倒谱是声音或者音频片段的短期功率谱，是最接近人类听觉系统的线性间隔频带分布；⑨感知线性预测系数，在自回归建模之前执行感知处理，然后进行倒谱转换。在智慧课堂环境下，智能语音情感识别（speech emotion recognition，SER）在理解学习者意图方面起着重要作用。Li 等（2019）提出了一种新颖的语音情感识别系统，该系统利用多头自注意力机制来建模原始相关依赖关系，并结合全局上下文意识的长短期记忆循环神经网络来增强语音情感显著特征的提取。通过选择性地关注情绪显著因素，该系统能够逐步生成情绪推断的判别特征，从而提高情感判断的性能和鲁棒性。Mayer 和 Moreno（2003）提出了一种智慧学习的认知理论，该理论认为，语言信息通过耳朵被个体获取并被解码为语言表示。据此，在教师授课时，学生接收听觉信息，然后将其解码成语言表示，之后将其分割并保存在语言工作记忆中，再将其转为语言心理特征，从而在心理上建立相关性连接。

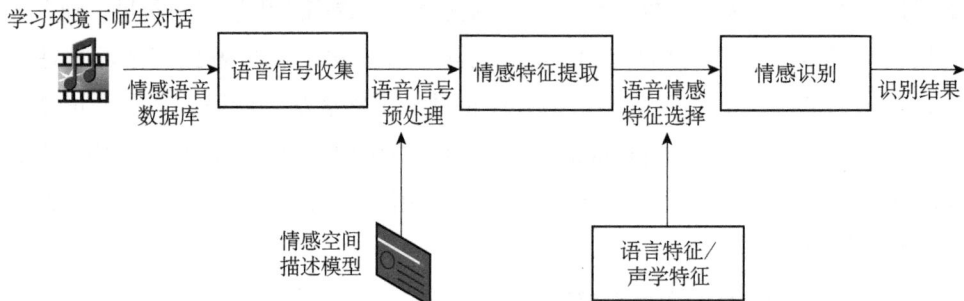

图 3-2 基于语音信号的学习情感识别分析

3. 基于文本信息的学生情感识别

基于文本信息的学生情感识别方法是使用人工智能技术对文本数据进行处理和分析，以识别其中包含的情感倾向，如正面、负面或中性。在自我调节学习场景中，学生在学习过程中的评论往往包含了情绪，这种情绪被称为学术情绪，包括社会情绪、认知情绪、成就情绪等。基于文本信息的情感识别方法最初采用了基于关键词的思想，具体表现为通过从大量文本中提取关键字来构建语料库，通过有效反映文本的结构特征来进行情感识别。例如，Rani 和 Kumar（2017）利用来自课程调查和在线资源的学生评论情感分析，将提取到的有情感倾向的单词与NRC（National Research Council Canada，加拿大国家研究委员会）情感词典中的单词相匹配，将文本信息与积极或消极情感联系起来，从而构建情感分析系统。随着机器学习算法的发展和普及，采用监督学习范式的机器学习算法开始被应用于基于文本信息的情感识别方法中。例如，Perikos 和 Hatzilygeroudis（2016）基于机器学习方法来进行情感识别，具体采用了三个分类器：在情感文本数据集上进行训练的基于统计的分类器（朴素贝叶斯和最大熵学习器），基于知识的分类器（通过分析文本结构来指定单词的依赖关系和确定单词的连接方式），以及确定文本表示情感的集成分类器。随着大数据时代的到来，传统的机器学习算法已经不适用于处理海量的数据，基于深度学习的方法开始被应用于文本情感分类领域，主要表现为通过利用卷积神经网络、图神经网络等深度学习模型完成对文本中情感特征的自动提取和分类。

4. 基于生理信号的学生情感识别

基于生理信号的学生情感识别主要是利用生理参数，如心率、皮肤电活动和呼吸频率等来识别情感状态。每种情感状态都会在生理信号中有所体现，例如，心率的加快可能表明兴奋或焦虑，而皮肤电活动的增加则可能指示压力或紧张状态。由于生理信号是由中枢神经系统与自主神经系统不断释放和控制的，这使得生理信号的反应难以伪造，而且很难被个体有意识地控制，因此这类信号可以提供更为客观的、直观的学生情感状态数据。麻省理工学院的Picard 等（2001）率先展示了如何使用脑电图等其他四种生理信号来识别用户的情感状态，为基于生理信号的学生情感识别研究奠定了基础。此外，随着大数据和深度学习的快速发展，研究人员开始探索更为复杂的网络结构来处理和解释生理数据。例如，卷积神经网络已被用于从数据中自动提取特征，这对于处理心电图或心率信号特别有效。此外，时序神经网络适用于处理有明显时间依赖性的生理数据，如心率变异性或连续的皮肤电信号。2021 年以来，视觉Transformer 模型以其对序列数据中长距离依赖的捕捉能力而著称，也开始在情感识别研究中显示出潜力。

美国心理学家 Mehrabian 的研究表明，人类表达情感的过程中，语言的表达和接收占 7%，声音占 38%，剩余超过 55%的内心情感是通过面部表情来传达的（Mehrabian，1972）。由此可以看出，面部表情是情感表达的主要方式，在情感表达过程中扮演着核心角色。相比于其他方法，基于面部表情的情感识别方法具有非侵入性、实时性、客观性等特点，可为自我调节学习提供更准确、实时、客观的情感信息，还可为个性化学习和学习指导提供重要的技术支持。因此，在本章中，我们主要采用基于面部表情的情感识别方法来对学生的情感状态进行分析。

（二）学生情感描述模型研究

目前广泛使用的情感描述模型有离散情感模型和连续情感模型两种。离散情感模型将情感状态看作一组离散的、有限的类别，每种类别代表一种特定的情感状态，通常使用离散的标签来对情感状态进行描述和区分，是一种简单且实用的情感模型。离散情感模型理论认为有六种基本情绪是国际通用的，即快乐、悲伤、惊讶、恐惧、愤怒和厌恶，这种分类法认为每种基本情绪都有独特的面部表情和生理反应。在此基础上，Plutchik（2001）提出了一个更复杂的模型，包含八种基本表情，即快乐、悲伤、信任、厌恶、恐惧、愤怒、期待和惊讶，这些表情通过不同组合可产生更复杂的情感状态。

连续情感模型则将情感状态看作一个连续的、多维的向量空间，每个维度代表一种情感维度。这种模型认为情感状态可在多个情感维度上连续变化，通常使用一个向量来表示情感状态，从而更准确地描述情感状态的复杂性和多样性。

连续情感模型的代表之一——环形模型认为，情绪可映射到由效价和唤醒度组成的二维空间，如图 3-3 所示，其中纵轴表示唤醒度，横轴表示效价。情绪状态的效价范围从消极到积极，而唤醒度范围从低到高。例如，快乐具有积极的效价和高唤醒，而悲伤具有消极的效价和低唤醒。

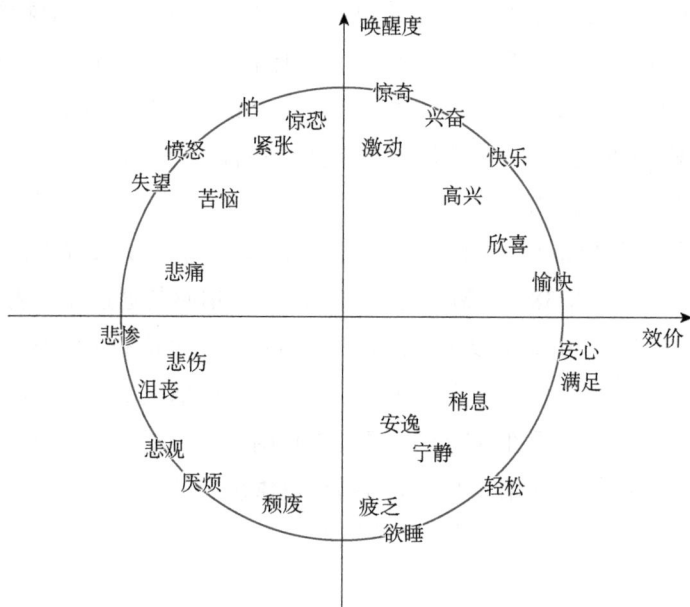

图 3-3　二维情感空间

三维 PAD 情感模型也是一种常见的连续情感模型，由愉悦度（pleasure）、激活度（arousal）和支配度（dominance）构成。该模型以愉悦度、激活度、支配度为基础来描述情感状态在三维空间中的定位，并可利用情感空间中的坐标信息获得情感状态彼此之间的相似程度或差异程度，如图 3-4 所示。

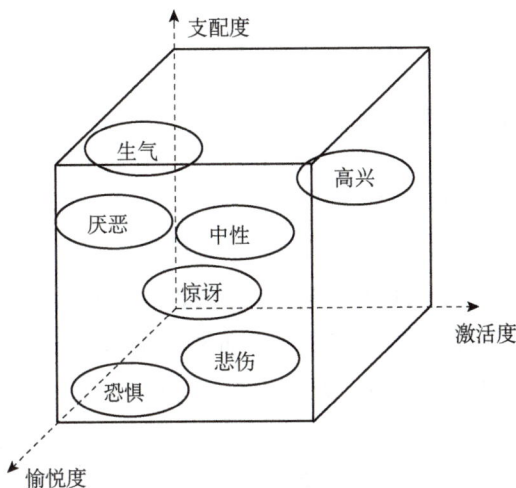

图 3-4　三维情感空间

二、面部表情识别的研究起源和进展

面部表情是通过面部肌肉的各种移动和变化形成的，其变化范围包括从眉毛的轻微扭动到大笑或皱眉等更加明显的表情变化等。面部表情识别（facial expression recognition，FER）技术通过应用图像处理和机器学习技术，能够从图像和视频中自动检测与分类个体的表情。这种技术通过精确地识别面部表情，有助于机器更好地解读学习者的当前情感状态，从而优化学习者的自我调节学习过程和学习效果。

面部表情识别技术作为计算技术的一个分支，已经有数十年的研究历史。这些研究成果解决了事实性知识的表示问题，使得计算机能够从含有面部表情的图像或视频中识别和理解其所包含的情感类心理学内容。面部表情识别技术的发展极大地提升了计算机在人类情感认知和表达方面的能力。

面部表情识别的研究对于人工智能领域至关重要，因为它关联了计算机科学、心理学、生理学和社会学等多个学科。尽管如此，面部表情的复杂性和模糊性使得识别技术的准确性受到影响，面部表情识别的研究和实际应用仍面临着许多挑战，这些挑战包括但不限于从多变的人类表情中准确提取和识别情感信息。因此，面部表情识别技术的持续改进和跨学科研究仍然是该领域未来发展的关键。

（一）面部表情识别研究起源

面部表情识别技术的发展起始于20世纪70年代，当时的心理学家 Ekman 进行了具有里程碑意义的研究，他的工作主要集中在探索面部表情与情绪之间的密切联系等方面，并且开发了面部动作编码系统，这一系统后来成为面部表情研究及应用的基础。面部动作编码系统是基于面部动作单元（action unit，AU）对面部表情进行重建，以区分面部肌肉的动作。该系统对面部肌肉运动单元进行了细致的划分，包括面部动作单元编号、面部动作编码名称和肌肉基础三个部分，并使用面部动作编码来推断情绪。21世纪初，研究者对原有的面部动作编码系统进行了更新，进一步细化了对每个面部动作单元的描述和面部动作单元的组合，将面部各部分作为重要特征并引入情感分析模型中，以挖掘面部的永久特征和瞬态特征。

随着计算机技术的快速发展，面部表情识别技术开始逐步扩展到计算机视觉领域。在早期，面部表情识别的研究主要采用手工提取特征的方法，这些方法主要侧重于在实验环境中收集面部表情数据集，通过专家手动标注与面部表情相关的特征进行面部表情的识别。这些手工提取的方法通常包括两个步骤：特征提取和特征分类。总的来说，计算机对面部信息进行数字化表达，随后将这些特征数据输入到分类器中进行分类。例如，Liu 等（2021）采用了面部的新几何特征，并结合了支持向量机（supported vector machine，SVM）和遗传算法（genetic algorithm，GA），利用三角形的内切圆面积作为特征来对面部表情进行分类。

随着现代卷积神经网络架构的提出，面部表情识别进入了一个新的阶段，即深度学习阶段。在这一阶段，面部表情识别的方法主要通过利用多层网络结构对人脸图像进行一系列的非线性变换和表征，从而提取出更高级的抽象图像特征。其中，更具鲁棒性的深度卷积神经网络可以有效地捕捉面部关键位置的变化和尺度变化；由多个受限玻尔兹曼机（restricted Boltzmann machine，RBM）组成的多层前馈神经网络，即深度置信网络（deep belief network，DBN），可通过最小化重构误差来重构输入数据；深度自编码器（deep autoencoder，DAE）则通过"学习"压缩和解压过程来捕获数据的有效特征。此外，适用于时序数据预测的递归神经网络也在面部表情识别中显示出其独特的优势，能够捕捉与时间序列相关的动态信息。

面部表情识别技术的进步不仅促进了学术界的研究，也对教育领域的实际应用产生了深远影响，特别是在自我调节学习场景下，机器通过对学习者的表情进行更准确的理解和分类，可更好地理解学习者的情感状态，从而能够更好地服务于教与学，提升教师的教学质量和学生的学习成绩。

（二）面部表情识别最新研究进展

随着大规模的真实场景下收集获得的面部表情识别数据集的出现，早期的手工提取特征方法由于存在泛化能力差、特征提取方法复杂等不足，已不再适用于复杂的现实环境。因此，目前面部表情识别的研究都是基于深度学习方法，通过设计有效的神经网络或者损失函数来满足在真实场景下对面部表情进行精准识别的需求。其中，Li 等（2017）提出了一种局部保留损失的研究方法，以学习更具判别性的面部表情特征。受到注意力机制的启发，Wang 等（2020b）提出了基于区域的注意力网络来捕获重要的面部区域。

受到 Transformer 在自然语言处理领域取得的巨大成功的鼓舞，研究者开始尝试将其应用于计算机视觉领域。视觉 Transformer 通过将整幅图像划分为图像块序列，探索了 Transformer 在视觉中的应用，为 Transformer 在视觉领域的应用奠定了坚实的基础。Swin Transformer 能够通过合并更深层次的图像块来构建层特征图。一些研究者也开始探索视觉 Transformer 在面部表情识别任务中的应用，Li 等（2021a，2021b）提出了 Mask Vision Transformer，该模型有效地过滤掉了复杂的背景和遮罩。此后，Xue 等（2021）提出了 TransFER 模型，该模型使用基于 Transformer 表情识别网络来感知与面部表情相关的各个重点区域的关系，表明了面部表情识别中局部区域之间关系的重要性。

未来，基于深度学习的面部表情识别技术将继续发展和优化，特别是视觉 Transformer 技术在复杂环境下的适应性和准确性有望进一步提升。此外，随着算法的进步和计算资源的丰富，我们可能会见到更多针对实时场景下的面部表情识别应用的产生。

第二节　面部表情识别相关知识

一、面部表情识别在自我调节学习场景下的挑战

在面部表情识别领域，尽管已经取得了一些技术上的突破，但在自然环境下准确地识别人类面部表情仍然面临诸多难题。这些难题主要源于两方面：输入图像的不确定性和标签的不确定性。

输入图像的不确定性主要是由自我调节学习环境中条件的多样性导致的。面部的部分遮挡会严重影响面部表情识别系统的准确性，例如，在新冠疫情期间，大量学生佩戴口罩成为常态，这对面部表情识别系统提出了新的挑战，因为口罩遮盖了大部分的面部表情特征。此外，一些任意姿态，如侧脸、低头等也会导致面部表情特征出现不同程度的遮挡。

标签的不确定性则涉及面部表情数据标注的主观性问题。在不同文化和个体背景下，人们对同一面部表情的理解可能存在差异。例如，一些文化中的微笑可能被视为友好的表达，而在其他文化中可能被解读为尴尬或不自在的表现。此外，即使是同一个标注人员在不同时间看待相同的面部表情，也可能因情绪或环境的变化而有不同的解读。这种主观性的存在使得为训练数据标注一致、准确的标签变得更加困难，从而影响了训练过程中面部表情识别系统的学习效率和最终的识别性能。

两种不确定性在自我调节学习场景下有一些常见的具体表现，例如，学生的面部被其他物品（如口罩、书本或者眼镜）遮挡了，使得面部关键区域的识别难度增大。此外，学生在学习过程中因特定学习行为，如阅读、写作时产生的极端头部姿态，会导致相当大部分的面部区域无法在面部图像中显示出来，面部表情有关的特征丢失严重。由于学习过程中学生的面部表情变化强度不大，中性情绪可能与其他类别的情绪表现极为相似，面部表情识别系统对其进行准确标注是十分困难的，这在极大程度上造成了标签的不确定性。

二、面部表情识别数据集和量化指标

（一）面部表情识别数据集

RAF-DB 数据集是一个用于在自然场景下进行面部表情识别的大规模数据集，该数据集基于众包注释，使用了七个单标签子集，包括训练集和验证集，其中训练集有 1.2 万余幅图像，验证集约有 3000 幅图像（Li et al.，2017）。该数据集由英国帝国理工学院的研究人员创建，旨在促进计算机视觉和情感计算领域的研究。RAF-DB 数据集的图像来源广泛，包括不同种族、性别、年龄和背景的人群。这些图像展示了自然状态下的人脸表情，具有很高的多样性和真实性。这些图像经过专业标注，提供了精确的情感标签，有助于研究人员进行人脸表情识别模型的训练和评估。标注的情感类别包括七种基本表情：快乐、悲伤、惊讶、愤怒、厌恶、恐惧和中性。这些基本情感是根据心理学家 Ekman 的理论提出来的，被广泛认为是跨文化通用的情感类别。除了基本情感标签外，RAF-DB 还提供了更多细致的标注信息，包括面部动作单元和不同强度级别的情感标签。这些信息为研究人员提供了更深层次的情感分析能力，使他们能够进行更细致的面部表情识别和情感理解研究。

FERPlus 数据集是一个由谷歌搜索引擎收集的大规模真实世界数据集，用于人脸表情识别任务。这个数据集旨在改进和扩展现有的人脸表情数据集，以更好地适应真实世界中的情感识别需求。该数据集分为训练集、验证集和测试集，分别包含 2.8 万余幅、3000 余幅和 3000 余幅图像（Barsoum et al.，2016）。这些图像通讨互联网收集，涵盖了不同的年龄、性别、种旌和背景，具有很高的多样性和代表性。在情感类别方面，FERPlus 数据集在原有的七种基本表情类别（快乐、悲伤、惊讶、愤怒、厌恶、恐惧和中性）的基础上增加了"轻蔑"这一类别。轻蔑是一种复杂的情感表达，通常被忽视，但在现实生活中却较为常见。通过增加这一类别，FERPlus 数据集能够捕捉更细微的情感差异，提升面部表情识别模型的辨识能力并扩大其应用范围。FERPlus 数据集还采用了一种众包标注策略，确保了情感标签的准确性和一致性。具体来说，每幅图像都由多个标注者进行标注，这些标注者来自不同的背景和文化，确保了标注结果的多样性和公正性。标注过程中，标注者不仅要选择最符合图像的情感类别，还要对情感的强度进行评估，这使得数据集的标注更加细致和全面。

AffectNet 数据集是一个大规模公开可访问的面部表情数据集，该数据集由美国加利福尼亚大学圣地亚哥分校的研究人员创建，通过三大搜索引擎（谷歌、必应和雅虎）查询与情感相关的关键词，收集了超过 100 万幅图像（Mollahosseini et al.，2019）。这些图像涵盖了不同的性别、年龄、种族和背景，极大地提高了数据集的多样性和代表性。这些图像由专业标注团队进行情感标注，标注过程不仅包括对面部表情类别的识别，还包括对情感强度的评估。这种精细的标注方法确保了数据集的高质量和高准确性。

（二）面部表情识别量化指标

目前，面部表情识别量化指标主要包括准确率和平均准确率。

准确率常被用于衡量面部表情识别系统或模型在识别不同面部表情时的性能表现。简单来说，它是指面部表情识别系统或模型正确识别面部表情的次数占总测试次数的比例。准确率是面部表情识别中最直观的评价指标之一，用于评价面部表情识别系统或模型的整体表现。

平均准确率是另一个衡量面部表情识别系统或模型性能的评估指标。该指标特别适用于处理不同类别面部表情样本数量不均衡的情况，它给出了每个类别的面部表情准确率的平均值，从而提供了一个更为公平和均衡的性能评估指标。

三、面部表情识别相关模型

（一）传统阶段的面部表情识别模型

在深度学习兴起之前，面部表情识别主要是基于手工特征提取方法来开展研究的。这种方法依赖于从人脸图像中提取预定义的特征，并利用这些特征来训练机器学习模型，从而达到识别面部表情的目的。常见的特征包括眼睛、嘴巴、眉毛、鼻子等区域的形状、颜色和纹理等。Ojala 等（1994）提出了局部二值模式（local binary pattern，LBP）特征提取方法，这种方法通过对面部图像进行特征提取，可计算像素点与周围像素的差异，进而得到像素点的纹理特征，之后利用分类器完成特征分类，即可实现面部表情识别。Cootes 等（2001）提出了活动外观模型特征提取方法，该方法利用形状模型和纹理模型来描述面部表情的变化，可通过调整模型参数来匹配目标面部的形状和纹理特征。

在传统阶段，除了基于手工特征的方法以外，还有基于三维面部建模的表情识别方法。相较于传统的二维图像分析方法，该方法主要是利用三维面部数据来分析和识别面部表情，可提供更多的几何和深度信息，从而更准确地捕捉面部动态和微妙的表情变化。Wang 等（2006）提出了一种基于 3D 几何建模的方法，可完成面部表情识别任务。该方法使用面部模型和纹理图像来估计头部姿态，并手动标记重要的面部区域，计算每个特征点与其他所有特征点之间的距离，以提取原始 3D 面部表情特征，然后将这些特征送入分类器中进行分类，以实现面部表情识别。该方法在不同头部姿态下表现良好，并且已经得到了实际应用。Mpiperis 等（2008）提出了一种同时进行 3D 人脸建模与面部表情识别的方法，该方法使用弹性、可变形的三维模型来建立面部点对应关系，并使用双线性模型来进行表情识别。

此外，基于统计的方法也在传统的面部表情识别领域具有重要意义。基于统计的方法通过将面部表情视为一组统计量来进行分类，如面部表情的平均强度、方差、偏度等。其中，常用的统计方法包括主成分分析（principal component analysis，PCA）、线性判别分析（linear discriminant analysis，LDA）、支持向量机等。在面部表情识别领域，Siddiqi 等（2015）提出了一种基于面部表情识别的人机交互系统，该系统采用膨胀潜在判别分析法来提取面部表情特征，并将提取出的特征输入基于混合高斯分布的隐条件随机场分类器以进行面部表情识别。其中，膨胀潜在判别分析法是一种线性判别分析的特征提取方法，它通过逐步选择最显著的特征来降低数据维度，可使数据总体分布最大化并使类内方差最小化。

（二）深度学习阶段的面部表情识别模型

近年来，基于深度学习网络的特征提取技术在面部表情识别领域取得了一系列成就。面部表情识别方法可分为三类，分别是抑制面部表情数据不确定性的方法、基于类内相似性和类间差异的方法，以及基于面部结构的方法。

在实际应用中，面部表情数据可能因标注者的主观性或面部表情边界的微妙差异而出现不一致。抑制面部表情数据不确定性的方法则主要集中于处理和降低面部表情数据中的不确定性，这里的不确定性主要是指标签的模糊性和不一致所带来的不确定性。该方法主要通过概率模型、不确定性建模等手段来识别和管理面部表情标签的模糊性和不一致所带来的不确定性，从而增强面部表情识别系统的准确性和可靠性。Wang等（2020a）设计了一个较有影响力的自愈网络，通过采用自注意力机制对训练中的样本进行加权和标签修改，以此有效抑制不确定性。此外，She等（2021）从潜在分布挖掘和成对不确定性估计两个角度解决注释歧义问题，对于前者，采用引入辅助的多分支学习框架，以更好地挖掘和描述标签空间中的潜在分布；对于后者，通过充分利用实例之间语义特征的成对关系来估计实例空间中的歧义程度。

　　基于类内相似性和类间差异的方法专注于探索和利用面部表情类别之间的相似性以及同一类别内的差异性，旨在解决面部表情识别中的挑战，即如何准确区分外观相似但情感含义不同的面部表情，以及如何捕捉同一情感类别中的细微差别。基于类内相似性和类间差异的方法一般是通过使用卷积神经网络、递归神经网络和Transformer等复杂的深度学习网络模型来识别标准的面部表情特征，同时探测到那些不易察觉的情感细节，如轻微的微笑或微妙的眉毛挑动，借助对细微特征的捕获，可以更好地挖掘面部表情所具有的特征。自主访问控制列表（discretionary access control list，DACL）方法通过集成一种注意力机制，使用卷积神经网络的过程空间特征图作为上下文来估计与特征重要性相关的注意力权重，通过调整权重以适应中心损失的稀疏公式，从而选择性地实现嵌入空间中类内紧凑性和类间分离（Farzaneh，Qi，2021）。

　　基于面部结构的方法侧重于对面部结构化信息的表示，原因在于面部的结构性信息（如面部关键点和各部位的几何关系）在表达情感时具有重要作用。基于面部结构的方法通过对面部结构信息进行建模，并从中获取与面部表情产生强相关的面部表情结构信息和结构间的关联关系，来生成具有辨别性的面部表情特征，从而为增强面部表情识别模型的准确性和鲁棒性奠定基础。其中一个典型的研究是，Ruan等（2021）将面部表情视为多个面部表情共享信息和每个面部表情独特信息的组合，并提出了一种新颖的特征分解与重建的网络模型来进行有效的面部表情识别。另一个典型的研究是，Yang等（2018）提出了一种去面部表情残留学习的方法，该方法通过将非中性面部表情逐步还原为中性面部表情来提取与面部表情相关的信息，从而进行面部表情识别。

第三节　面向学习者情感分析的面部表情识别模型

一、基于注意力机制的面部表情识别模型

考虑到在真实无约束的环境中，面部表情图像往往会受到面部遮挡和低光照等问题的干扰，过去关注全局特征的研究方法可能会因噪声的存在缺乏一定的鲁棒性，而关注局部特征的研究方法往往会忽略了边缘的重要细节。本书针对过往研究的不足，设计了一种基于注意力机制的面部表情识别方法——DGSC（Dynamic Global-Spatial Contextual）。该方法主要由改进的自注意力机制 Res_T 模块和双头信息模块 CIG（Combined-Head Information Group）组成，如图 3-5 所示。在该方法中，双头信息模块负责捕获不同面部区域的长距离依赖关系，并使用空间注意力机制和通道注意力机制来增强面部表情识别的准确性，确保模型在训练过程中对面部关键区域表情特征进行学习的同时，也会对面部边缘区域表情特征进行有效建模，从而能够有效地增强模型的鲁棒性和识别精度。

（一）Res_T 模块

考虑到面部表情识别的类内差异和类间相似性，需要特别注重面部整体和局部区域之间的关联性。以往面部表情识别多使用卷积神经网络来解决此问题，但卷积神经网络只能注意到局部区域，忽略了全局信息对面部表情识别的影响。基于自注意力机制的模型能很好地获取不同区域之间的长期依赖关系，本书提出的 Res_T 模块通过卷积神经网络预获取面部图像的局部特征，其局部特征信息通过深度残差结构得到增强，然后 Res_T 模块利用改进的自注意力机制捕获长距离依赖关系，从而捕获局部和全局结构信息，提高 DGSC 模型的表示能力。图 3-5 中

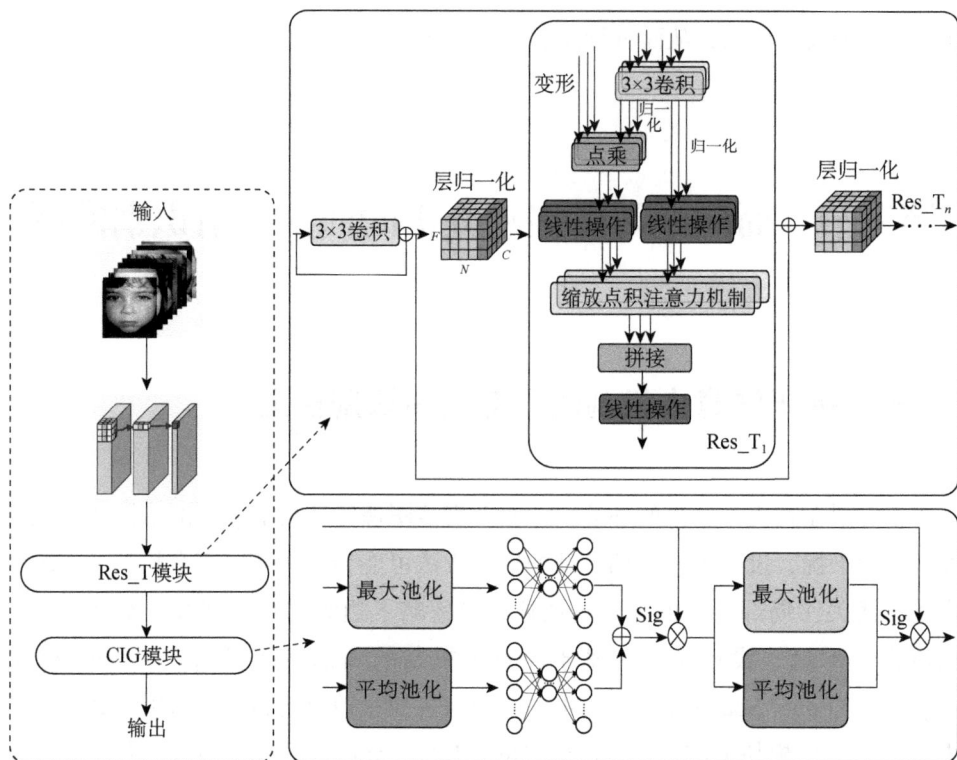

图 3-5 基于注意力机制的面部表情识别模型

的 Res_T 模块主要包含轻量级多头自注意力和层归一化。原始的多头自注意力将输入 X 线性变换为键向量 K 和值向量 V，再进行计算，因为输入特征的尺度较大，需要耗费大量的计算资源，这给网络的训练和部署带来了难度，为简化这一过程，使用了轻量级多头自注意力，使用深度卷积神经网络代替 K 和 V 的计算。层归一化和批归一化（batch normalization，BN）都是用来规范化神经网络中的输出数据的，两者的区别在于，层归一化是一种针对单个样本的不同特征进行归一化的方法，是对隐藏的维度进行归一化；批归一化是一种针对输入的数据进行归一化的方法，是对单个特征在不同样本中的分布进行归一化。在面部表情识别图像中，不同图像在同一位置的分布有极大的概率是不同的，为更好地捕获这种区别，Res_T 模块采用层归一化对通道维度进行归一化处理，同时加速 DGSC 网络模型的训练过程。自注意力机制能同时关注不同位置、不同信息的子空间特征，从而提取出更多的相似特征，但是也增加了模型过拟合的风险。为防止模型过拟合，本书使用部分丢弃操作，将特征向量作为输入，使用来自伯努利分布概率为 $P=0.1$ 的样本，表示每个神经元有 0.1 的概率不被激活，该操作可引导 Res_T 模块探索多样化和有区别的面部区域，从而对不同局部区域之间的关联关系进行建模。

（二）双头信息模块

为进一步使用特征之间的通道信息和空间信息，本书提出了 CIG 模块。该模块主要利用特征的通道间关系来生成通道指导信息，这可帮助模型更好地理解输入特征之间的关系。在聚合空间信息时，该模块采用了平均池化的方式来压缩输入特征映射的空间维度。平均池化可将特征值平均分配给每个位置，以捕获空间信息的统计特征。最大池化则捕获了不同图像的显著特征，通过融合最大池化与平均池化操作，从输入特征中提取不同维度的信息。首先，输入特征分别经过最大池化和平均池化，提取关键的全局特征信息，随后通过全连接网络进行特征变换，以学习更有效的特征表示。接着，将两个分支的输出相加并通过 Sigmoid 激活函数生成通道注意力权重映射，该权重用于对原始输入特征进行加权，使通道维度上的自适应特征增强。随后，增强后的特征再次通过最大池化和平均池化，在空间维度上提取信息，并通过 Sigmoid 函数生成空间注意力图，进一步细化特征表示。该结构能够有效引入显式指导信息，突出关键区域，抑制冗余特征，从而提升多头自注意力模块后的细粒度识别能力。

（三）损失函数和模型优化

损失函数是用来度量模型预测结果和真实结果之间差距的函数。本书提出的 DGSC 模型选用了交叉熵作为损失函数，能更加准确地预测结果，提高泛化能力，同时也能够更好地处理类别不均衡问题。该模型中采用了 Sigmoid 激活函数，选用了交叉熵损失函数，解决了激活函数的弥散问题，促进了模型的快速收敛。DGSC 面部表情识别模型的全局损失函数为：

$$L = \mathrm{CE}(T, F) = -\Sigma_x T(x) \ln(F(x)) \tag{3.1}$$

其中，T 表示真实分布，F 代表模型预测的分布，CE 为交叉熵损失函数，x 表示预测向量，L 是全局损失函数。

该模型中的优化策略选用的是随机梯度下降（stochastic gradient descent，SGD）算法，通过 Pytorch 框架提供的 ReduceLROnPlateau 方法，在发现目标损失不再降低或者准确率不再提高之后降低学习率。随机梯度下降每次只是使用最小批次的样本来更新模型参数，可更加快速地找到全局最优解或局部最优解，同时对内存要求较小，可动态更新学习率，从而更好地适应数据集的特点，增强模型的性能。所以，本书提出的 DGSC 模型选用了随机梯度下降优化策略，其梯度更新规则如下：

$$\theta \leftarrow \theta - \eta \nabla_\theta J(\theta; x^{(i)}; y^{(i)}) \tag{3.2}$$

其中，θ 表示目标更新参数，η 是指随机梯度下降算法中的学习率，$J(\theta; x^{(i)}; y^{(i)})$ 代表当前梯度。

根据链式求导法则，对参数 θ 从第 L 层到第 1 层进行迭代计算的方法如下：

$$\frac{\partial}{\partial \theta} L(\theta) = -\Sigma_x \left(T(x) \frac{1}{F(x|\theta)} \frac{\partial F(x|\theta)}{\partial \theta} \right) \tag{3.3}$$

其中，∂ 是梯度符号。在使用随机梯度下降算法进行模型训练时，由于每次只使用最小批次样本来计算梯度并更新参数，这可能导致参数更新方向不稳定，可能会出现振荡的现象，从而影响模型的收敛速度和效果。为解决该问题，可使用动量技术来平滑参数更新方向，从而加速模型的收敛并减少振荡。在加入了动量后，模型在某一时刻的下降方向不仅由当前的梯度方向决定，还由之前累计的梯度来决定，利用惯性和当前梯度来更新模型参数，具体公式如下：

$$v_{(t+1)} = \rho v_t + \eta \nabla_\theta J(x_t) \tag{3.4}$$

$$x_{(t+1)} = x_t - \eta v_{(t+1)} \tag{3.5}$$

其中，$v_{(t+1)}$ 表示下一时刻累计的梯度，J 表示梯度计算，v_t 表示当前累计的梯度，ρ 为动量因子，$x_{(t+1)}$ 表示下一时刻位置，x_t 代表当前位置。最后，本书提出的 DGSC 模型的优化总体流程如算法 3.1 所示。

算法 3.1：DGSC 面部表情识别模型优化算法

输入：训练集 $S=\{I, T\}$，I 为输出图像，T 为真实分布（标签），

设置：批量大小 batchsize=16，初始化学习率 η =0.01，

输出：网络层参数 θ，

　1：初始化 θ_i；

2：$i \leftarrow 0$；

3：根据公式（3.3）计算 $\partial L(\theta_i) / \partial \theta_i$；

4：根据公式（3.2）更新 θ_i；

5：更新学习率 η；

6：$i \leftarrow i+1$；

7：重复 3、4、5 和 6；

直至收敛；

输出网络模型参数 θ。

二、基于上下文信息的面部表情识别模型

面部表情识别是计算机视觉的子任务，但是与人脸识别等一般的计算机视觉任务又有所不同，例如，人脸识别主要关注鼻子、眼睛、嘴巴等易识别的面部区域，但对于面部表情识别而言，提取的鼻子特征信息对于判断面部表情类别毫无意义，面部表情识别反而更加注重眼部区域和嘴巴周围区域，因此期望通过增加对重要区域的注意力权重来增强对这些区域的学习，同时过滤掉鼻子等无效区域的信息。

以往的许多研究提出使用合理的损失函数来增强面部表情识别性能，然而，这些方法不加区分地提取与面部相关的特征，这样可能会忽略一些关键的面部区域，而这些区域在面部表情识别任务中起着重要作用。以往的研究提出了许多基于局部的方法来学习不同区域的面部特征，但这些方法都存在着一些问题：①预定义的面部裁剪不能灵活地描述局部细节，这些细节可能存在于面部区域不同的位置，直接影响面部表情识别的性能，特别是对于有姿势变化或者视觉变化的面部图像；②光照变化、面部遮挡、图像低质量和面部位置标注可能不准确等噪声可能会导致面部关键信息部分丢失，从而影响基于局部关键特征的表情识别方法的效果。因此，捕捉面部的重要部分并抑制无用的部分以进行更加精细的识别是非常重要的。

利用上述观测结果，本书提出了一种端到端的面部表情识别架构——基于上下文信息的面部表情识别模型来关注面部表情识别中整体和局部区域的相关性，

如图 3-6 所示。局部注意力关注的是局部区域，它们之间的相关性通过注意力机制被量化，使得相关区域的识别相对容易，然后与从未进行分割注意加权的输入相结合，以获得性能增益。基于上下文信息的面部表情识别模型首先使用骨干网络提取面部的相关特征，其次基于突出部分信息描述领域的结构，最后通过增强上下文信息模块，以利用有效通道注意力考虑面部特征输入之间的相关性，加强

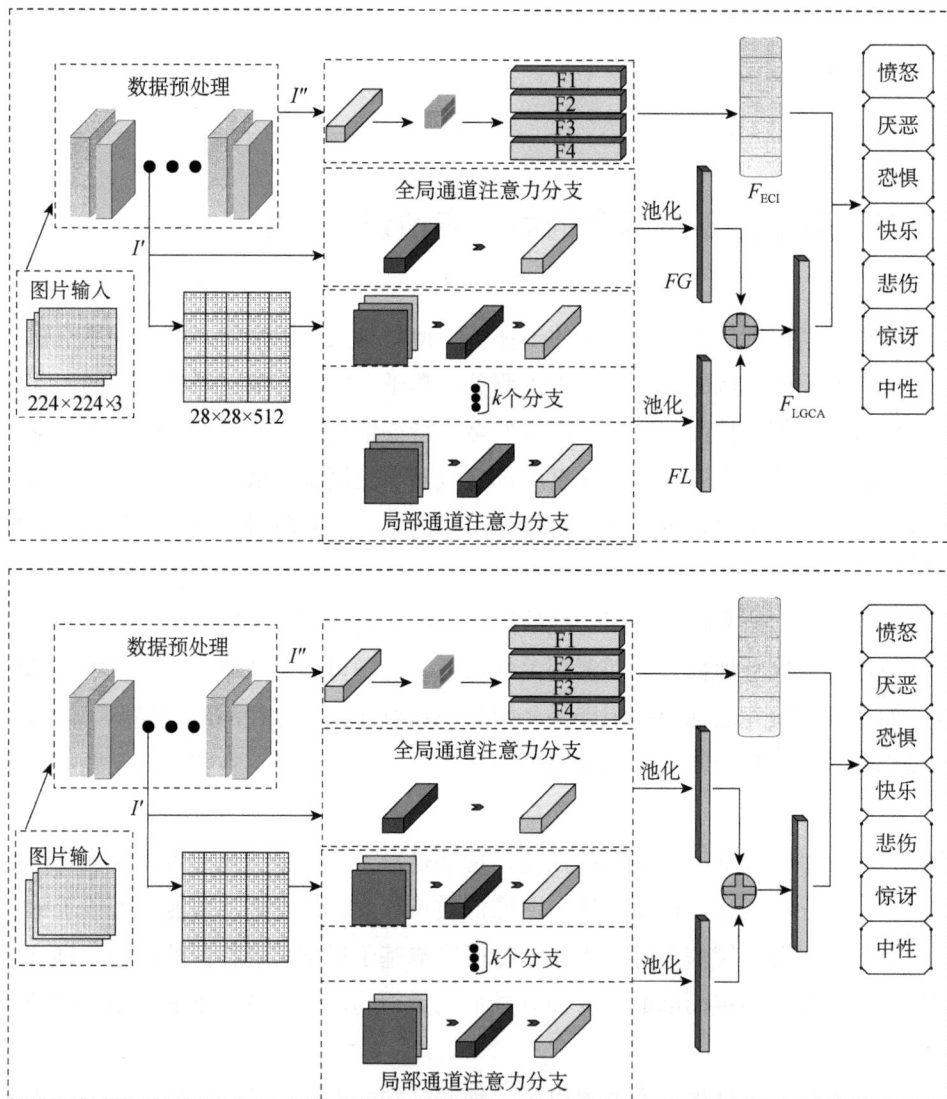

图 3-6　基于上下文信息的面部表情识别模型图

对有效特征的学习。该模型的核心部分为局部–全局通道注意力模块，具体而言，局部–全局通道注意力模块包含两分支：第一分支将提取到的面部特征进行分块划分，然后计算注意力权重，以此来提取各局部区域的重要特征；第二分支直接将提取的面部特征赋予注意力权重，以提取全局特征，然后将两个分支的特征相结合，实现局部特征和全局特征的相互补充。

（一）局部–全局通道注意力模块

卷积神经网络利用局部感受野，可同时获取并整合空间感知和通道感知信息，每个卷积层沿输入通道表达邻域空间的连通性，通过卷积层和非线性激活函数可生成分层模式的图像表示，从而捕获不同层次的特征信息。这种方法可有效减少重复信息的出现，并且获得全局理论接受域，从而提高模型的泛化能力。对于面部表情识别任务，研究者期望获得那些与面部表情相关性更强的区域，同时将周围区域的信息作为补充，如眼睛、嘴巴周围等为重点区域，鼻子等轮廓信息则属于补充信息。为此，本书提出了局部–全局通道注意力模块，局部和全局注意力通过并联的方式进行面部表情识别。虽然通过卷积获得了图像区域的空间特征，但通道之间的关系被忽略，因此局部–全局通道注意力模块额外加入了通道注意力机制。

具体来说，局部–全局通道注意力模块的实现方式是将浅层特征分别通过整体和切分的方式作为输入，分别表达全局信息和局部信息，然后通过卷积操作和非线性激活函数来提取不同通道的特征向量。该模块连接到骨干网络第二层，通过深层网络，让注意力机制更加专门化，并以高度特定于类的方式响应不同的输入。具体来说，将骨干网络的第二层输出 I' 作为局部–全局通道注意力模块的输入，该模块中的输入–输出管道图如图 3-7 所示，包括局部特征提取和全局特征提取，它们都包含一个计算模块，后接池化层。在数学上，计算单元将输入 $I' \in \mathbb{R}^{H \times W \times C}$ 映射到特征 $Z \in \mathbb{R}^{H \times W \times C}$，$H$ 表示通道的高度，W 表示通道的宽度，C 为通道数，具体计算过程如下：

$$Z = V * I' \tag{3.6}$$

$$Z_C = \Sigma_{i=1}^{C'} V_C^i * I'^i \tag{3.7}$$

其中，$*$ 表示卷积，$Z = \{Z_1, Z_2, \cdots, Z_C\}$，$Z_C \in \mathbb{R}^{H \times w}$，$V$ 表示过滤器的学习

集，$V = \{V_1, V_2, \cdots, V_C\}$，$V_C$ 表示第 C 个通道的参数，$V_C^i = \{V_C^1, V_C^2, \cdots, V_C^C\}$，$V_C^i$ 是一个二维空间核，表示 V_C 作用于 I' 的响应通道上的单个通道，$I'^i = \{I'^1, I'^2, \cdots, I'^C\}$。考虑到每个信道的输出特征中都使用了一个局部接受域，每个学习滤波器都只能利用该区域内的信息。为了解决该问题，我们将全局信息嵌入通道中，通过平均池化来生成通道信息。这样，在生成输出 Z 的每个单元时，可同时考虑局部信息和全局信息，具体计算过程如下：

$$J_c = \frac{1}{H \times w} \sum_{j=1}^{H} \sum_{l=1}^{w} Z_c(j,l) \tag{3.8}$$

其中，全局信息聚合量 $J \in \mathbb{R}^C$，J_c 表示 J 的第 C 个元素，此时，Z 表示局部特征的集合。为利用该聚合特征，需要加以跟踪，从而捕获信息通道的依赖关系。对捕获的局部特征输入两个全连接层和 Sigmoid 激活函数，然后通过维度递增返回输出 Z 的通道维度，最后的输出模块加以重新缩放，具体计算过程如下：

$$u = \mathrm{ReLU}(w_2 \mathrm{ReLU}(w_1 J)) \tag{3.9}$$

$$F_C = u_c z_C \tag{3.10}$$

其中，$w_1 \in \mathbb{R}^{\frac{C}{r} \times C}$，$w_2 \in \mathbb{R}^{C \times \frac{C}{r}}$，ReLU 代表非线性激活函数操作，$F_C$ 表示最后的输出模块，u_C 表示经过两个全连接层和激活函数之后的输出结果，z_C 表示 z 的第 C 个元素。值得注意的是，输入既可以是来自特征图的局部区域图，也可以是提供全局上下文的整体特征图，帮助基于上下文信息的面部表情识别模型学习各个通道之间的关系。

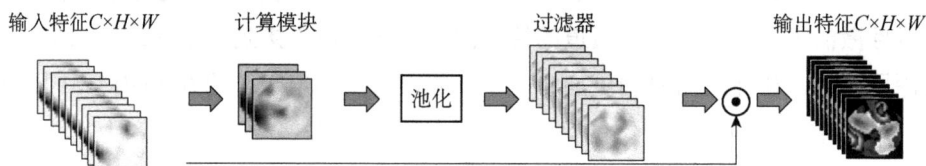

图 3-7　局部−全局通道注意力模块的输入−输出管道图

（二）增强上下文信息模块

局部−全局通道注意力模块通过强调局部和全局的相关特征融合来加强对面部表情的学习，而增强上下文信息模块通过补充额外的信息来增强面部表情识别的性能。面部表情识别模型的中间层可能包含面部周围的特征，这些特征对面部表情识别是非常重要的，但是中间层的特性经过多次学习，可能存在冗余的情况，为消除这种冗余，可对重要特征加强学习，并在主干网络中使用有效通道注意力。局部-全局通道注意力模块主要是对不同通道之间的关系进行学习，使用到的降维操作会影响通道注意力性能，且获取通道之间的依赖关系效率低。为解决上述问题，采用增强上下文信息模块可避免降维操作的负面影响，有效实现跨通道交互，有助于计算跨空间维度的通道注意力系数。

增强上下文信息模块的目标是获得与局部-全局通道注意力模块提供的特征信息互补的上下文信息，以增强模型的学习性能。此外，面部表情识别需要强调与任务相关的重要特征并消除冗余，因此添加了通道注意力，强调了面部表情特性。

（三）损失函数和模型优化

本节提出的基于上下文信息的面部表情识别模型包含两个局部-全局通道注意力模块和增强上下文信息模块，所有模块的输出都是经过基于交叉熵损失的面部表情分类器来进行面部表情分类的。增强上下文信息模块的损失（L_{ECI}）表示为：

$$L_{ECI} = \sum_{i=1}^{m} L_i \qquad (3.11)$$

两个局部-全局通道注意力模块总的损失（L）表示为：

$$L = a \times L_{LGCA} + (1-a) \times L_{ECI} \qquad (3.12)$$

其中，L_{LGCA} 是局部-全局通道注意力模块的损失，具体而言，$a \in [0,1]$，是一个超参数用于平衡损失。为防止过拟合，根据消融实验研究，将 a 设置为 0.2。

第四节　自我调节学习下的学习者情感分析实践

本节主要将上一节提出的 DGSC 面部表情识别方法应用于自我调节学习环境下学习者的情感判断，根据模型的预测结果对学生的情感状态进行实时预测。通过该方法，大语言模型驱动的学习诊断与分析系统可更加精准地感知学习者的情感状态，并根据学习者的情感状态提供相应的学习支持和反馈，以提高学习者的学习效果和满意度。

一、自我调节学习环境下的学习者面部表情识别路线

（一）实验环境

本实验是在华中师范大学南湖校区智慧教室进行的。如图 3-8 所示，该智慧教室配备了多种先进设备和技术，包括高清直播摄像头、可视化面板、监控摄像头和物联网墙壁控制面板等。这些设备的集成不仅提升了教学环境的互动性和智能化程度，还为师生提供了一个高度现代化的学习空间。智慧教室的设计理念是将虚拟现实、云计算、智能教学平台和人工智能等前沿技术应用于学习环境，从而实现对校园教室的数字化和智能化改造。通过这些技术和设备的综合应用，课题组可对智慧教室中学习者的学习行为信息进行采集。

图 3-8　智慧教室一览图

（二）自我调节学习环境下学习者面部表情数据采集

为确保实验数据的真实性和稳定性，课题组收集了多名学习者在智慧教室课堂下进行自我调节学习的表现，学习内容为自定义，使用高清直播摄像头拍摄了一段学习者在智慧教室中的自我调节学习视频，用于实验研究，该视频时长为 10 分钟，采用 1 帧/秒，即每秒采集一幅学习者图像，每帧有 32 位学习者，可得到 3200 帧图像。具体而言，采用 FFmpeg 工具包从原始视频中提取帧图像，使用 Dlib 工具箱检测图像中的人脸区域。

数据集标注工作由具备丰富经验的专业团队进行，该团队成员具备计算机视觉、机器学习和数据标注领域的深厚知识与技能，同一个人脸图像由五名成员进行标注。为保证标注数据的时间序列一致性，团队还对每一帧的标注进行时间戳记录，以便后续进行时间序列分析，从而揭示学习者在整个学习过程中的情感和行为变化趋势。标注完成后，团队对数据集进行了多次验证和校对，包括对人脸检测和表情动作识别的重新审核，避免漏标和错标情况的出现等，以确保标注的准确性和一致性。通过以上步骤，课题组最终得到了一个高质量、详细标注的数据集，为后续的实验分析和研究奠定了可靠的基础。

（三）实验设置

1. 模型环境

本实验是在配备有 NVIDIA GeForce GTX TITAN V GPU 和 Intel i7 CPU 的计算机上执行的。在软件方面，本实验采用了 Pytorch 工具箱进行模型搭建和训练，从而快速实现模型的搭建和优化。

2. 数据预处理

在预处理阶段，将面部图像重新裁剪为统一尺寸，即 224 像素 × 224 像素，并进行归一化处理，最后通过随机翻转和任意裁剪进行数据增强。

3. 参数选择

在训练过程中，批量大小设置为 16，模型训练轮数为 200。每次重新训练时从上一次预测结果最好的模型开始训练。将随机梯度下降优化器与余弦退火调度器结合使用，以控制学习率从 0.01 开始，第 20 个训练周期以后开始变化，学习率变化的计算公式如下：

$$\eta_{i+1} = \eta_i \times dr \times \frac{i+1-ds}{de} (i \geqslant 20) \qquad (3.13)$$

其中，η 表示学习率，i 表示第 i 个训练周期，dr 表示学习率的延迟率，ds 表示学习率开始变化的第 20 个训练周期，de 表示每间隔 ds 个训练周期学习率的变化。动量和权重衰减分别设置为 0.9 和 0.0005。

二、自我调节学习下的学习者情感分析

（一）基于面部表情的学习者情感分类指标

在学习过程中，面部表情识别结果能够直接有效地反映学习者的真实情绪状态。情感是学习者投入程度的重要表现形式，高兴（积极）的情绪有助于学习者积极投入学习，面部表情识别通过识别面部关键区域信息、面部肌肉运动等来分析学习者的情感，高兴或其他积极的面部表情有助于学习者积极投入课堂，而消极、单一的面部表情则会导致学习者的课堂投入度较低。因此，面部表情的量化计算指标分为积极、中性和消极三种不同类型，以反映学习者的情绪、认知负荷等。

（二）学习者情感分类结果展示

将实验收集到的所有学习者在学习过程中的面部图像输入 DGSC 面部表情识别模型中，根据模型的预测结果和实际标签，计算积极、中性和消极等情感类别的正确率，并绘制相应的混淆矩阵，如图 3-9 所示。实验结果表明，DGSC 面部表情识别模型可用于学习场景下的情感分析。由于该数据来源于有意识的学习者在智慧教室中的学习过程，在真实场景中，学习者的学习过程往往更加复杂，可能存在面部遮挡、面部表情变化极其轻微等情况，这些变化极大地影响了情感分析的准确性。为有效地提高基于面部表情识别的学习者情感分析的准确性，未来需要采集更多真实场景下的学习者在学习过程中的面部图像，并使用更加科学的方法对收集到的图像进行整理，然后对收集到的学习者面部图像进行准确标注，

建立专用于基于面部表情识别的学习者情感分析的数据集。

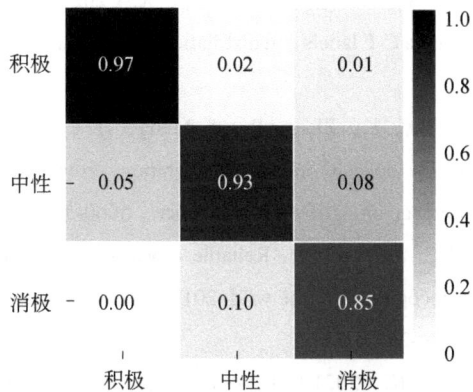

图 3-9　DGSC 面部表情识别模型的混淆矩阵图

参 考 文 献

孙波，刘永娜，陈玖冰，罗继鸿，张迪.（2015）. 智慧学习环境中基于面部表情的情感分析. 现代远程教育研究，（2），96-103.

吴远芳.（2023）. 面向学习者情感分析的面部表情识别方法研究. 华中师范大学硕士学位论文.

Barsoum, E., Zhang, C., Ferrer, C. C., & Zhang, Z.（2016）. Training deep networks for facial expression recognition with crowd-sourced label distribution. Proceedings of the 18th ACM International Conference on Multimodal Interaction, 279-283.

Cootes, T. F., Edwards, G. J., & Taylor, C. J.（2001）. Active appearance models. IEEE Transactions on Pattern Analysis and Machine Intelligence, 23（6）, 681-685.

Daouas, T., & Lejmi, H.（2018）. Emotions recognition in an intelligent elearning environment. Interactive Learning Environments, 26（8）, 991-1009.

Farzaneh, A. H., & Qi, X.（2021）. Facial expression recognition in the wild via deep attentive center loss. Proceedings of the IEEE/CVF Winter Conference on Applications of Computer Vision, 2401-2410.

Li, H., Sui, M., Zhao, F., Zha, Z., & Wu, F.（2021a）. MVT：Mask vision transformer for facial expression recognition in the wild. arXiv. https://doi.org/10.48550/arXiv.2106.04520.

Li, H., Wang, N., Ding, X., Yang, X., & Gao, X. (2021b). Adaptively learning facial expression representation via C-F labels and distillation. IEEE Transactions on Image Processing, 30, 2016-2028.

Li, R., Wu, Z., Jia, J., Bu, Y., Zhao, S., & Meng, H. (2019). Towards discriminative representation learning for speech emotion recognition. Proceedings of the Twenty-Eighth International Joint Conference on Artificial Intelligence, 5060-5066.

Li, S., Deng, W., & Du, J. (2017). Reliable crowdsourcing and deep locality-preserving learning for expression recognition in the wild. 2017 IEEE Conference on Computer Vision and Pattern Recognition, 2584-2593.

Liu, X., Cheng, X., & Lee, K. (2021). GA-SVM-based facial emotion recognition using facial geometric features. IEEE Sensors Journal, 21 (10), 11532-11542.

Mayer, R. E., & Moreno, R. (2003). Nine ways to reduce cognitive load in multimedia learning. Educational Psychologist, 38 (1), 43-52.

Mehrabian, A. (1972). Nonverbal Communication. Chicago: Aldine/Atherton.

Mollahosseini, A., Hasani, B., & Mahoor, M. H. (2019). AffectNet: A database for facial expression, valence, and arousal computing in the wild. IEEE Transactions on Affective Computing, 10 (1), 18-31.

Mpiperis, I., Malassiotis, S., & Strintzis, M. G. (2008). Bilinear models for 3-D face and facial expression recognition. IEEE Transactions on Information Forensics and Security, 3 (3), 498-511.

Ojala, T., Pietikainen, M., & Harwood, D. (1994). Performance evaluation of texture measures with classification based on Kullback discrimination of distributions. Proceedings of 12th International Conference on Pattern Recognition, 1, 582-585.

Perikos, I., & Hatzilygeroudis, I. (2016). Recognizing emotions in text using ensemble of classifiers. Engineering Applications of Artificial Intelligence, 51, 191-201.

Picard, R. W., Vyzas, E., & Healey, J. (2001). Toward machine emotional intelligence: Analysis of affective physiological state. IEEE Transactions on Pattern Analysis and Machine Intelligence, 23 (10), 1175-1191.

Plutchik, R. (2001). The nature of emotions. American Scientist, 89 (4), 344.

Rani, S., & Kumar, P. (2017). A sentiment analysis system to improve teaching and learning. Computer, 50 (5), 36-43.

Ruan, D., Yan, Y., Lai, S., Chai, Z., Shen, C., & Wang, H. (2021). Feature decomposition and reconstruction learning for effective facial expression recognition. 2021 IEEE Conference on Computer Vision and Pattern Recognition, 7656-7665.

She, J., Hu, Y., Shi, H., Wang, J., Shen, Q., & Mei, T. (2021). Dive into ambiguity: Latent distribution mining and pairwise uncertainty estimation for facial expression recognition. 2021 IEEE Conference on Computer Vision and Pattern Recognition, 6244-6253.

Siddiqi, M. H., Ali, R., Khan, A. M., Park, Y. T., & Lee, S. (2015). Human facial expression recognition using stepwise linear discriminant analysis and hidden conditional random fields. IEEE Transactions on Image Processing, 24 (4), 1386-1398.

Wang, J., Yin, L., Wei, X., & Sun, Y. (2006). 3D facial expression recognition based on primitive surface feature distribution. 2006 IEEE Computer Society Conference on Computer Vision and Pattern Recognition, 1399-1406.

Wang, K., Peng, X., Yang, J., Lu, S., & Qiao, Y. (2020a). Suppressing uncertainties for large-scale facial expression recognition. 2020 IEEE Conference on Computer Vision and Pattern Recognition, 6896-6905.

Wang, K., Peng, X., Yang, J., Meng, D., & Qiao, Y. (2020b). Region attention networks for pose and occlusion robust facial expression recognition. IEEE Transactions on Image Processing, 29, 4057-4069.

Xue, F., Wang, Q., & Guo, G. (2021). TransFER: Learning relation-aware facial expression representations with transformers. 2021 IEEE/CVF International Conference on Computer Vision (ICCV), 3581-3590.

Yang, H., Ciftci, U., & Yin, L. (2018). Facial expression recognition by de-expression residue learning. 2018 IEEE Conference on Computer Vision and Pattern Recognition, 2168-2177.

第四章

融入视线追踪的学习注意力识别方法

第一节　面向学生注意力的视线追踪研究回顾

一、学生注意力分析相关研究

在自我调节学习场景中，学习者对精准的学习诊断与分析的需求日益增长，他们渴望能够更好地掌握自身的学习过程和学习需求，以获取更有效的学习规划指导。在学习过程中，分析学习者的注意力是评估学习效果和优化学习方法的重要手段（梁沐晗，2023）。总体来说，注意力分析方式可分为三种，包括基于脑电的注意力分析、基于头部姿态的注意力分析和基于视线追踪的注意力分析。

（一）基于脑电的注意力分析

基于脑电的注意力分析通过检测和分析脑电活动来评估学习者的注意力水平。这种方法通常使用脑电帽或脑电头盔，将电极贴在学习者的头皮上，以记录学习者在学习过程中的脑电信号。通过分析这些信号，研究者可识别出与注意力相关的特定波段，如 α 波、β 波和 θ 波等，从而评估学习者的注意力状态。虽然这种方法可提供精确的神经生理数据，但由于需要佩戴硬件设备，可能会影响学习者的自然学习状态。另外，使用这种方法时所用到的设备成本较高、操作复杂，并且还需要专业人员解读数据。

（二）基于头部姿态的注意力分析

基于头部姿态的注意力分析通过监测学习者的头部运动和姿态来推断其注意力状态。此方法通常使用摄像头或红外传感器捕捉学习者的头部位置和角度变化，以分析头部的朝向和稳定性。基于头部姿态的注意力分析方法相对简单，设备成本较低，适合在教室或家庭环境中进行。但是，这种方法的准确性可能受到头部姿态与注意力之间关系多样性的影响，因而它难以提供精确的注意力数据。

（三）基于视线追踪的注意力分析

基于视线追踪的注意力分析是通过追踪学习者的视线方式来评估其注意力水平。此方法通常使用眼动追踪设备，如摄像头或眼动追踪眼镜，以记录学习者在学习过程中的眼动轨迹和注视点。通过分析学习者的视线停留时间、注视点分布和眼动模式，研究者可判断他们是否集中注意力在学习任务上。这种方法的优势在于非侵入性，研究人员无须进行干预，设备无须直接物理接触学习者，并且可在自然学习环境中使用。此外，眼动追踪设备的便携性和易用性使其适合大规模应用，并且数据处理相对简单，结果直观明了。

随着新技术和新工具的发展，人们发现实时视线追踪在注意力机制分析中的发展呈现出多个方面的优点。视线追踪在注意力机制分析上明显优于头部姿态和脑电分析。它具备非侵入性特点，对学习者正常活动的影响相对较小，适用于自然学习环境。同时，它能精确追踪注视点，记录详细的眼动数据，直观展示注意力状态，助力精细化研究。相比之下，头部姿态分析精度有限，脑电分析成本较高且操作复杂。因此，视线追踪为学习过程优化提供了实时、准确的反馈，是注意力分析的有效工具。

二、实时视线追踪相关研究

在研究者的不断努力下，视线追踪技术逐渐有了质的发展并被逐步应用到诸多领域。眼动仪的四个发展阶段如图 4-1 所示。

图 4-1　眼动仪的四个发展阶段

注：（a）反射性眼动追踪系统；（b）眼镜式眼动追踪系统；（c）桌面式眼动仪；（d）Tobii 眼动仪

1879 年，法国眼科医生路易·埃米尔·贾瓦尔（Louis Émile Javal）首次观察到阅读时的眼球跳动现象，但未发明仪器。1901 年，埃德蒙·休伊（Edmund Huey）开发了第一台机械接触式眼动仪（需直接接触角膜）。20 世纪 50 年代，美国心理学家阿尔弗雷德·雅布斯（Alfred Yarbus）改进了光学反射式眼动仪，如图 4-1（a）所示，其设计成为现代眼动仪的基础。1962 年，罗伯特·达尔（Robert Dallos）等开发了第一台商业化眼动仪，并将其用于心理学和认知科学研究，视线追踪技术进入起步阶段，这一阶段主要集中在对眼球运动和视觉注意力的初步探索方面。随后，眼动追踪技术开始在教育领域引起关注。教育研究者开始探索将眼动追踪技术应用于学习过程的理解和优化方面，利用眼动数据来研究学习者的注意力分配、信息处理以及学习策略等，以便更好地了解学习者在学习过程中的认知活动。

20 世纪 80 年代至 20 世纪末，随着计算机视觉技术的发展，视线追踪系统的精度和速度不断提高，设备变得更加轻便，如图 4-1（b）所示的眼镜式眼动追踪系统，同时设备成本也逐渐降低。在这一阶段，视线追踪技术在教育领域的应用得到了进一步推广，开始被用于研究学习者对教学材料的理解和反应等方面。

21 世纪头 20 年，视线追踪技术在教育领域的应用进入了新阶段。轻量化头盔式设备结合光学反射原理，允许在教室、实验室等真实场景中采集数据。随着移动眼动仪和无接触式视线追踪技术的出现，如图 4-1（c）所示的桌面式眼动仪，研究者能够在更自然的学习环境中进行实验和研究。这种技术的进步为个性化学习和自适应教学提供了新的机遇，教育研究者可根据学习者的实时反馈与眼动模式调整教学内容和方式，优化学习效果。

2020 年至今，随着人工智能和大数据技术的飞速发展，眼动仪也在精度和用户体验上得到极大提升，如图 4-1（d）所示的 Tobii 眼动仪，其技术核心为高精度摄像头+红外光源+AI 算法。此类眼动仪通过视频眼动追踪设备记录学习者在数字教材、在线课程中的实时反馈，为自适应教学系统提供输入（如调整内容难度），再结合光学与视频数据的多模态分析，以优化个性化学习路径设计。通过这些先进技术，研究者能够更深入地挖掘和分析学习者的眼动数据，以揭示学习过程中更复杂的认知机制。

对于注意力分析及自我调节学习和优化，视线追踪技术可以发挥重要作用。通过分析学习者在学习过程中的眼动模式，研究者可了解其对不同类型学习材料的关注程度、理解深度和兴趣水平。基于这些信息，教师可为学习者提供个性化的学习建议和资源，帮助他们更有效地进行自我调节学习。同时，眼动追踪技术还可用于评估学习者的学习策略和元认知能力，为其提供相应的反馈和指导，促进其学习过程的持续改进和优化。

然而，视线追踪技术仍然面临着一些挑战。眼睛作为一个类刚体，在自然条件下，其弹性受到一定限制，同一个体的相邻姿态在不同视线方向上存在很强的空间几何关系。因此，除了构建高效的内隐特征学习的网络模型外，从不同视角探究眼睛的上下文信息关系和高级语义关系对于进一步提升视线追踪技术的准确性具有重要意义。

第二节 视线追踪相关技术知识

一、视线追踪相关方法

视线追踪方法通常可分为基于眼球模型的视线追踪和基于外观特征学习的视线追踪两大类。

（一）基于眼球模型的视线追踪

基于眼球模型的视线追踪根据原理的不同，可进一步分为基于二维映射的视线追踪方法和基于三维几何的视线追踪方法。基于二维映射的视线追踪方法是利用模型实现注视点或者视线方向与标注参数的映射，包括角膜曲率、眼球中心、瞳孔位置等。比如，单相机、单光源场景下基于单应性变换的视线追踪方法，利用人眼坐标系、摄像机成像平面坐标系和屏幕坐标系构成的几何关系得到对应的映射关系。基于三维几何的视线追踪方法通过拟合眼球三维模型确定眼球中心等眼部特征，结合特征之间的几何关系估计视线，如先进行瞳孔定位，然后利用瞳孔运动模型进行视线追踪。由此可知，基于二维映射的视线追踪方法采用物理方式获取眼睛参数，而基于三维几何的视线追踪方法利用图像本身的特征，通过机器学习和统计等方法获取眼睛参数。因此，基于二维几何的视线追踪方法降低了对学习者的侵入性，使得提取特征相对简单一些。

（二）基于外观特征学习的视线追踪

基于外观特征学习的视线追踪方法通过网络模型实现瞳孔中心位置等几何特征与视线方向向量的映射。例如，Park 等（2018）利用沙漏网络模型在单目图像中检测瞳孔和眼睛，然后利用视线方向与瞳孔、眼睛两个区域形状分布的相关性来学习一个深度网络，实现视线追踪。这种方法的明显优点是对单个参数的标定会极大减少，但这种方法的效果在很大程度上依赖于训练数据量和模型的有效性。

随着视线追踪领域数据采集的数量越来越多，以卷积神经网络为代表的提取外观特征的方法被大量应用于基于外观纹理特征的方法中。Wang 等（2019）在卷积神经网络中引入对抗学习模块来解决视线追踪中鲁棒特征的提取问题，为解决视线追踪过拟合的问题，他们将卷积神经网络拓展到贝叶斯卷积神经网络。大多数方法采用全脸图像作为输入图像，Ali 和 Kim（2020）则设计出多输入卷积神经网络视线追踪模型，使双眼的图像从不同通道输入进来，考虑到左右眼权重可能不同，分别对两个通道赋予不同的权重。随着深度学习的发展，建立在 Transformer 基础上的模型方法已成主流。然而，这些模型通常依赖于回归技术，往往会产生过于平滑的结果并失去微妙的细节（Bansal et al.，2024）。因此，扩散模型成为人们关注的焦点。这种模型凭借其卓越的生成能力，能够更精准地捕捉数据的分布特征，在处理各类数据退化问题时表现优异（Gu et al.，2024）。该模型天然具备抵抗模态崩溃的特性，可实现对数据分布的完整覆盖，从而确保训练过程更加稳定，降低生成结果的不确定性，并显著增强其在数据恢复任务中的可靠性。

二、视线追踪数据集

基于深度学习的视线追踪模型的鲁棒性和精确度需要一定量级的数据规模才能得到保证。在视线领域相关数据集中，数据集的多样性越大，如覆盖范围较大的视线方向和头部姿态，越有利于增强深度学习视线追踪模型的鲁棒性。

MPIIGaze 是第一个为自然环境下的视线追踪提供无约束数据的数据集（Boyce，2009），开创了真实场景视线数据采集的先河。Boyce（2009）选取 15 名被试（9 名男性，6 名女性，其中 5 名被试戴眼镜）进行了研究，并将被试在日常生活中使用笔记本电脑的情况记录了下来，目标偶尔会出现在屏幕上的随机位置。记录的数据包含了大量不同的记录场所（室内和室外）、光照、头部姿势和位置以及整体记录质量等情况。由于原始的 MPIIGaze 数据集已经提供了裁剪的眼睛区域，本书使用了它的修改版本 MPIIFaceGaze，它为每个主题提供了 3000 幅已经标准化的全脸图像。

EyeDiap 数据集是一个由 94 个视频组成的集合，有 16 个不同的主题，有三种不同的模式：①离散屏幕目标模式，即目标以有规律的间隔时间显示在屏幕上的随机位置；②连续屏幕目标模式，即目标沿着屏幕上的随机轨迹移动；③3D浮动目标模式，即一个小球在细线的帮助下沿着被试和摄像机之间的三维空间移动。被试的眼睛中心点位置和乒乓球位置被深度摄像头标注（Mora et al.，2014）。

Gaze360 收集了 17.2 万份数据，这些数据来自 238 名被试，其中 53 名被试在 5 个室内环境完成，剩余 185 名被试在 2 个室外环境完成。12.9 万幅划分为训练集，1.7 万幅图像为验证集以及 2.6 万带有凝视标注的测试图像（Kellnhofer et al.，2019）。

ColumbiaGaze 数据集共采集了近 6000 幅图像，其中包括 58 位被试不同的视线方向和头部姿态。每个被试采集了五种头部姿态，每种头部姿态采集了 21 种不同视线方向，所以该数据集中被试的外观变化及数据样本量有限，这在一定程度上影响了模型的泛化能力（Smith et al.，2013）。

RT-GENE 数据集包含 15 名被试（9 名男性，6 名女性，2 名被试被记录了两次）的记录，其中数据集文档注明重复记录的 2 名被试分别间隔 21 天和 35 天进行第二次采集，2 名被试在不同时段（间隔数周）被重复采集，可以捕捉同一被试的自然外观变化（如发型、胡须、眼镜佩戴情况的变化），增加同一被试在不同光照条件和头部姿势下的数据多样性。共有 12 万余幅标记的训练图像和 15 万余幅未标记的训练图像，这些图像都是相同被试的。该数据集使用移动眼球追踪眼镜和 Kinect v2 RGB-D 相机构建，两者均配备动作捕捉标记，通过多视角几何方法精确标定眼镜与相机之间的相对位姿（包括位置和朝向），以实现视线方向与世界坐标系的映射。使用移动眼球追踪眼镜标注被试的眼睛注视，同时使用 Kinect v2 RGB-D 相机作为记录设备，该相机可提供分辨率为 1920 像素 × 1080 像素的 RGB 图像和分辨率为 512 像素 × 424 像素的深度图像。采集数据时，被试距离摄像头较远且摄像头像素较低，因此图像区域中人脸区域的分辨率较低（Fischer et al.，2018）。

三、视线追踪存在挑战

视线追踪领域公认的三大问题，即数据集短缺、不同个体之间的适应性问题、头部姿态信息缺失问题，其实主要是由数据集问题引起的，下面将对这些问题进行简要介绍。

（一）数据集短缺

数据集短缺主要是由于视线数据的收集比较耗时费力，即便如此也不能保证标签的可靠性。一种数据集是 EyeDiap 数据集，其制作方法相对简单，但是需要额外的费用高昂设备——深度摄像头，需要利用人工或算法标注的位置，将其映射到深度摄像头的三维点云中，以获得真实的视线标注。另一种数据集是 MPIIGaze 数据集，它只需要普通的 RGB 摄像头，利用相机的公开参数进行数据收集，再通过算法变换，即可计算真实的视线方向。前一种数据集的精度相对较高，同时费用也较高，而后一种数据集的费用虽然相对较低，但精度也相对较低。两者都比较耗时耗力，并且视线标注的过程并不能完全使人信服，总体而言，这就导致视线追踪数据集相对较少，还容易导致标签的模糊性问题。

（二）不同个体之间的适应性问题

大多数视线追踪方法的精度为 4°—5°，主要原因是人与人之间的眼球构造不同。两个不同的个体，即使旋转角度完全相同，其视线也会存在 2°—3° 的误差。如图 4-2 所示，视轴和光轴会有一个夹角 k，不同个体的眼睛构造不同，导致 k 值也不尽相同。这样的情况更容易发生在模型的训练集和测试集采集的是不同个体的状况下，也可被视为训练数据的后验概率分布和测试数据的后验概率分布不同。解决这一问题时应主要围绕减少偏差进行，所以需要在不同个体之间进行适应性校准。

（三）头部姿态信息缺失问题

视线的方向不仅取决于眼球的旋转，还取决于头部姿态的朝向。如图 4-3 所示，学习者的头部姿态朝向与视线方向有着密切联系。在视线追踪任务中，当有额外的头部姿态朝向信息辅助时，深度学习模型可以借助头部姿态朝向来对视线方向进行初步预测。

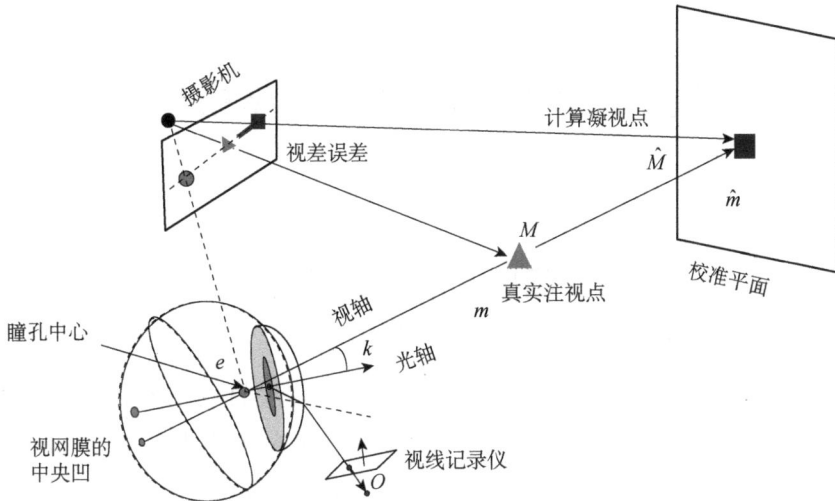

图 4-2　眼球模型中光轴与视轴偏差示意图

注：M 指仪器检测的伪注视点（由瞳孔中心与角膜反射计算得出）；m 指真实注视点（视轴与校准平面的实际交点）；e 指光轴与视轴的夹角（α 角，正常范围为 1°—5°）；O 指眼球旋转中心（眼球转动时的瞬时旋转枢轴点）

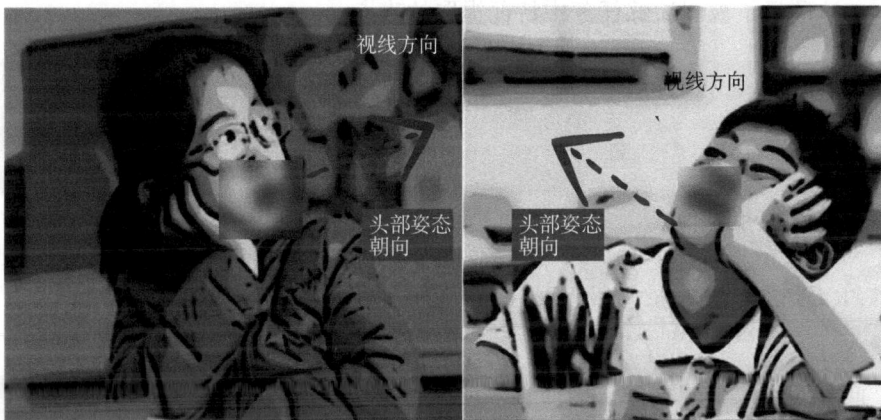

图 4-3　头部姿态朝向和视线方向的关系

综上，视线追踪模型的精度与头部姿态信息提供与否有很大关系。对于提供头部姿态信息的视线追踪任务，研究者通常的做法有两种，分别是联合提取头部姿态朝向信息和视线方向信息，或者先提取头部姿态朝向特征，再进行视线追踪任务。

第三节 细粒度视线追踪网络模型构建

一、基于粗分类细回归的细粒度视线追踪模型

在视线追踪中，眼部特征的准确提取对于模型估计的精度和鲁棒性至关重要。与头部姿态估计（head pose estimation）和人体姿态估计（human pose estimation）等回归任务相比，视线追踪面临的主要挑战在于其数据集图像差异较小，特征提取相对困难。如图 4-4 所示，对比视线角度变化仅为 5°的眼部图像，两者之间的特征差异并不显著。具体而言，图 4-4（a）和图 4-4（b）的角度差异为 5°，图 4-4（c）为通过特征提取后的对比结果，白色区域代表差异的部分极为有限，这凸显了视线追踪任务中特征提取的难点。

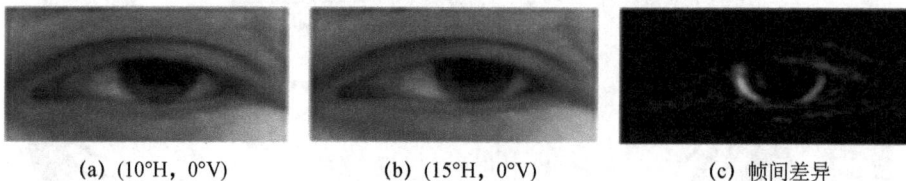

(a)（10°H, 0°V）   (b)（15°H, 0°V）   (c) 帧间差异

图 4-4　相差 5°的图像帧间特征差别图

注：H 为水平（horizontal）方向角度，表示视线相对于正前方向（0°基准）的水平偏转角度，左负右正；
V 为垂直（vertical）方向角度，表示视线相对于水平面的垂直偏转角度，下负上正

面对如此微小的差异，如何有效地进行鲁棒特征提取，是视线追踪领域面临的重大挑战。当前，视线追踪技术主要通过两种方式进行：一种是先进行关键点检测和参考系的矩阵变化，随后利用迭代优化算法来估计视线方向；另一种则是基于数据驱动的方式，训练一个回归模型以直接预测视线方向。

传统的计算机视觉图像特征主要包括边缘、颜色和纹理等，每种特征都有其特定的提取算法，如用于处理边缘特征的 Sobel 算子和 Canny 算法，用于处理颜色特征的直方图算法，以及用于处理纹理特征的灰度共生矩阵算法。而基于深度学习的视线追踪模型中的特征则通过权重来表达，以卷积神经网络为例，它涵盖

了通道内特征、通道间特征以及通道信息融合的特征，这种通过深度学习自动提取特征的能力相较于人工提取而言准确又高效。

针对上述提到的微小特征难以提取的问题，本书采用了基于粗分类细回归的细粒度视线追踪（coarse-to-fine gaze estimation，CFGE）模型，成功提取到了鲁棒的眼部特征。如图 4-5 所示，对通过基于粗分类细回归的细粒度视线追踪模型提取到的特征进行可视化，我们可以发现该模型所提取的特征主要集中在眼部区域。由于眼部的微小差异对于视线追踪至关重要，这种集中性恰好体现了该模型在区分这些微小差异方面的能力。这表明本书提出的基于粗分类细回归的细粒度视线追踪模型在提取微小特征方面具有较强的能力。

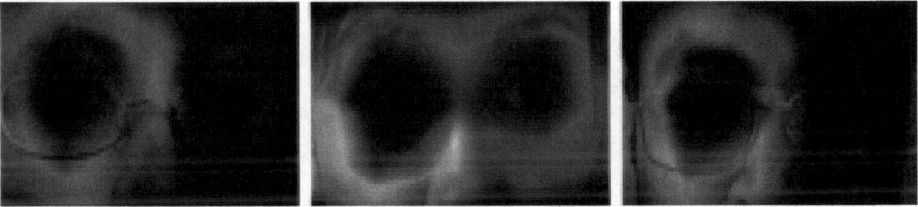

图 4-5　基于粗分类细回归的细粒度视线追踪模型的特征提取热图

总体来说，视觉任务主要分为分类和回归两大类。传统方法往往依赖于关键点的检测，但随着深度学习的迅速发展，关键点的检测技术得到了显著改进。然而，在相关任务中，由于关键点检测的不充分或模型质量的不足，模型可能会因个体差异而产生偏差，调整训练的方法通常需要大量数据和计算资源。

为解决该问题，细粒度估计方法应运而生，它是一种结合了分类和回归的复合损失估计方法。该方法直接根据图像强度预测视线方向角度，有效地解决了计算量大和鲁棒性不足的问题。具体而言，图 4-6 是基于粗分类细回归的细粒度视线追踪模型的架构图。该模型对输入图像 X 进行特征提取后，可获得与视线相关的特征向量。随后将获得的特征向量送入"粗分类细回归"模块，该模块先进行分类预测，然后在分类预测的基础上进行回归值的预测。最终，该模块输出对应的热图和视线方向。这种方法不仅提高了模型的准确性，还增强了其鲁棒性。

基于粗分类细回归的细粒度视线追踪模型由视线分类组件和视线回归组件构成。在构建视线分类组件时，首先，根据数据集确定直线角度的变化范围。以俯仰角为例，其范围设为−99°—+99°，并以 3° 为间隔进行划分，从而形成 66 个类

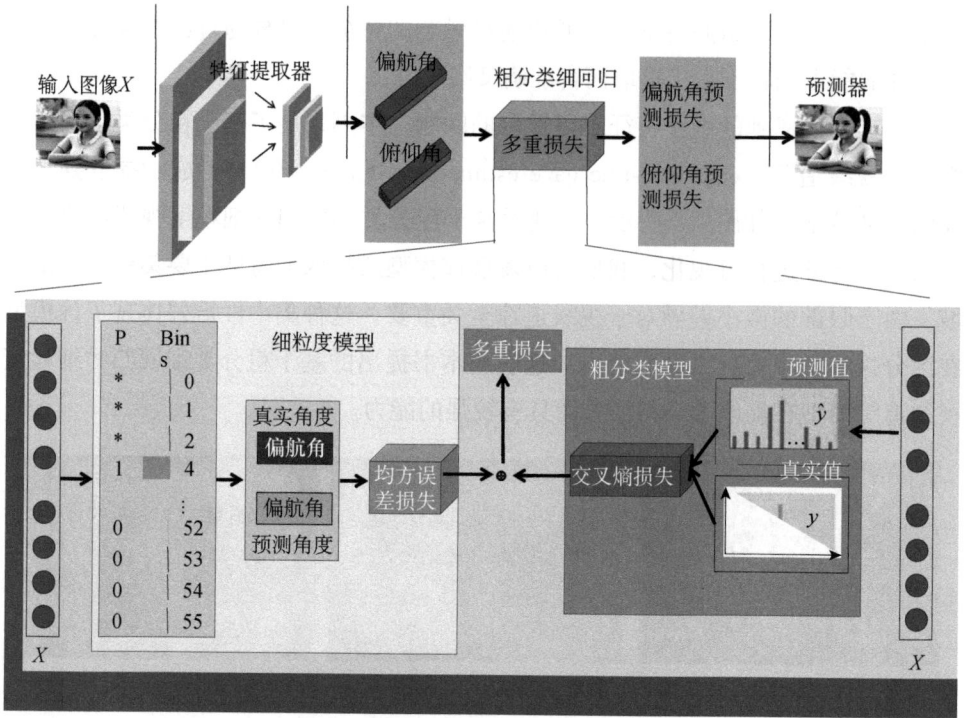

图 4-6 基于粗分类细回归的细粒度视线追踪模型的架构图

别，即 66 个簇。分类组件会输出一个 66 维的向量，经过 Softmax 运算后，得到一个所有元素之和为 1 的标签向量 p_i。其次，利用交叉熵损失函数来计算真实标签 d_i 与预测标签 p_i 之间的损失值 H，以此完成分类组件的构建。p_i 和 H 的计算方式如下：

$$p_i = \text{Softmax}(x_i) \tag{4.1}$$

$$H = -\sum_{i=1}^{K} d_i \log\left(p_i | x_i, \theta\right) \tag{4.2}$$

其中，K 表示分类的类别。将标签向量化，计算其期望，将其与定义的间隔值相乘并加上值域的最小值，得到连续标签，再计算均方误差（mean squared error，MSE）损失，如下所示：

$$\text{MSE}(y, \hat{y}) = \frac{1}{N} \sum_{i=0}^{N} \left(y_i - \hat{y}_i | x_i, \theta\right)^2 \tag{4.3}$$

其中，y 表示真实值向量，是模型预测目标的实际取值集合。N 代表样本数量，即用于模型训练或评估的数据样本的个数。y_i 是指真实值向量 y 中的第 i 个元素，对应第 i 个样本的真实目标值。θ 是模型的参数集合，在模型训练过程中不断调整优化，以使模型的预测更接近真实值。

在构建视线回归组件时，根据视线回归组件计算出类别，对每个类别还原到预测角度 $y_i \widehat{y_i}$，将预测角度与真实角度进行均方误差损失计算，从而完成视线回归组件的构建。两个组件用 α 来进行平衡，α 是一个超参数，起到权衡作用，用于调节 $H(p,d)$ 和 $\mathrm{MSE}(y, \widehat{y_i})$ 这两个损失项在总损失 L 中的相对重要性，以得到总的损失，用这个损失来监督整个网络的训练，记作：

$$L = H(p,d) + \alpha \times \mathrm{MSE}(y, \hat{y}) \tag{4.4}$$

其中，p 代表模型预测的概率分布，d 代表真实的概率分布（在分类任务中，真实分布常为 one-hot 编码形式）。$H(\cdot)$ 和 $\mathrm{MSE}(\cdot)$ 分别代表交叉熵损失（cross entropy loss）函数和均方误差损失函数。

对于复合损失函数公式，即公式（4.4），其优化策略如下：给定一个样本 X_i，模型会在损失函数的监督下生成与真实结果相近的预测值。为逼近真实数据，模型通过优化器不断更新其参数 θ，这正是模型训练的核心目标。在优化过程中，采用最小批量下降算法，迭代过程中参数的更新规则是基于小批量样本计算梯度，并据此更新模型参数 θ，从而逐步优化模型性能，具体如下：

$$\theta_j \leftarrow \theta_j - \alpha \frac{\delta L(\theta)}{\delta \theta_j} \tag{4.5}$$

本书提出的基于粗分类细回归的细粒度视线追踪模型的优化算法总体流程如算法 4.1 所示。

算法 4.1：基于粗分类细回归的细粒度视线追踪模型优化算法

输入：训练集 S；

设置：批量大小 b，学习率 a，迭代次数 e 等；

while　损失函数未收敛：

1：　　初始化 θ；

2：　　j=0；

3：　　根据公式（4.5）更新网络参数 θ；

4：　　j=j+1；

end while

输出：网络模型参数 θ。

　　总体而言,本书提出了一个基于粗分类细回归的细粒度视线追踪模型。该模型首先进行特征提取,其次,数据进入粗分类模块,通过交叉熵损失进行约束,将预测值归类至特定类别。为进一步提取细粒度特征,粗分类的特征被传递至细分类模块,该模块采用均方误差损失作为回归约束。为方便网络的前向和后向传播,我们将两个模块的损失合并为一个总损失,并通过超参数进行调整。

　　此设计基于以下考量:针对视线追踪特征提取的困难,该模型将数据空间离散化,并引入中间分类层以学习数据分布,这不仅解决了模型训练时的收敛问题,而且有效刻画了数据分布,同时将直接回归问题转化为数据分布与预设锚点期望的匹配问题,利用加权损失函数调整不同分布数据对模型的贡献,最终通过优化复合损失函数使模型收敛。

二、基于标签分布学习的细粒度视线追踪模型

　　上一部分介绍的基于粗分类细回归的细粒度视线追踪模型属于一种基准算法模型,该模型将视线追踪的回归任务分解为粗分类和细回归两个模块。视线追踪涉及俯仰角和偏航角两个角度,而在实际场景中准确获取眼部图像的视线角度通常具有挑战性。一种常见的解决方案是对标签赋予离散值,但这种随机赋值方式忽略了样本的合理分布。为解决这一问题,本书提出了一种基于标签分布学习的细粒度视线追踪模型。首先,为应对标签模糊问题,我们采用了一种策略,即利用一个未经训练的视线追踪模型,将其输出层作为特征向量。其次,通过相似度计算公式计算该特征与其他样本的相似度,并将这些相似度分布拟合成一个高斯分布,以此作为监督信息来训练网络的粗分类模块。细分类模块则继续采用原有的均方误差损失。

(一)视线追踪标签的模糊性问题分析

　　无论是 Transformer 还是新兴的大语言模型,其卓越性能均依赖于大量训练样本。在视线追踪领域,由于视线角度变换的复杂性,收集到精确且标签清晰的训练图像尤为困难。人们的视线角度通常难以用单一精确数值来描述,类似于年龄估计中,"30 岁左右"这样的范围涵盖了多个可能的年龄。因此,在视线追踪

中，标签的准确性一旦存疑，就可能导致标签模糊的问题。

（二）高斯标签分布设计的平滑性与合理性

为直观展示高斯分布的合理性和平滑性，本书对处理后的数据集进行了数据类别可视化。图 4-7—图 4-9 展示了三个公开数据集的俯仰角和偏航角类别分布。从三个数据集来看，各数据分布均符合高斯分布，这也是本书选择高斯分布的主要原因。另外，表 4-1 展示了不同分布的概率情况，对比来看，高斯分布更贴合真实分布。

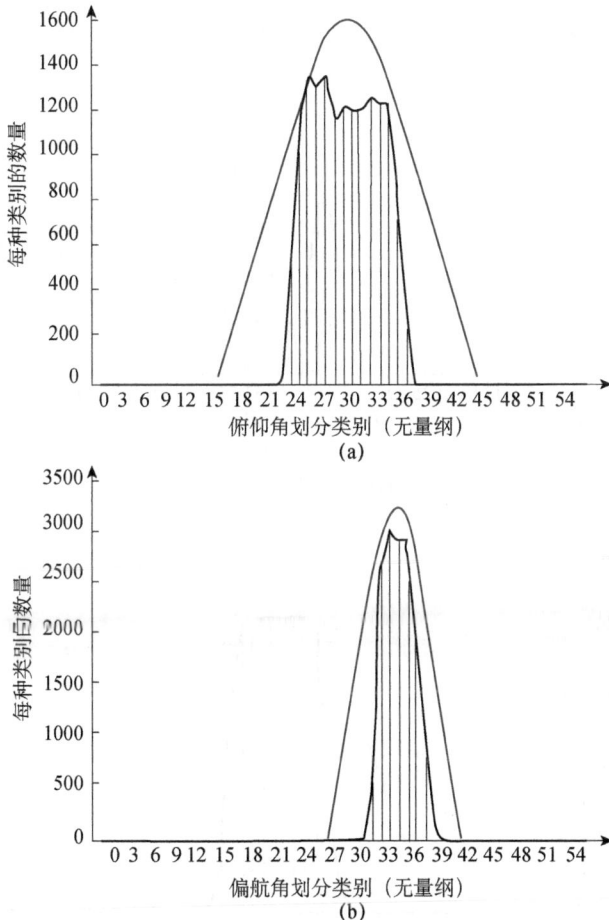

图 4-7　Eyediap 数据分布拟合结果

注：灰色曲线代表高斯分布，黑色曲线代表真实分布，下同

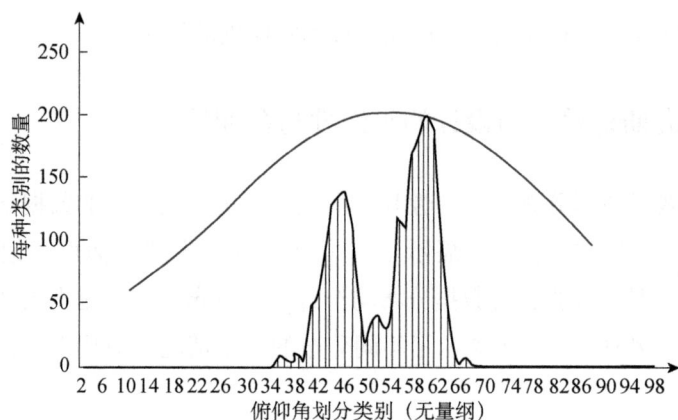

(a)

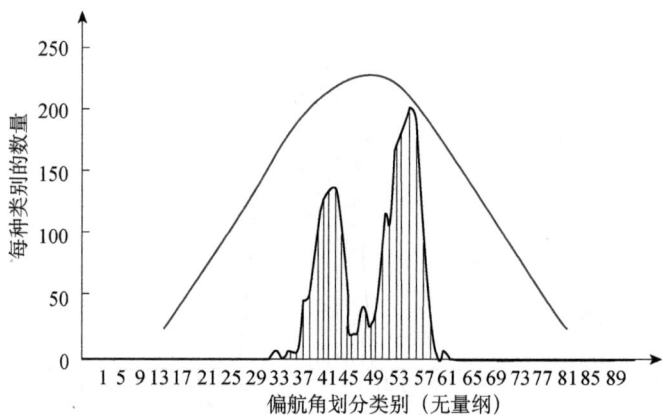

(b)

图 4-8   Gaze360 数据分布拟合结果

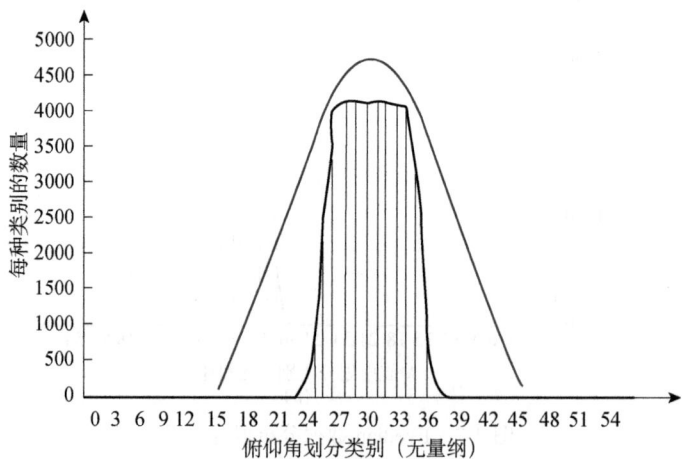

(a)

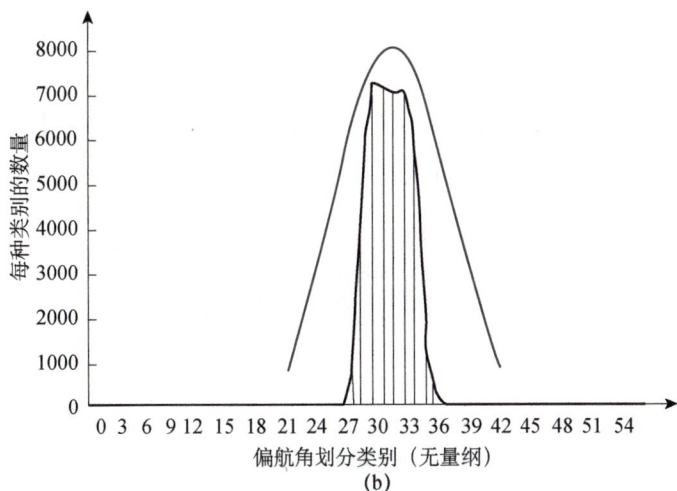

偏航角划分类别（无量纲）
(b)

图 4-9　MPIIFaceGaze 数据分布拟合结果

表 4-1　不同分布的概率情况

分布类型	概率数值									
真实分布	0.25	0.65	0	0	0.05	0	0	0.05	0	0
高斯分布	0.2	0.5	0.2	0.05	0.03	0.02	0	0	0	0
随机分布	0.05	0.55	0.05	0.05	0.05	0.05	0.05	0.05	0.05	0.05
硬标签	0	1	0	0	0	0	0	0	0	0
真实标签	0	1	2	3	4	5	6	7	8	9

标签识别方法主要包括单标签识别（Li et al., 2015）和多标签识别。然而，现有的深度学习方法往往难以充分利用标签的模糊性，而训练一个鲁棒性强的网络则需要大量标签清晰的图像。一维高斯分布为每个实例分配了一个离散的高斯分布标签，能够平滑地描述邻近标签的模糊信息。这种设计不仅隐含了每个标签及与其相关的实例，而且并未增加实际训练实例的总数。相比于普通的标签平滑设计（如随机分布），一维高斯分布更为平滑，且充分考虑了邻近标签与其相邻或相似标签之间在语义或特征空间中的相似性强度，一维高斯分布通过概率分配量化这种关联，从而优化标签模糊场景下的学习效果。

计算眼部特征的相似度时，我们发现真实标签周围的图像特征与其相似度较高，如图 4-10 所示，比如，选取俯仰角为 0° 和偏航角为 0°，即（0°，0°）的眼部图像，计算其与（−10°，0°）和（10°，0°）的图像的相似度分别为 84.00% 和

88.88%，与（0°，10°）和（0°，-10°）的相似度分别为 83.94% 和 76.71%，比较符合高斯分布的数据特征。在一维高斯分布中，其他图像的标签距离实例越近，其相似度越高，高斯分布的数据不仅符合此特征，且相邻图像的相似性也被考虑在内。这是本书构造高斯分布标签的另一个主要原因。

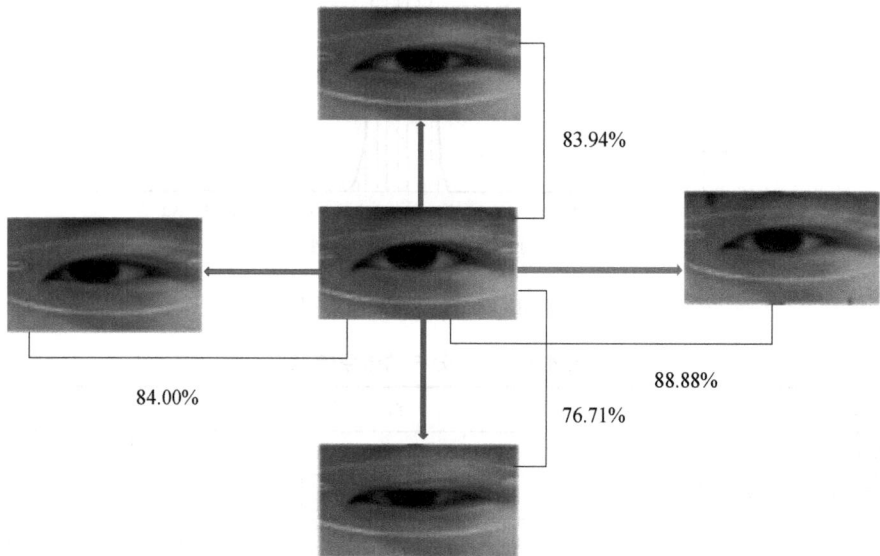

图 4-10　特征相似度

标签分布学习主要是为应对标签的歧义问题，具体来说，假设 X 表示一张眼睛图像，i 则表示图像 X 的所属类别，$Y_x = \{y^1, y^2, \cdots, y^i\}$ 则表示图像 X 的标签，$d_x^{y^i} \in [1,0]$，并且 $d_x^{y^i}$ 的值越大，表示对示例描述能力越强，此外，其总和为 1，即 $\sum d_x^{y^i} = 1$。

第四节　视线追踪下的学习注意力评估

本节将视线追踪算法部署至相关服务器，通过教师仪表盘实时采集学生数据，并进行即时处理与分析，进一步将结果呈现，使教师能实时关注学生的听课状态，进而根据学生表现调整教学策略。课堂注意力水平主要与眼睛活动相关，如学生在走神时的视线会偏移，此时可判断学生处于注意力失焦状态，预警机制将即时反馈至教师。

注意力失焦状态发生时，学生会表现出多种外显行为，如头部沉重导致的频繁点头、打瞌睡等，注意力难以集中于黑板关键区域，视线长时间偏移重要知识点，甚至眼睛出现间歇性闭合等情况，如图 4-11（a）所示；肌肉持续放松，肢体舒展，眼皮下垂，最终学生可能出现眼睛完全闭合、直接趴在课桌上睡觉的情况，如图 4-11（b）所示。在这些动作中，眼部动作变化较易检测，通过采集上半身图像，利用成熟的人脸检测算法裁剪出面部图像，再提取双眼区域图像即可。

（a）   （b）

图 4-11   学生课堂注意力失焦和疲劳行为表现

注：（a）视线长时间偏移重要知识点，眼睛出现间歇性闭合；（b）眼睛完全闭合，直接趴在课桌上睡觉

数据感知部分的数据源自自我调节学习过程中的学习行为，其核心功能涵盖数据的采集、处理及传输。数据采集方面，本书选用了海康威视 300 万红外筒型网络摄像头，具体设备外观如图 4-12 所示，其优势如下：①实时输出，最高帧率可达 25 帧/秒，分辨率达 2304 像素 × 1296 像素；②支持背光补偿和强光抑制；③红外照射距离可达 50 米。这些特性完全满足数据采集的需求。在处理采集到的图像时，由于模型处理视频的速度为 25 帧/秒，且分辨率为 224 像素 × 224 像素，仅需降低图像分辨率，即可显著降低数据处理复杂度。

数据传输方面，需借助各种互联网协议（internet protocol，IP）实现设备间的通信。对于单台摄像机，确保摄像机 IP 与服务器 IP 在同一网段或直接使用网线连接；对于多台摄像机，则需通过交换机连接。由于海康威视摄像头支持文件传输协议（file transfer protocol，FTP）存储，服务器运行 FTP 服务后，录像可直

图 4-12　海康威视 300 万红外筒型网络摄像头

接保存至 FTP 服务器，通过 FTP 协议完成视频文件的自动化传输与集中存储。这一设置使数据得以存储在运行模型的服务器上，便于模型直接调用数据以进行课堂注意力水平检测。

如图 4-13 所示，在学习时，学生的视线所关注的区域主要集中在屏幕区域，基于此，本书将屏幕作为注意力关注的区域，如果学生的视线在此区域，可认为学生的注意力集中在课堂的知识点上。这一任务可被看作一个二分类任务，即视线偏离黑板与否。根据测定的俯仰角和偏航角范围的最大值（分别记作 P_{max} 和生移 Y_{max}），测算每个位置的学生视线的偏移角度范围。利用基于粗分类细回归的细粒度视线追踪模型分析每位学生的视线范围变化，判定每位学生的视线偏移情况，计算每位学生的视线偏移时长。

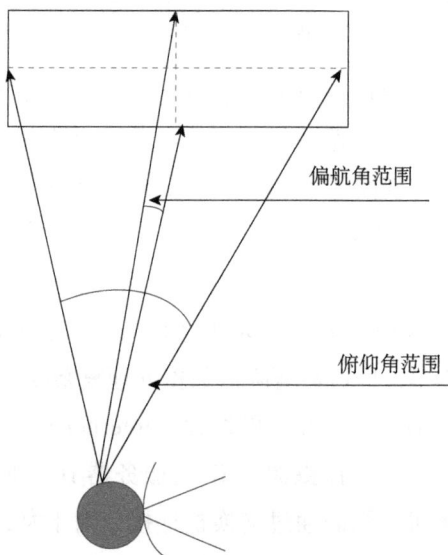

偏航角范围

俯仰角范围

图 4-13　每位学生角度范围测量示意图

每位学生视线偏移情况的判断公式如下：

$$EyeBias = \begin{cases} 1, 俯仰角 > Y_{max} 或者偏航角 > P_{max} \\ 0, 其他情况 \end{cases} \quad (4.6)$$

每位学生视线偏移时长的计算公式如下：

$$EyeValue = \frac{偏移帧数}{检测时间内总帧数} \times 100\% \quad (4.7)$$

每位学生视线偏移时间的计算公式如下：

$$EyeBT(startTime, endTime) = (endTime - startTime) \times EyeValue \quad (4.8)$$

教室布局示意图如图 4-14 所示。相较于传统教室，该教室新增了摄像头和位于教室后方的投屏设备。其中，三个摄像头用于数据回传，确保仪表图数据可视化，便于教师实时监控课堂的整体状况及每位学生的注意力状态。

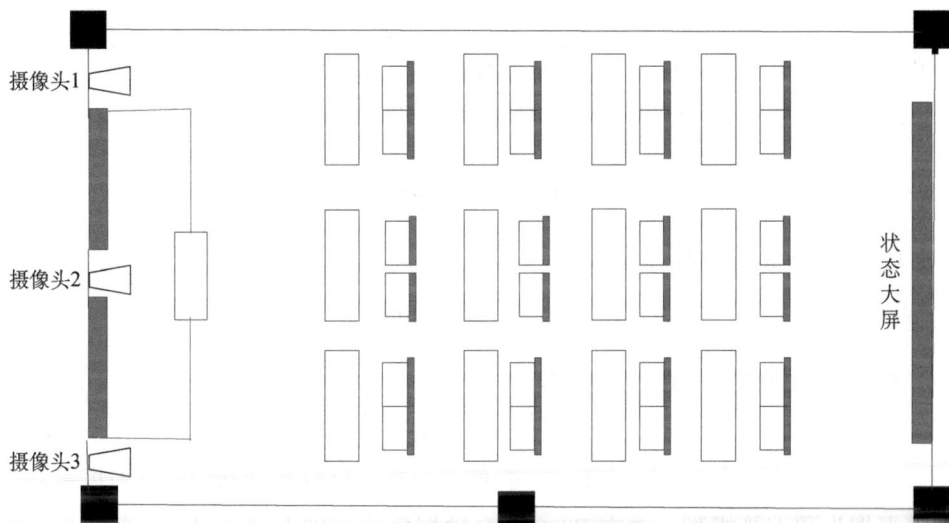

图 4-14　教室布局示意图

在进行疲劳判定时，本节采用卡内基梅隆大学研究者提出的疲劳判定指标 PERCLOS（Percentage of Eyelid Closure over the Pupil over Time），即眼睛闭合时间（指眼皮覆盖瞳孔的持续时间）占总监测时间的百分比。EM 准则（Eyes closed Metric，眼皮闭合度量）、P70 准则（Pupil covered 70%）以及 P80 准则（Pupil covered 80%）是 PERCLOS 的三种判断准则，其中 EM 准则指瞳孔被覆盖 50%，P70 和 P80 分别指瞳孔被覆盖 70% 和 80%。眼睛闭合时长与疲劳程度成正比，驾驶员眼睛闭合时间越长，其越疲劳。驾驶领域的研究已经证明，PERCLOS 的 P80 准则与驾驶疲劳程度的相关性最高。在实际教学中，很多学习者在注意力不集中的状态下，眼睛很快会变得很小。因此，本节采用 PERCLOS 的 P80 准则，定义瞳孔暴露面积占比大于 80%为睁开状态，否则为闭合状态，计算原理如图 4-15 所示。

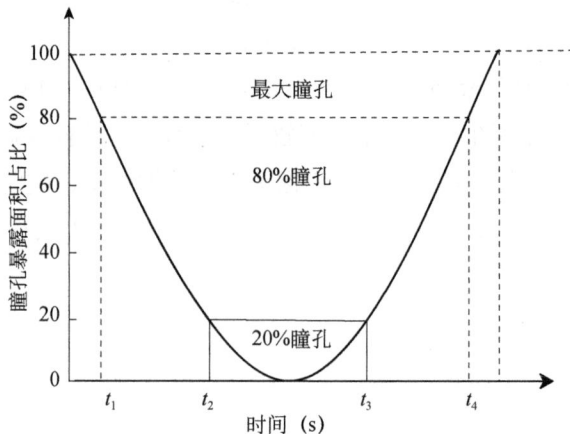

图 4-15　PERCLOS 计算原理示意图

PERCLOS 值的计算公式如下：

$$F = \frac{(t_3 - t_2)}{t_4 - t_1} \times 100\% \tag{4.9}$$

眼睛闭合时间的计算公式如下：

$$T(t_1, t_4) = t_3 - t_2 \tag{4.10}$$

本节采用的策略与上一节不同，我们选用基于粗分类细回归的细粒度视线追踪模型作为预训练模型，并在 RT-GENE 数据集的基础上训练出一个新模型。鉴于 RT-GENE 数据集不仅包含眼睛的闭合状态样本，还涵盖了视线偏移状态的样本，我们进一步在实际采集的数据集上进行校正，以准确判定每帧图像的闭合情况。

眼睛闭合状态的判断公式为：

$$\text{EyeClose} = \begin{cases} 0, \dfrac{L_{\max}}{5} \leqslant 20\% \\ 1, \text{其他} \end{cases} \tag{4.11}$$

眼睛闭合帧的计算公式为：

$$EyeCN = \frac{眼睛闭合帧数}{检测时间内总帧数} \times 100\% \qquad (4.12)$$

眼睛闭合时间的计算公式为：

$$EyeCT(startTime, endTime) = EyeCN \times (endTime - startTime) \qquad (4.13)$$

为了精准判定学生的注意力，本节通过融合学生的视线方向和眼睛闭合状态，来增强注意力水平感知预警平台的准确性与实用性。我们特别构建了一个注意力水平感知预警平台判定机制系统，该系统专门用于评估学生的注意力水平，具体判定流程如图 4-16 所示。

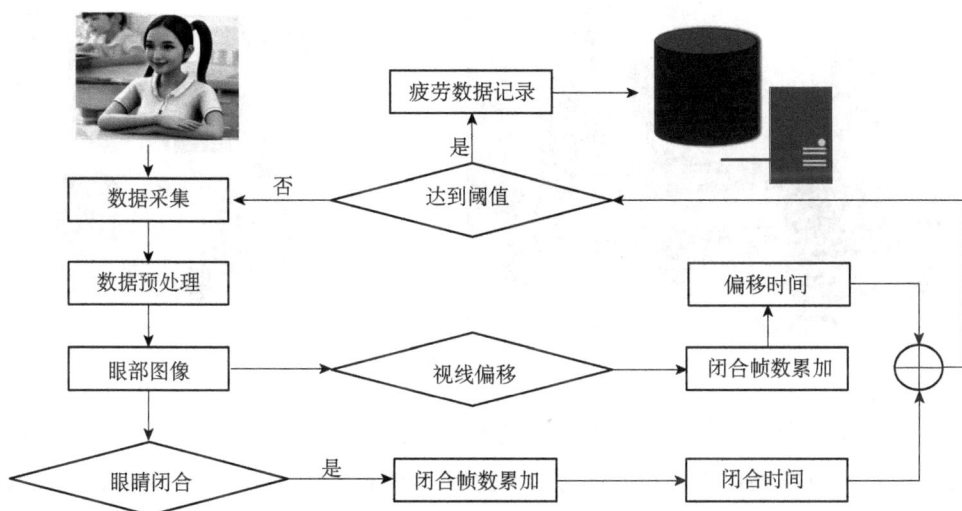

图 4-16 判定机制流程图

该判定机制系统由以下三个核心部分组成：数据感知、数据分析和数据记录。第一步，数据感知部分从智慧教室或传统带有摄像头的教室中采集学生视频，随后对视频数据进行预处理，包括视频解帧、人脸检测以及数据归一化处理。为提升模型的特征提取能力，我们利用关键点检测技术，精准裁剪出人脸区域，并对脸部图像和眼部图像进行唯一身份（identification，ID）记录，便于对学习者个体的精确定位和日后的精准检索，具体的处理过程如图 4-17 所示。第二步，数据分析部分主要依赖前面章节提及的预训练模型，在 RT-GENE 数据集上进行训练，并通过采集的样本进行校正。该模型能够判定视线偏移和眼睛闭合状态，并统计两者的帧数值。一旦两者的帧数值累加达到总帧数的 80%，系统即可判定学生的注意力不集中。第三步，数据记录部分侧重于日后的溯源操作。我们根据每个学生的 ID 对其学习行为数据进行冷备份（Cold Backup）和热备份（Hot Backup）双重存储，以确保数据的安全性和可恢复性。热备份将数据实时同步至高性能服务器，支持即时访问与分析（如课堂注意力水平的实时监测）；冷备份定期将数据归档至离线存储设备（如磁带库），防止系统故障或网络攻击导致的数据丢失。这一措施可方便我们后续对学生的注意力水平进行再次分析，从而帮助学生养成良好的学习习惯。

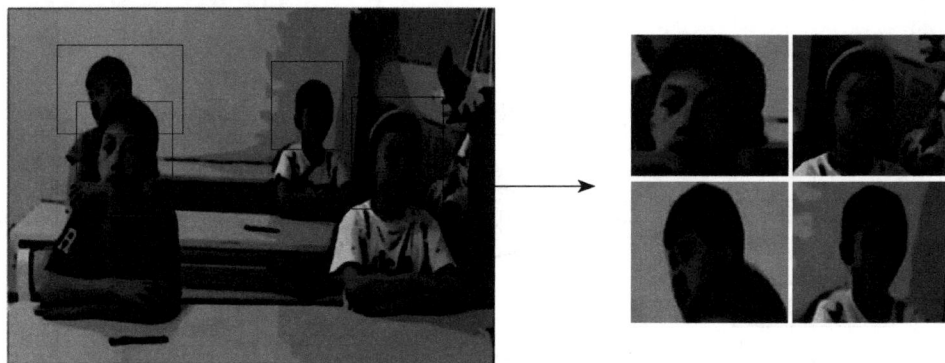

图 4-17　课堂数据处理

如图 4-17 所示，数据经过服务器处理后，我们对其结果进行深入的分析与汇总。这些汇总结果包括课堂注意力水平比例、整体学生注意力水平变化曲线，以及个体学生的注意力水平行为变化。这些分析数据通过服务器后台实时推送到前台，进行状态展示。如图 4-18 所示，课堂状态显示屏能够实时回传学生的听课画面，经过后台分析后，每位学生的视线偏移情况以及课堂学生的注意力水平变化数据都会被反馈到数据感知模块，以进行数据的实时显示。学生可根据需要随时查看自身的课堂注意力水平变化，从而灵活调整学习策略。

利用采集的数据进行验证，我们发现本节所提出的注意力水平感知预警平台判定机制系统展现出了显著的效果，该系统可方便学生及时了解自身的课堂注意力水平变化并调整学习策略，使学生能够随时随地查看自己的注意力状态，还有助于教师及时根据学生的课堂表现调整教学策略和教学进度等，以获得更好的教学效果。

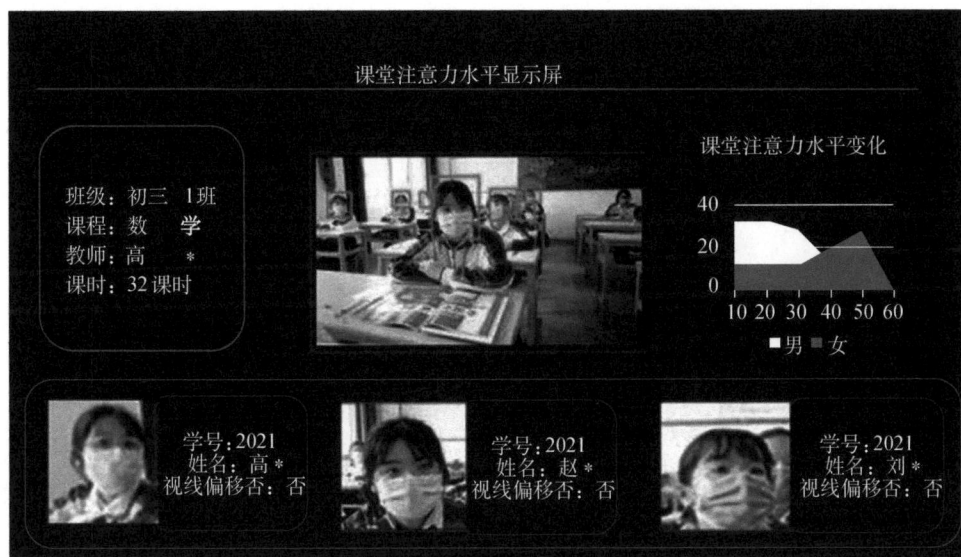

图 4-18 课堂注意力水平显示屏

第五节 学生注意力分析应用展望

在当今教育信息化的大潮中，教育资源整合优化、自我调节学习模式的创新已成为关键主题之一。大数据和人工智能技术的迅猛发展，推动了自我调节学习环境的构建，先进的传感器和数据分析方法显著改善了学生的学习效果。其中，实时视线追踪技术尤为突出，它能够有效分析学生的注意力状态，辅助学生精准调整学习策略。然而，这一技术仍面临多重挑战，如模型轻量化、准确性有待提升等。针对这些问题，本章提出了创新的视线追踪模型——基于粗分类细回归的细粒度视线追踪模型。该模型通过引入高斯编码和自适应编码方式，成功解决了标签模糊问题，显著增强了追踪的准确性。同时，我们设计了基于标签分布学习的细粒度视线追踪模型，利用特征提取和自适应分布学习技术，有效拟合了真实分布，进一步增强了模型的表达能力。

　　基于粗分类细回归的细粒度视线追踪模型在实时性和准确性方面均取得了显著进展，为自我调节学习环境的发展提供了强有力的技术支持。展望未来，我们将持续优化模型性能，并探索更广泛的应用场景，为自我调节学习发展贡献更多的力量。

参 考 文 献

梁沐晗.（2023）. 基于脑电信号的学生课堂注意力评价研究. 海南师范大学硕士学位论文.

温铭淇, 任路乾, 陈镇钦, 杨卓, 战荫伟.（2024）. 基于深度学习的视线估计方法综述. 计算机工程与应用, 60（12）, 1-19.

赵万里.（2023）.视线跟踪方法研究. 华中师范大学硕士学位论文.

Ali A, Kim, Y. G.（2020）. Deep fusion for 3D gaze estimation from natural face images using multi-stream CNNs. IEEE Access, 8, 69212-69221.

Alphonse, A., S., Abinaya, S., & Arikumar, K., S.（2023）. A Novel monogenic sobel directional pattern（MSDP）and enhanced bat algorithm-based optimization（BAO）with pearson mutation（PM）for facial emotion recognition. Electronics, 12（4）, 836.

Bansal, A., Borgnia, E., Chu, H. M., Li, J., Kazemi, H., Huang, F., ... & Goldstein, T.（2024）. Cold diffusion: Inverting arbitrary image transforms without noise. Advances in Neural Information Processing Systems, 41259-41282.

Boyce, A. S.（2009）. It's written all over your face: The impact of afrocentric facial features, gender. California State University, Doctoral dissertation.

Chen, Z., & Shi, B. E.（2022）. Towards high performance low complexity calibration in appearance based gaze estimation. IEEE Transactions on Pattern Analysis and Machine Intelligence, 45（1）, 1174-1188.

Cheng, Y., & Lu, F.（2022）. Gaze estimation using transformer. 26th International Conference on Pattern Recognition（ICPR）, 3341-3347.

Fischer, T., Chang, H. J., & Demiris, Y.（2018）. RT-GENE: Real-time eye gaze estimation in natural environments. Proceedings of the European Conference on Computer Vision（ECCV）,

334-352.

Gu, Z., Chen, H., & Xu, Z. (2024). Diffusioninst: Diffusion model for instance segmentation. 2024 IEEE International Conference on Acoustics, Speech and Signal Processing (ICASSP), 2730-2734.

He, K., Zhang, X., Ren, S., & Sun, J. (2016). Deep residual learning for image recognition. 2016 IEEE Conference on Computer Vision and Pattern Recognition, 770-778.

Kellnhofer, P., Recasens, A., Stent, S., Matusik, W., & Torralba, A. (2019). Gaze360: Physically unconstrained gaze estimation in the wild. 2019 IEEE International Conference on Computer Vision, 6912-6921.

Li, Y. K., Zhang, M. L., & Geng, X. (2015). Leveraging implicit relative labeling-importance information for effective multi-label learning. 2015 IEEE International Conference on Data Mining, 251-260.

Lian, D., Hu, L., Luo, W., Xu, Y., Duan, L., Yu, J., & Gao, S. (2018). Multiview multitask gaze estimation with deep convolutional neural networks. IEEE Transactions on Neural Networks and Learning Systems, 30 (10), 3010-3023.

Mehler, B., Reimer, B., Coughlin, J. F., & Dusek, J. A. (2009). Impact of incremental increases in cognitive workload on physiological arousal and performance in young adult drivers. Transportation Research Record, 2138 (1), 6-12.

Mora, K. A. F., Monay, F., & Odobez, J. M. (2014). EYEDIAP: A database for the development and evaluation of gaze estimation algorithms from RGB and RGB-D cameras. Proceedings of the Symposium on Eye Tracking Research and Applications, 255-258.Singh, K., & Malhotra, J. (2022). Two-layer LSTM network-based prediction of epileptic seizures using EEG spectral features. Complex & Intelligent Systems, 8 (3), 2405-2418.

Park, S., Spurr, A., Hilliges, O. (2018). Deep pictorial gaze estimation. Proceedings of the European Conference on Computer Vision (ECCV), 721-738.

Smith, B. A., Yin, Q., Feiner, S. K., & Nayar, S. K. (2013). Gaze locking: Passive eye contact detection for human-object interaction. Proceedings of the 26th Annual ACM Symposium on User Interface Software and Technology, 271-280.

Smith-Miles, K., & Geng, X. (2020). Revisiting facial age estimation with new insights from instance space analysis. IEEE Transactions on Pattern Analysis and Machine Intelligence, 44 (5), 2689-2697.

Wang, K., Zhao, R., Su, H., & Ji, Q. (2019). Generalizing eye tracking with bayesian adversarial learning. 2019 IEEE Conference on Computer Vision and Patter Recognition, 11907-

11916.

Wu, J., Ji, W., Fu, H., Xu, M., Jin, Y., & Xu, Y. (2024). MedSegDiff-V2: Diffusion-based medical image segmentation with transformer. Proceedings of the AAAI Conference on Artificial Intelligence, 6030-6038.

Xu, N., Liu, Y. P., Geng, X. (2019). Label enhancement for label distribution learning. IEEE Transactions on Knowledge and Data Engineering, 33 (4), 1632-1643.

Zhang, X., Sugano, Y., Fritz, M., & Bulling, A. (2015). Appearance-based gaze estimation in the wild. 2015 IEEE Conference on Computer Vision and Pattern Recognition, 4511-4520.

第五章

基于学生姿态的学习过程行为检测

第一节　学生行为姿态检测国内外研究概况

　　人体姿态估计是计算机视觉领域中一个极具挑战性的对象检测任务，也是了解学习者在自我调节学习中的学习状态的一个重要任务，旨在从 RGB 图像或视频中识别出人体各个关键点的空间位置。在自我调节学习中，通过定位学习者的关键关节，如头顶、颈部中心、双肩、双肘和双膝等，以捕捉学习者的姿态信息，有助于我们更好地对学习者的学习过程行为进行检测。不同的数据集对关节的标注方式可能有所不同，最终这些关节和连接它们的刚性部分共同构成了我们所观察到的人体姿态。

　　随着深度学习在目标检测、语义分割等计算机任务上表现出不错的性能，人体姿态估计也同样利用深度学习技术取得快速进步（张宇等，2022）。在人机交互领域，深度学习技术可被应用于智能家居、虚拟现实等方面；而在动作识别和运动分析领域，深度学习技术则可被应用于运动员训练、医疗康复等场景。在应用该技术时，首先需要对人体图像进行处理和分析，然后预测出人体关键点的位置，最终通过关节和角度等信息完成人体姿态的重建。根据人体姿态关键点模型检测顺序，人体姿态估计技术可大致分为自顶向下（top-down）和自底向上（bottom-up）两种检测方法（朱翠涛，李博，2023）。

　　自顶向下方法是指从整体上识别人体，并通过对整体姿态的估计来逐步推断出各个关节的位置和姿态信息。这种方法的主要思路是首先对人体进行检测，其次将检测到的人体部分进行分割，以得到人的身体图像的子区域，再次，在子区域中使用关键点检测算法识别人体各个关节的位置，最后通过拟合姿态模型得到完整的人体姿态。例如，Wei 等（2016）提出了一种人体关键点预测方法，该方法基于卷积神经网络，并采用了多级级联结构，可逐步预测出人体各关键点的位置。在这个过程中，每个阶段生成的热图被用作下一个阶段输入的一部分。Newell 等（2016）提出了一种基于堆叠式 Hourglass 模型的方法。Hourglass 模型是一种由多个重复堆叠的编码–解码网络组成的结构，每个编码–解码网络可处理不同尺度的特征图。该方法使用了多个 Hourglass 模型，以便能够对不同的姿态进行建模。Xiao 等（2018）提出了一种简单而高效的深度神经网络架构方法，该方法通过将不同尺度的特征图直接相加，从而消除了对不同尺度的依赖性。此外，该方法使用了一个简单而高效的跨层连接模块来传递不同层次之间的信息。

自底向上方法则是先在图像中检测出各个局部特征，如边缘、角点和局部区域等，然后将这些局部特征进行聚合和组合，从而得到完整的人体姿态。例如，Cao 等（2017）提出了一种实时响应的多目标姿态估计方法。该方法基于多层卷积神经网络结构，能够对多个人的姿势进行准确、实时的估计。它在多个尺度上生成候选关键点，然后将这些关键点进行连接以形成姿势估计。Newell 等（2017）介绍了一个基于深度神经网络的预测和分组方法。该方法使用了联合检测和分组技术，能够较好地识别出目标。它首先生成所有候选关键点的集合，然后将它们分组形成姿态。该方法不需要预先指定关键点数目，可自动适应各种场景。Kocabas 等（2018）提出了一种可同时处理多人姿态的估计方法，该方法使用一个多分支的卷积神经网络来检测所有人的关键点，然后通过分组将它们分配给每个人。Papandreou 等（2018）提出了一种姿态识别和实例分割方法，该方法采用了端到端技术，能够有效地估计出人体的姿态，并对实例进行准确分割。它使用一个多分支的卷积神经网络来检测人体关键点，然后通过分配唯一的 ID 来将它们分成不同的实例分组，最终将实例分割和姿态估计的预测结果进行融合，以生成结果。

此外，Transformer 已被证明是一种有效的能够挖掘人体各关节点区域长距离依赖关系的关键模块。Yang 等（2021）利用 Transformer 编码器将卷积神经网络产生的特征映射进一步编码为关键点表示。Xu 等（2022）则设计了一种纯 Transformer 架构，用于图像的初始特征提取和特征处理。Li 等（2021）设计了用于学习人体关节点信息的 Token，并将这种可学习的 Token 作为输入纳入 Transformer 模块中。

扩散模型及其衍生模型在多领域的先验分布学习中表现出了突出的能力，如图像生成、三维重建、图像绘制、人体运动生成等。直观地说，扩散模型能够解决 3D 人体姿态任务中的尺度歧义和一对多映射难题。Ci 等（2023）引入了一种新的基于分数的生成框架，通过分层条件掩蔽策略来模拟可信的 3D 人体姿势。Gong 等（2023）提出了一种基于扩散的架构，包括初始化 3D 位姿分布、正向扩散过程和有条件的反向扩散过程。Jiang 等（2024）将最优化方法的通用性整合到一个鲁棒的预训练扩散主干中，并提出了一个基于 zero-shot 扩散的最优化管道的 3D 人体姿态估计模型。

学习行为一般是指学习者在学习过程中受主客观因素影响而表现出的行动和反应的总和，是学习者的情绪、态度、动机等内在心理素质的外在表现。通过分析学习者学习行为，并进行及时干预和反馈，有助于有效提高学习者的学习效果，学习者的学习过程行为情况也反映了学习者的学习习惯、学习兴趣等。张鑫褆（2021）利用基于多维特征融合的长短期记忆网络算法对课堂场景下学生听讲、举手、书写、起立、阅读等 10 种学习行为进行识别，同时从三个方向采集并融合不同视角的学习视频数据，提高了在学习环境下对学生相似动作的识别效果。何秀玲等（2020）通过利用卷积神经网络，结合人体骨骼点的方法对基于课堂场景下的典型学习行为进行识别。

总的来说，人体姿态估计技术的研究步入了蓬勃发展阶段，未来潜力巨大、挑战重重。学习行为研究已经成为教育领域备受瞩目的研究方向之一，对于增强学习者自我调节能力与促进学生学习发展具有至关重要的实践意义。

第二节　反映学习行为过程的人体姿态估计相关技术

一、人体姿态估计的相关介绍

（一）人体姿态估计的概念

人体姿态估计是通过检测人体各关键点并进行综合分析，得出包含语义信息的人体姿态的过程（李佳宁等，2024）。这些关键点通常是指人体的特定部位，如头部、手部、肘部、膝部等。人体姿态估计是计算机视觉领域的一个关键问题，在许多领域具有广泛应用，如人机交互、智能驾驶、电影制作等。图 5-1 展示了典型的学习者人体姿态估计应用实例。

图 5-1　学习者人体姿态估计应用实例

过去的人体姿态估计方法常采用人工设计的特征提取器与分类器，这种方法易受环境光照、遮挡、姿态变化等因素的影响，并受限于特征选择与设计。随着并行硬件的快速发展，越来越多的基于深度神经网络的人体姿态识别方法得到了广泛应用。这些方法通常采用卷积神经网络或 Transformer 等网络模型，利用海量标注数据进行训练，可获得更精准与稳健的姿态估计结果。

（二）人体姿态估计中的热图

在人体姿态估计中，热图表示图像中每个像素点为人体关键点位置的概率。热图是一个二维矩阵，每个元素对应图像上的特定位置。在常用的热图表示法中，可将关键点表示为高斯分布值，峰值位置对应图像中的关键点位置，峰值大小与关键点可视度成正比。由于自身特征，热图常被用于人体姿态估计中的关键点检测任务，用于标记和定位人体姿态的关键点位置。

（三）人体姿态估计的研究方向

当前人体姿态估计的研究方向主要包括以下几个方面：精度提升、实时性提高、数据增强与泛化，以及多人姿态估计。

精度提升的目标是进一步提升估计方法的精度与稳定性。在许多实际应用中，准确的人体姿态估计起着至关重要的作用，如人机交互、动作分析、人体运动跟踪等（孔英会等，2023）。为实现更好的估计精度，当前可努力的方向主要包括如下几方面：①网络结构优化，包括改进网络结构、提高网络特征表达能力、增加网络深度与宽度、优化网络参数与激活函数等；②数据增强与处理，采用更多数据增强技术来增加训练量，减少数据集偏差，以进一步提高识别能力；③使用更多预处理技术，如图像增强、噪声去除与几何变换等，以提升数据分析的可靠性和效率；④模型融合，将多个模型预测结果相融合，以提高估计精度；⑤采用多任务学习方法，将人体姿态估计任务与其他相关任务相结合，以提高整体估计精度；⑥损失函数设计，设计更适合人体姿态估计的损失函数，如关节距离、角度差、骨架长度等，以提高网络学习效果；⑦硬件加速与优化，使用更高效的计算硬件，提高计算速度与效率，同时对算法进行优化，如知识蒸馏与剪枝操作等，以减少计算与存储开销。

实时性提高是指在保持人体姿态估计准确性的前提下，加速模型推理速度，实现实时姿态估计。在实际应用中，人体姿态估计的结果往往需要被实时反馈，如在人机交互、运动跟踪、医学康复等领域，可通过设计轻量模型、优化计算流程、降低模型复杂度、使用加速硬件等来提高实时性。在实时性提高研究中，研究者通常关注模型速度、精度与模型大小等指标，需要在保证精度的同时，尽可能提高模型速度与减小模型大小，实现实时应用。当前实时性提高研究主要关注轻量网络设计、模型剪枝与硬件加速器等方向。

数据增强与泛化是指通过增加数据的多样性和数量，来增强模型对不同场景和条件下数据的鲁棒性与泛化性能。数据增强与泛化的方法主要包括数据扩充、样本平衡、跨领域迁移等。数据扩充是通过对原始数据进行一系列操作来增加数据集的多样性，从而提高模型的泛化能力。在实践中，这种技术可有效增加训练样本的数量。样本平衡采用过/欠采样等方法来调整样本分布，增加少数类别的样本数量，从而提高模型的泛化性能。这种技术可有效解决数据集中类别不平衡的问题。跨领域迁移利用源领域的数据和知识，辅助目标领域的模型训练，从而提高模型的泛化能力。在实践中，这种技术可有效解决目标领域训练样本不足的问题。当前数据增强与泛化的研究主要关注设计更加有效的数据扩充策略、采用更加先进的跨领域迁移方法，以及解决类别不平衡问题的方法等。

多人姿态估计是指在图像或视频中同时估计多个目标的姿态信息。在实际应用中，由于个体差异、遮挡等因素的影响，多人姿态估计具有较大难度。与单人姿态估计相比，多人姿态估计需要解决多个人之间的遮挡和交叉问题，每个人的姿态信息可能相互影响，使得姿态估计更复杂。当前多人姿态估计方法主要关注提高估计精度、降低不同姿态之间的互相影响、增强多人姿态估计的鲁棒性等。

（四）常见的人体姿态估计数据集

常见的人体姿态估计数据集包括 COCO、MPII 以及 Human3.6M 等，具体如下。

COCO 数据集被广泛应用于计算机视觉任务，如图像识别、语义分割及人体姿态估计，已成为这些任务的重要基准数据集之一，并在许多比赛与挑战中被作为评价标准。COCO 数据集包含丰富的图像信息，不仅提供了通用物体检测和分割信息，还提供了详细的人体姿态和关键点信息。这些关键点信息包括身体部位的位置和类型（如肘部、膝盖、鼻子等），可帮助研究者更好地理解和分析人体运动与动作。因此，COCO 数据集被广泛应用于人体姿态估计相关研究和开发工作中。COCO 数据集包含超过 33 万幅图像，约 20 万幅带标注信息，涵盖 80 个不同类别物体以及各种场景下人体姿态和关键点信息。[①]该数据集图像来源多样，包括雅虎网络相册、必应等图像搜索引擎。它的标注信息非常精细和详尽，涵盖了物体类别、边界框、关键点和语义分割等多种信息。此外，该数据集提供了评价指标和标准的基准测试，使得不同方法之间的比较更加公平。与许多其他常用的计算机视觉数据集相比，COCO 数据集具有以下优势：①包含丰富场景和物体类别信息；②提供了精细的标注信息，包括关键点、语义分割等；③具备较高的标注质量和统一性；④可作为评价标准与基准测试。

MPII 数据集由德国马普所发布，包含约 2.5 万幅图像和约 4 万个人体标注，每个标注由 14 个关键点组成，包括头部、肩膀、肘部、手腕、髋部、膝盖和脚踝等。关键点坐标由专业的标注人员手动标注，标注过程严格按照标准进行，确保了数据的高质量和一致性。该数据集涵盖了 410 种不同的日常活动，如跑步、跳舞、打篮球、骑自行车、做家务等。[②]这种多样化的活动种类使得该数据集不

---

① Microsoft Common Objects in Context. https://cocodataset.org/#home.（2021-05-12）[2025-06-02].

② MPII Human Pose Dataset. https://www.mpi-inf.mpg.de/departments/computer-vision-and-machine-learning/software-and-datasets/mpii-human-pose-dataset.（2014-06-18）[2025-06-02].

仅适用于静态姿态估计，还能被用于处理动态和复杂的姿态变化。虽然 MPII 数据集主要由单视角图像组成，但其丰富的背景和姿态变化为多视角分析提供了基础。研究人员可利用这些单视角图像进行多视角融合，从而提高人体姿态估计的准确性。数据集中的图像主要来自 YouTube 视频的帧，因此包含了各种不同的背景和照明条件，极大地增加了数据的多样性和挑战性。

Human3.6M 数据集是由加拿大多伦多大学和新加坡国立大学等机构联合创建的大型 3D 人体姿态估计数据集，包含 11 名被试（6 名男性，5 名女性）执行 15 种不同的动作序列，如行走、跑步、打电话、坐下、站立和跳跃等，每个人体姿态包含 32 个关键点。该数据集使用 4 个同步摄像头拍摄，提供了多视角的 2D 和 3D 数据，总共包含超过 370 万帧的标注数据。Human3.6M 数据集不仅提供了 RGB 图像，还提供了详细的 3D 姿态数据和动作序列数据，使研究人员能够进行更高维度的姿态分析和时序分析（Ionescu et al.，2014）。

二、学生姿态估计的挑战

人体姿态估计任务在自我调节学习场景下面临多种挑战，这些挑战通常源自图像的复杂性以及人体自身的多样性，主要挑战包括以下五个方面。

1）遮挡问题：在自我调节学习场景中，学习者的人体关键点经常被其他物体或个体自身其他部位遮挡，这使得关键点的检测变得困难，如手臂遮住脸部或书本遮挡一部分关键点等，这些问题均会导致算法无法正确识别或定位这些关键点。在多人学习场景中，一个学习者可能完全被另一个学习者或桌椅遮挡，导致其部分或全部关键点无法被检测到。

2）人体姿势多样性：不同个体之间的姿势差异很大，这增加了人体姿态估计的复杂性，如舞蹈、体育活动中的动作等，这些极端姿势往往难以通过标准模型准确识别，同时，身高、体型和灵活性等个体差异也会影响人体姿态估计的准确性。

3）服装和配饰：不同的服装风格、宽松或紧身的衣物以及配饰，如帽子和眼镜等都可能影响关键点检测的准确性。复杂的服装可能会遮盖关键点，使其难以被识别，例如，帽子可能使得头顶关键点的定位发生偏移。

4）光照变化：不同光照条件下，人体的可视特征可能有很大差异，特别是在极强或极弱光照下，关键点的识别难度会显著增大。图像中的阴影或高光可能导致算法错失或错误标记关键点。在过暗或过亮的环境中，图像捕获的细节很有可能会丢失，从而降低识别准确率。

5）背景复杂性：复杂的背景可能导致关键点定位错误，特别是在背景与人体颜色或纹理相似的情况下，算法可能会错误地将背景中的物体识别为人体部位。

图 5-2 展示了人体姿态估计在自我调节学习场景下经常面临的几种挑战，未来需要更为先进的算法和技术来应对这些挑战。

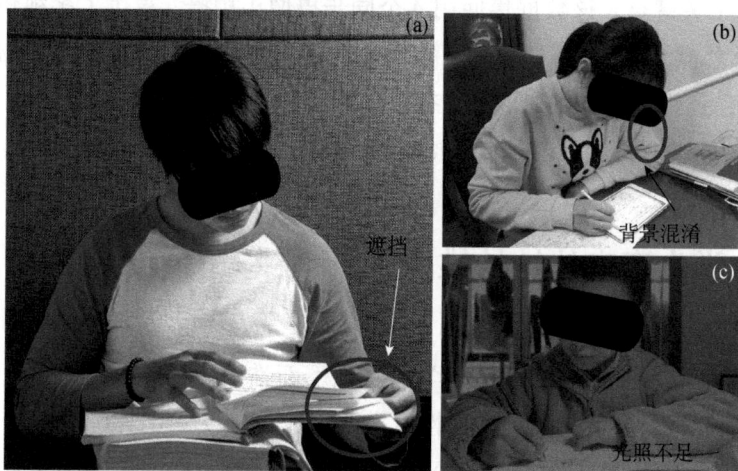

图 5-2　常见的人体姿态估计挑战

注：（a）学生手部被遮挡的场景；（b）背景与人体混淆的场景；（c）学习环境光照不足的场景

第三节　学习行为姿态估计模型构建

一、基于 POSENet 网络模型的学习行为姿态估计方法

POSENet 主要包括四个组成部分：网络输入与输出模块、高分辨率特征提取

模块、多尺度特征融合模块和并行特征提取路径模块。这些组成部分分别具有不同的作用，通过连接方式协同工作来实现高效的姿态估计。图 5-3 展示了 POSENet 的简易网络结构。

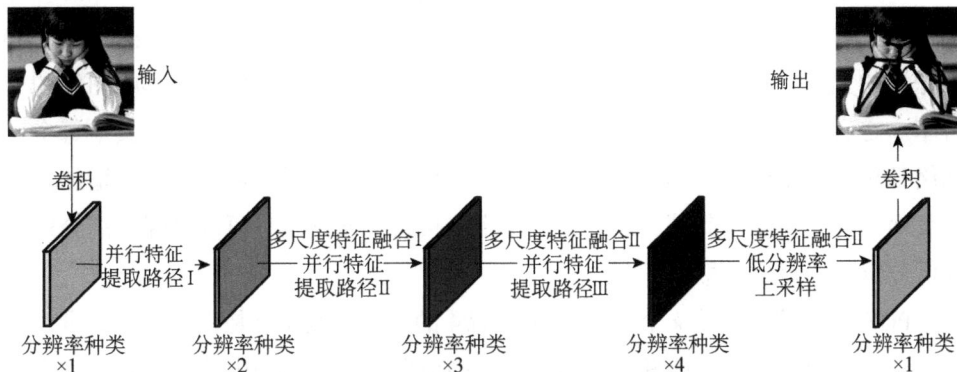

图 5-3　POSENet 的简易网络结构示意图

　　输入层接收的是一幅学习者图像。输出层用于将特征图转化为热图，以输出每个关键点的坐标信息。该层主要由一系列卷积层和非线性激活函数组成，可将特征图转化为适合进行人体姿态估计的输出形式。

　　高分辨率特征提取模块由多个基础卷积块组成，主要目标在于从原始输入图像中提取丰富的信息，包括边缘、边界点等基本信息，可帮助模型更好地理解图像内容。此外，高分辨率特征提取模块还可获得更高分辨率的特征图，这对于提高人体姿态估计的精度至关重要。

　　多尺度特征融合模块由多个特征金字塔组成，每个金字塔都包含了不同尺度的卷积块和池化层。这些金字塔可在模型的不同部分中使用，以提高模型对特征的表达能力。

　　并行特征提取路径模块主要由两条路径组成，分别为高分辨率特征提取路径和多尺度特征融合路径。这两条路径以并行方式运行，相互之间不会产生冲突。高分辨率特征提取路径可获得更高分辨率的特征图，而多尺度特征融合路径可获得更加丰富和多样化的特征信息。这两条路径共同工作，可帮助模型更好地理解图像内容，从而提高人体姿态估计的准确性。

　　接下来分别介绍这四个关键模块。

（一）网络输入与输出模块

POSENet 的输入是一个大小为 $W \times H \times 3$ 的 RGB 图像，经过一个初始卷积层和一个下采样层后，可得到一个大小为 $W/4 \times H/4 \times 64$ 的特征图，其中，W 和 H 分别表示图像的宽度和高度。例如，一幅大小为 $640 \times 480 \times 3$ 的图像，表示它有 640 个像素的宽度、480 个像素的高度，以及含有 3 个通道。W 和 H 可影响图像的分辨率。之后，这个特征图被送入一个多分辨率的并行子网络结构中，其中每个子网络都包含一系列残差模块。残差模块是一种常用的深度学习组件，可增加网络深度而不损失信息。此外，通过跨分辨率连接每个子网络，可同时保留高分辨率和低分辨率的特征信息。

POSENet 的输出是 k 个大小为 $W/4 \times H/4$ 的热图，其中 k 是关键点的数量，通过这 k 个热图，我们可计算出人体关键点的位置信息。热图中的每个元素值表示关键点在图像上出现的概率。POSENet 使用了多级特征融合的方法，从不同的分辨率上获得特征图，并将它们融合成一个全局特征图，然后通过卷积操作将其转换为输出热图。这种多级特征融合的方法可帮助模型获取更丰富的空间信息和上下文信息，从而提高人体姿态估计的准确性。

（二）高分辨率特征提取模块

POSENet 中的高分辨率特征提取方法通过并行特征提取路径和多尺度特征融合模块实现了不同分辨率特征的提取和融合，从而提高人体姿态估计的精度。该方法主要包括以下两个步骤。

第一步，使用并行特征提取路径中的高分辨率特征提取路径。POSENet 利用多个并行的特征提取路径从不同分辨率的特征图中提取特征。在每个特征提取路径中，都存在着保持较高水平分辨率的特征图，以减少信息的损失。这样，POSENet 可在不牺牲分辨率的情况下提取不同尺度的特征，从而提高人体姿态估计的精度。图 5-4 展示了并行特征提取路径Ⅰ，1×1 卷积的路径使得高分辨率特征图得以保留。

第二步，使用多尺度特征融合模块。POSENet 采用了一种自适应的多尺度特征融合模块，以将来自不同分辨率的特征图进行融合。该模块的核心思想是使用上采样技术，将低分辨率特征图调整到与高分辨率特征图相同的大小。然后，POSENet 使用一种自适应的方式将两者进行融合，以保留高分辨率特征图的细节信息。图 5-5 展示了多尺度特征融合方式 Ⅰ 的结构，其中低分辨率特征图通过上采样与原有的高分辨率特征图进行融合。

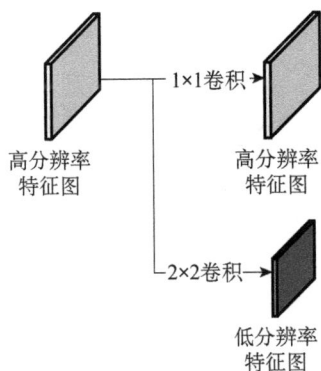

图 5-4　并行特征提取路径 Ⅰ

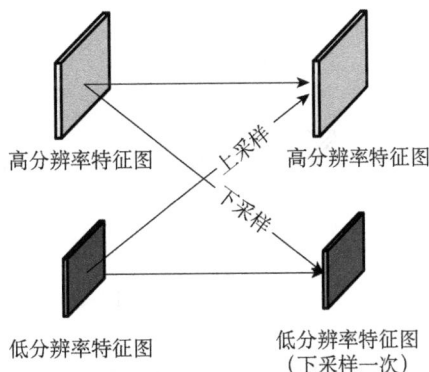

图 5-5　多尺度特征融合方式 Ⅰ

（三）多尺度特征融合模块

POSENet 采用了一种基于高分辨率特征金字塔的多尺度特征融合方法。这种方法通过构建多尺度特征金字塔和自适应池化操作实现了不同尺度特征的融合，以实现更加精准的人体姿态估计。该方法主要包括以下两个步骤。

第一步，构建多尺度特征金字塔。POSENet 通过在网络中加入多个并行的特征提取路径来构建多尺度特征金字塔。具体而言，POSENet 在每个分支中都包含了某些尺度的特征金字塔，如 1/4、1/8、1/16 和 1/32。

第二步，多尺度特征融合。POSENet 采用了一种基于自适应池化的方法，将构建好的多尺度特征金字塔中的不同尺度的特征图融合起来。这种方法可有效提取出更丰富、更有用的特征信息。具体而言，对于每个金字塔，POSENet 使用自适应池化操作将其调整为与最终输出特征图大小相同的尺寸。然后，POSENet 将调整后的特征图进行元素级别的求和操作，以实现多尺度特征融合。该操作可充分利用多尺度特征信息，提高特征图的准确性。图 5-6 展示了多尺度特征融合方式Ⅱ的详细结构，其中包括高分辨率特征图、低分辨率特征图与更低分辨率特征图的相互融合。

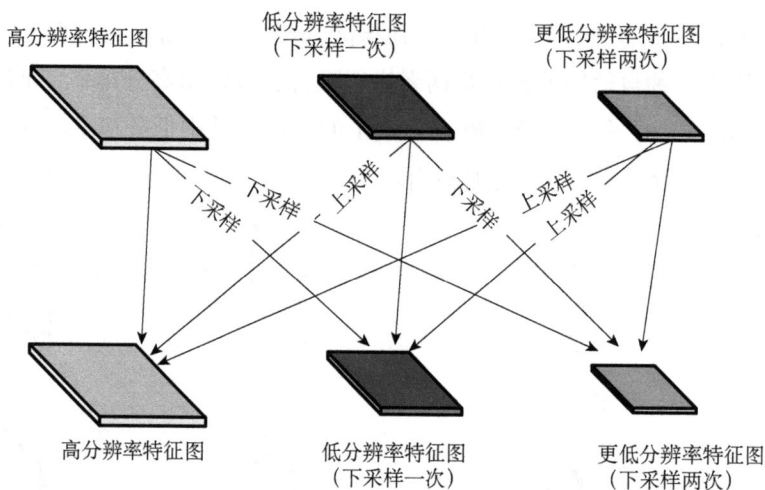

图 5-6 多尺度特征融合方式 Ⅱ

（四）并行特征提取路径模块

POSENet 的并行特征提取路径是指在网络中设置多个特征提取分支，每个分支都有自己的特征提取模块，用于提取不同分辨率和尺度的特征。这样的设计能够同时保持较高的分辨率和丰富的特征表达，并能够捕捉不同尺度下的信息。

POSENet 的特征提取路径分为四个分支，分别是从高分辨率特征图出发的路径、从第一个下采样特征图出发的路径、从第二个下采样特征图出发的路径和从第三个下采样特征图出发的路径。其中，从高分辨率特征图出发的路径被认为是 POSENet 的核心，因为它能够在不丢失细节信息的情况下提取高分辨率特征。这种多尺度特征的提取方式有助于获得更准确的特征表达。

在每个特征提取路径中，特征图的尺寸和通道数都会逐渐缩小，这是通过卷积、池化等操作实现的。POSENet 在不同的分支中使用了不同的卷积核和池化核，以适应不同尺度和分辨率的特征提取。POSENet 中每个分支提取到的特征图都会经过特定的操作，以便进行后续的特征融合和输出。图 5-7 展示了并行特征提取路径Ⅲ的详细结构，从下采样两次的特征图出发，得到了下采样三次的特征图。

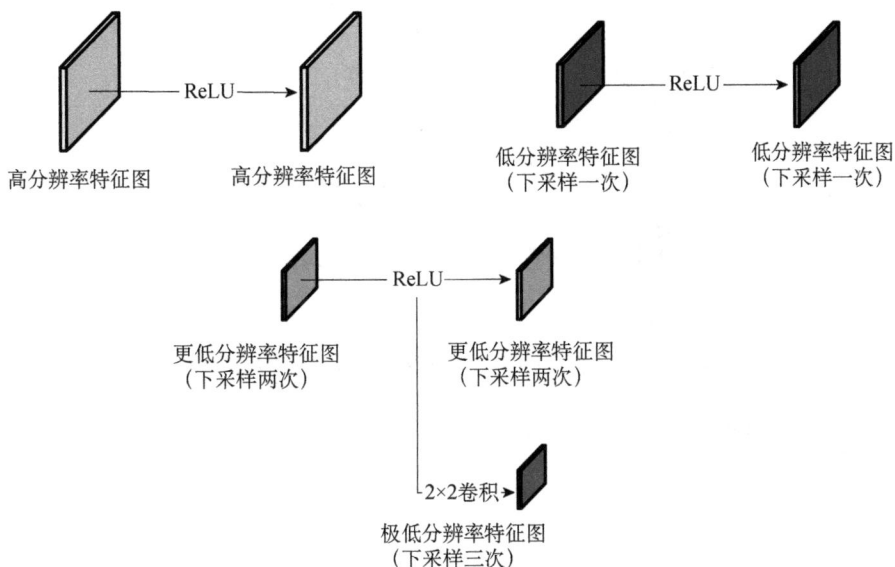

图 5-7　并行特征提取路径Ⅲ

二、关键点热图生成方法

在学习者姿态估计中，热图的作用是对每个关键点位置进行置信度评估，即热图中的每个像素值表示该像素位置为某个关键点的可能性大小。热图可帮助姿态估计算法准确地定位每个关键点，从而得到更加精准的人体姿态估计结果。传统的高斯热图中，热图区域容易超出人体区域，且不易获取多方位信息。POSENet 采用的是蝶形热图，与传统的高斯热图不同，蝶形热图沿着肢体方向伸展，可更好地获取多方位的信息，如图 5-8 所示，颜色越深的区域表示关键点出现的概率越大。

针对传统的高斯热图，在其应用中，可明确热图的作用范围为：

$$x^2 + y^2 \leqslant 9\sigma^2 \tag{5.1}$$

其中，热图的标准差 σ 被定义为一个给定的正实数，x 和 y 分别代表当前关键点的横坐标和纵坐标。

蝶形热图由一个圆形热图和两个半椭圆热图组成，这些热图不重叠且沿肢体延伸。其中，半椭圆的长轴长度为短轴长度的两倍，并且短轴的长度与传统高

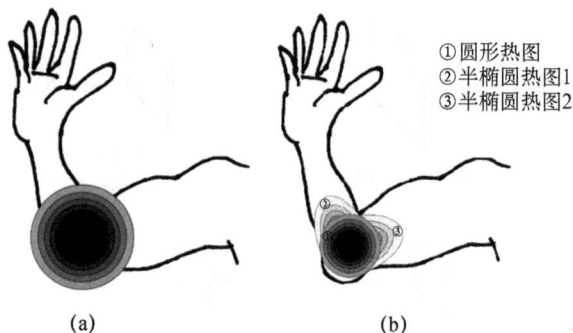

图 5-8 高斯热图（a）与 POSENet 使用的蝶形热图（b）

斯热图的半径相同，长轴 a 和短轴 b 分别表示如下：

$$\begin{cases} a = 3\sigma \\ b = \dfrac{3}{2}\sigma \end{cases} \tag{5.2}$$

根据高斯热图权重公式 $G(x, y) = \dfrac{1}{2\pi\sigma^2}\mathrm{Exp}\left(-\dfrac{x^2 + y^2}{2\sigma^2}\right)$ 以及公式（5.2），可推

导出半椭圆热图权重 $G(x, y)$ 在叠加热图中的表达式：

$$G(x, y) = \frac{1}{2\pi\sigma^2}\mathrm{Exp}\left(-\frac{x^2 + 4y^2}{2\sigma^2}\right) \tag{5.3}$$

当肢体姿态水平时，可得出蝶形热图中半椭圆边界方程的关系式为：

$$x^2 + 4y^2 \leqslant 9\sigma^2 \tag{5.4}$$

当肢体姿态不水平时，以肢体上的关节点为基准点，分别测量两侧肢体相对于右水平方向逆时针旋转的角度 θ_1、θ_2，然后可得到两侧肢体的坐标旋转矩阵：

$$\begin{cases} \begin{pmatrix} \cos\theta_1 & -\sin\theta_1 \\ \sin\theta_1 & \cos\theta_1 \end{pmatrix} \\ \begin{pmatrix} \cos\theta_2 & -\sin\theta_2 \\ \sin\theta_2 & \cos\theta_2 \end{pmatrix} \end{cases} \tag{5.5}$$

通过对上式进行矩阵乘法运算，可得到点 (x, y) 在分别经过 θ_1、θ_2 旋转后的椭圆边界方程：

$$\begin{cases} (x\cos\theta_1 - y\sin\theta_1, \ x\sin\theta_1 + y\cos\theta_1) \\ (x\cos\theta_2 - y\sin\theta_2, \ x\sin\theta_2 + y\cos\theta_2) \end{cases} \tag{5.6}$$

通过将公式（5.6）代入公式（5.4）中，可推导出点 (x, y) 分别经过 θ_1、θ_2 旋

转后的椭圆边界方程为:

$$\begin{cases} x^2(4\sin^2\theta_1+\cos^2\theta_1)+y^2(\sin^2\theta_1+4\cos^2\theta_1)+3xy\sin(2\theta_1)-9\sigma^2=0 \\ x^2(4\sin^2\theta_2+\cos^2\theta_2)+y^2(\sin^2\theta_2+4\cos^2\theta_2)+3xy\sin(2\theta_2)-9\sigma^2=0 \end{cases} \quad (5.7)$$

当肢体姿态水平时,将椭圆限制为半椭圆所需要的条件为:

$$x>0 \quad (5.8)$$

当肢体两侧以逆时针方向在水平面上旋转角度 θ_1、θ_2 时,结合公式(5.6)和公式(5.8),可得出将椭圆限制为半椭圆所需要的条件为:

$$\begin{cases} x\cos\theta_1-y\sin\theta_1<0 \\ x\cos\theta_2-y\sin\theta_2<0 \end{cases} \quad (5.9)$$

由公式(5.7)和公式(5.9)可得到以关节点为原点的蝶形热图的分布范围。其中, r_1 可表示为:

$$r_1:\ x^2+y^2 \leqslant 9\sigma^2 \quad (5.10)$$

r_2 可表示为:

$$\begin{cases} x^2+y^2>9\sigma^2 \\ x\cos\theta_1-y\sin\theta_1<0 \\ x^2H(\theta_1)+y^2F(\theta_1)+3xy\sin(2\theta_1)-9\sigma^2 \leqslant 0 \end{cases} \quad (5.11)$$

r_3 可表示为:

$$\begin{cases} x^2+y^2>9\sigma^2 \\ x\cos\theta_1-y\sin\theta_1<0 \\ x^2H(\theta_1)+y^2F(\theta_1)+3xy\sin(2\theta_1)-9\sigma^2>0 \\ x^2H(\theta_2)+y^2F(\theta_2)+3xy\sin(2\theta_2)-9\sigma^2 \leqslant 0 \end{cases} \quad (5.12)$$

其中, $H(\theta_i)=4\sin^2\theta_i+\cos^2\theta_i$, $F(\theta_i)=\sin^2\theta_i+4\cos^2\theta_i$,且 $i=1$ 或2。

三、基于扩散模型的学习行为姿态估计方法

基于扩散模型的学习行为姿态估计方法根据去噪扩散概率模型(denoising diffusion probabilistic models,DDPM)原理,将单个 2D 关键点学生姿态生成 3D 学生姿态估计。该方法通过结合图卷积网络,能够有效处理和学习人体关节之间的复杂空间关系,其模型架构如图 5-9 所示,主要包括 2D 姿态检测器和去噪图

卷积网络（denoising graph convolutional networks）。这些模块共同工作，通过扩散过程与反向的去噪过程，根据 2D 关键点有效地重构出 3D 学习者姿态。

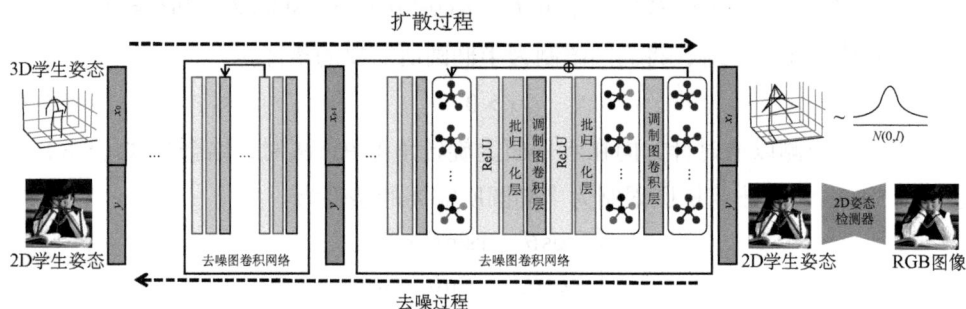

图 5-9 基于扩散模型的学习行为姿态估计方法

去噪扩散概率模型开始于一个 2D 人体姿态关键点检测器，该检测器负责从输入的 RGB 图像中识别出 2D 关键点，如人体的关节位置。之后，随机从高斯分布中采样噪声，标记为 x_t，这个噪声表示未初始化的 3D 学生姿态关节位置的粗略估计。去噪过程通过图卷积网络进行，图卷积网络设计用来处理图结构数据，能够有效捕捉学习者各关节之间的关系，并利用邻接矩阵和特征嵌入矩阵处理节点数据，通过非线性激活函数和归一化策略，逐层更新节点特征，以更好地表达关节之间的空间关系，同时有助于提高网络训练的稳定性和非线性建模能力。

去噪扩散概率模型是一种基于概率的生成模型，通过在复杂数据分布上应用参数化马尔可夫链与变分推断技术来生成数据。基于扩散模型的学习行为姿态估计方法的基本思想是通过前向过程（添加噪声）和反向过程（去噪）来重建 3D 学习者姿态。其基本思想包括两个主要步骤：前向过程和反向过程。

在前向过程中，模型通过逐步添加少量的高斯噪声，将原始数据 x_0 转化为完全噪声化的数据 x_t。这个过程可表示为：

$$q(x_t|x_{t-1}) = N(x_t; \sqrt{1-\beta_t}\, x_{t-1}, \beta_t I) \tag{5.13}$$

其中，β_t 表示每一步的噪声程度，I 为单位矩阵，q 表示后验概率，N 代表高斯分布。

反向过程通过逐步去除噪声，从完全噪声化的数据 x_t 中生成新的数据。这个过程通过学习去噪网络 ρ_θ 实现，其目标是最小化以下损失函数：

$$L = E_{t,x_0,\epsilon}[\epsilon - \epsilon_\theta(x_t, t)^2] \tag{5.14}$$

其中，ϵ 代表添加的噪声，ϵ_θ 表示模型预测的噪声，E_t 表示 L2 损失。

模型通过多个去噪步骤逐渐精细化噪声数据，利用从 2D 姿态中检测到的关键点信息，反向推导出更精确的 3D 姿态。具体工作原理如下：①模型从一个随机噪声状态开始，该噪声代表对 3D 姿态关节位置的一个非常粗略的估计；②随机噪声通过图卷积网络逐步去噪，每一步去噪都结合了来自 2D 姿态检测器的信息，这个过程通过模拟从更高噪声水平到较低噪声水平的转换，逐步重构出精确的 3D 姿态关节位置；③经过一系列的去噪步骤后，最终得到与输入的 2D 关键点相对应的 3D 学习者姿态。在这个过程中，图卷积神经网络的应用使得模型能够有效地学习和利用学习者关节之间的内在联系，从而生成更准确的 3D 学习者姿态预测。

第四节　基于姿态感知的学习过程行为识别及应用

在混合学习环境中，帮助学生有效地进行自我调节学习是一个非常重要的课题。学生在学习过程中会产生语言、肢体动作、手势以及眼神等多种学习状态行为，这些行为反映出学生当前的学习状态。通过分析和理解学生采取的这些行为，有助于学生在自我调节学习中更好地调节自身的学习状态，从而更好地学习知识。

本书利用上一节提出的学习行为姿态估计模型，对学生姿态的关键点进行检测，并分析其特征，以判断其是否在进行学习或分心等行为。该方法具有实时性和自动化的特点，可极大地减轻学习行为检测负担，提高学生的学习效果。

一、POSENet 模型构造

利用上一节所提到的关键动作特征检测模型，本书对学生学习过程行为进行识别，并对检测出的关键动作特征进行分析与判断。关于研究流程中的具体细节，包括数据采集、数据预处理、关键点检测等，下文将进行详细阐述。学习者学习视频处理的基本步骤如图 5-10 所示。

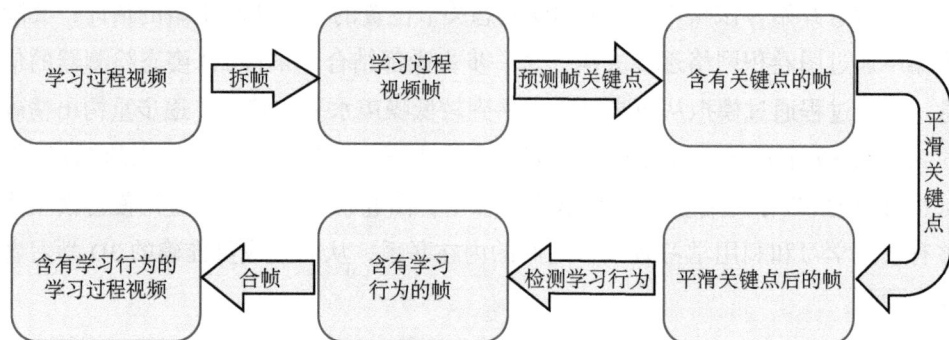

图 5-10　学习者学习视频处理的基本步骤

下面具体介绍了如何使用 POSENet 来得到学习者学习视频中的学习行为。

（一）视频预测

本书使用 POSENet 人体姿态估计模型对学习者学习视频进行关键点检测，以实现学习行为的自动化识别。具体来说，在每一帧视频中，通过预测出人体的关键点坐标信息，从而精确地刻画学习者的学习行为。预测过程使用了 Python 中的 MoviePy 库对视频文件进行处理，遍历视频的每一帧图像，并将其送入 POSENet 模型中以进行姿态估计和关键点检测，所得到的每一帧的关键点信息被存储在一个列表中，以方便后续的处理和分析。

（二）关键点平滑处理

为进一步提高关键点检测的精度，本书采用了关键点平滑处理技术。具体来说，在预测得到每一帧的关键点坐标信息后，对其进行平滑处理，通过对相邻两帧之间的关键点坐标进行插值，实现了对姿态变化的平滑过渡和去噪效果。本书采用了基于样条插值的平滑方法，将每个关键点在时间序列上的位置进行插值计算，从而获得连续的运动轨迹，消除了由神经网络随机性造成的抖动或噪声。最终，经过关键点平滑处理后，可得到更加准确且流畅的学习者学习行为识别结果，为后续的学习状态评估和分析提供了更可靠的数据支持。

（三）图像关键点及学习行为标注

图像关键点及学习行为标注是指在视频帧中预测和标注人体关节点位以及学习行为类型的过程。这个过程通过利用深度学习模型 POSENet 预测单幅图像中的人体关键点，然后将关键点和预测的学习行为类型标注在图像上。在视频中，需要预测每一帧的人体关键点坐标，并将其标注在相应帧上，因此需要对每一帧进行处理，并将其保存为单独的图像。处理完所有帧之后，可将这些图像合成视频。本书主要使用了 Python 中的 OpenCV 和 MoviePy 库来完成这个任务。最终，通过将所有图像合并成一个视频文件，实现了在视频中标注人体关键点及学习行为的效果。

（四）帧合成视频

帧合成视频是指将预测并绘制人体关键点后的所有帧合成一个视频的过程。一般来说，这个过程需要按照顺序读取所有图像，并将其转换为视频帧，最后将视频帧进行编码以生成输出视频。本书主要使用了 Python 中的 MoviePy 库来实现这个过程。首先，通过内置的 glob.glob()函数获取所有包含经过平滑和绘制关键点的图像的路径。其次，使用内置的 ImageSequenceClip()函数将这些图像转换为视频帧。再次，使用内置的 VideoFileClip()函数读入原始视频文件，将视频 1 的音频替换为视频 0 的音频。最后，使用内置的 write_videofile()函数生成输出视频。

二、学习行为检测方法实证研究

本书将基于 POSENet 网络模型，结合学习者姿态关键点的位置信息，实现一种基于视频的学习行为检测方法，旨在通过客观的关键点信息快速检测出学习过程中学习者的学习姿态，为学习者进行自我调节学习提供科学有效的改善依据。学习行为检测的基本步骤如图 5-11 所示。

数据采集　数据预处理　关键点检测　学习行为检测

图 5-11　学习行为检测的基本步骤

（一）数据采集

数据采集是指通过摄像机对学习过程进行拍摄，以捕捉学生在学习过程中的学习状态。相较于可穿戴设备等专门工具，普通摄像机的优势在于成本较低、易于操作且对学生身体无负担。然而，由于使用普通摄像机无法直接获得关节点信息，需要借助人体姿态估计技术来提取。为保证数据采集的准确性和可靠性，本书采集了华中师范大学在校大学生课堂视频作为数据来源，拍摄设备为高清摄像机，能够满足数据采集的要求。

（二）数据预处理

数据预处理是指对采集到的视频数据进行一系列必要的处理操作，以便后续能够更加准确地进行姿态估计和学习行为分类工作。下面是数据预处理的步骤。

首先，将所有的视频文件转换成相同的 MP4 格式，以方便后续的处理与数据统一。其次，移除低质量的视频帧或异常帧，如阴影、模糊或遮挡等，避免误差。最后，将所有视频帧调整到相同帧率。

以上数据预处理步骤可使后续的姿态估计和学习行为分类工作更加准确、可靠，从而为本书的实证研究奠定坚实的基础。

（三）关键点检测

为从自我调节学习场景中检测出学习者的学习状态，需要先检测出学习者的身体关键点，这是后续学习行为分类的基础。具体而言，学习者关键点检测是指在学习者视频的每一帧中，检测学习者的眼部、肩部和手肘等关键点的位置。为了准确地检测这些关键点，本书使用训练好的 POSENet 网络模型进行检测。

然而，神经网络存在随机性，视频中的关键点可能存在抖动，影响学习行为检测的准确度。为降低抖动的影响，本书采用均值滤波法对关键点位置进行平滑操作，以降低偏差值对检测结果的影响，提高学习行为检测的准确度。此步骤对于保证学习行为分类的准确度和有效性具有重要意义。

完成上述步骤后，就可进行学习行为检测了，具体内容见下文。

三、学生姿态数据支撑下的学习行为分类

本书利用人体姿态估计技术对学习者自我调节学习中可能出现的各类行为进行分类识别。具体而言，根据手部、头部、肩膀等各部位姿态信息来判断学习者行为，构建深度神经网络模型对学生行为进行分类，采用预训练的 VGG19 架构模型，包含 16 个卷积层和 3 个全连接层，卷积核尺寸为 3×3，步长为 1×1。采用最大池化方式，池化层卷积核尺寸为 2×2，步长也为 1×1，为增强识别精度，增加批规范化层。如表 5-1 所示，本书将学习者在学习过程中可能出现的行为分为阅读、沉思、书写、随意走动、打瞌睡、玩手机六类特定行为，同时将这六类特定行为所代表的学习状态分为积极状态和消极状态。

表 5-1　自我调节学习场景下积极状态和消极状态所包含的行为类别

状态类型	行为类别		
积极状态	阅读	沉思	书写
消极状态	随意走动	打瞌睡	玩手机

第五节　学习过程行为检测展望

本章将人体姿态估计技术应用到自我调节学习场景中，成功预测出学习者手部、肩膀等关键点的坐标，并利用上述关键点信息，提出了一种客观、高效、精准的方法来评估学习者的学习过程行为。具体来说，本章的主要内容包括如下几个方面：①介绍了国内外对基于学生姿态的学习过程行为检测的相关研究，以及

学生姿态估计的相关技术知识；②提出了一种基于POSENet网络模型的学生姿态估计方法；③完成了基于人体姿态估计技术的学习过程行为检测方法实证研究，并将人体姿态估计技术用于自我调节学习中学习行为的检测，以评价学习者在自我调节学习过程中的行为。

同时，本章的研究也具有一定局限性，在此对未来的工作进行展望：①将探索如何扩展学习过程全部行为检测的种类，以覆盖更加复杂和更加多样化的学习过程行为；②考虑将更多时序信息引入基于学生姿态估计技术的学习过程行为检测模型中。传统的人体姿态估计技术通常只能提取静态姿态信息，但是在实际场景中，学习过程行为通常是一个动态过程，需要考虑时间上的变化和关联性。

参 考 文 献

何秀玲，杨凡，陈增照，方静，李洋洋.（2020）. 基于人体骨架和深度学习的学生课堂行为识别. 现代教育技术，30（11），105-112.

孔英会，秦胤峰，张珂.（2023）. 深度学习二维人体姿态估计方法综述. 中国图象图形学报，28（7），1965-1989.

李佳宁，王东凯，张史梁.（2024）. 基于深度学习的二维人体姿态估计：现状及展望. 计算机学报，47（1），231-250.

张鑫褆.（2021）. 基于多维特征融合的学生课堂行为识别研究. 西北大学硕士学位论文.

张宇，温光照，米思娅，张敏灵，耿新.（2022）. 基于深度学习的二维人体姿态估计综述. 软件学报，（11），4173-4191.

朱翠涛，李博.（2023）. 基于高分辨率网络的人体姿态估计. 中南民族大学学报（自然科学版），42（2），229-237.

Cao，Z.，Simon，T.，Wei，S. E.，& Sheikh，Y.（2017）. Realtime multi-person 2D pose estimation using part affinity fields. 2017 IEEE Conference on Computer Vision and Pattern Recognition，1302-1310.

Carion, N., Massa, F., Synnaeve, G., Usunier, N., Kirillov, A., & Zagoruyko, S.（2020）. End-to-end object detection with transformers. European Conference on Computer Vision, 213-229.

Ci, H., Wu, M., Zhu, W., Ma, X., Dong, H., Zhong, F., & Wang, Y.（2023）. GFPose: Learning 3D human pose prior with gradient fields. 2023 IEEE Conference on Computer Vision and Pattern Recognition, 4800-4810.

Gong, J., Foo, L.G., Fan, Z., Ke, Q., Rahmani, H., & Liu, J.（2023）. DiffPose: Toward more reliable 3D pose estimation. 2023 IEEE Conference on Computer Vision and Pattern Recognition, 13041-13051.

Ionescu, C., Papava, D., Olaru, V., & Sminchisescu, C.（2014）. Human3.6M: Large scale datasets and predictive methods for 3D human sensing in natural environments. IEEE Transactions on Pattern Analysis and Machine Intelligence, 36（7）, 1325-1339.

Jiang, Z., Zhou, Z., Li, L., Chai, W., Yang, C. Y., & Hwang, J. N.（2024）. Back to optimization: Diffusion-based zero-shot 3D human pose estimation. Proceedings of the IEEE/CVF Winter Conference on Applications of Computer Vision, 6142-6152.

Kocabas, M., Karagoz, S., & Akbas, E.（2018）. Multiposenet: Fast multi-person pose estimation using pose residual network. Proceedings of the European Conference on Computer Vision（ECCV）, 417-433.

Li, Y., Zhang, S., Wang, Z., Yang, S., Yang, W., Xia, S. T., & Zhou, E.（2021）. Tokenpose: Learning keypoint tokens for human pose estimation. Proceedings of the IEEE/CVF International Conference on Computer Vision, 11293-11302.

Newell, A., Huang, Z., & Deng, J.（2017）. Associative embedding: End-to-end learning for joint detection and grouping. Advances in Neural Information Processing Systems, 2274-2284.

Newell, A., Yang, K., & Deng, J.（2016）. Stacked hourglass networks for human pose estimation. Proceedings of the European Conference on Computer Vision（ECCV）, 483-499.

Papandreou, G., Zhu, T., Chen, L. C., Gidaris, S., Tompson, J., & Murphy, K.（2018）. PersonLab: Person pose estimation and instance segmentation with a bottom-up, part-based, geometric embedding model. Proceedings of the European Conference on Computer Vision（ECCV）, 282-299.

Sohl-Dickstein, J., Weiss, E., Maheswaranathan, N., & Ganguli, S.（2015）. Deep unsupervised learning using nonequilibrium thermodynamics. International Conference on Machine Learning, 2256-2265.

Wei, S. E., Ramakrishna, V., Kanade, T., & Sheikh, Y.（2016）. Convolutional pose machines. 2016 IEEE Conference on Computer Vision and Pattern Recognition, 4724-4732.

Xiao, B., Wu, H., & Wei, Y.（2018）. Simple baselines for human pose estimation and tracking. Proceedings of the European Conference on Computer Vision（ECCV）, 472-487.

Xu, Y., Zhang, J., Zhang, Q., & Tao, D.（2022）. ViTPose：Simple vision transformer baselines for human pose estimation. Advances in Neural Information Processing Systems, 38571-38584.

Yang, S., Quan, Z., Nie, M., & Yang, W.（2021）. TransPose：Keypoint localization via transformer. Proceedings of the IEEE/CVF International Conference on Computer Vision, 11782-11792.

Zheng, C., Zhu, S., Mendieta, M., Yang, T., Chen, C., & Ding, Z.（2021）. 3D human pose estimation with spatial and temporal transformers. Proceedings of the IEEE/CVF International Conference on Computer Vision, 11656-11665.

第六章

基于头部姿态的学生参与反馈分析

第一节　学生参与度及头部姿态研究纵览

一、学生参与度相关理论

随着教育信息科学技术的迅猛进步，针对自我调节学习环境下学习者之间的学习反馈技术与方法层出不穷。从便捷的周边放置设备到前沿的穿戴式设备，从传统的课堂教学分析到现代的线上教学评估，从单一的学生反馈机制到师生同步互动的反馈系统，人工智能技术在教育教学领域的应用日益广泛且深入。其中，分析学习者在自我调节学习过程中的参与度已成为教育技术领域的关键研究焦点。学习者只有精准把握自身的参与状况，才能据此调整学习策略，提升自我调节学习能力。

Fang 和 Cheng（2021）针对课堂环境下学生情绪的分析判别进行了深入研究，其关键突破在于解决了样本不充足的问题，成功利用较少的样本来准确分析学习者的情绪状态。Xu 和 Teng（2020）提出了一个创新的观点，即人体面部的朝向往往反映了其关注的方向。基于这一观察，他们开发了一个通过分析头部姿态来评估学生注意力方向的系统，该系统能够有效地识别学生在自我调节学习中的头部转角，并据此给出投入度评分。Lin 等（2021）则着眼于人体姿态，认为这一姿态是学生对课堂直接反馈的体现。他们研发了一种基于骨架姿势估计和人物检测的学习者行为识别系统，该系统不仅在识别效果上优于传统的人体姿态估计方法，还能在一定程度上纠正关节点的错误连接。何秀玲等（2020）同样从人体姿态出发，将课堂姿态细分为举手、听课、东张西望、阅读、睡觉、起立、书写等多种行为，并构建了相应的模型进行分析，为理解学生课堂行为提供了新的视角。Mo等（2024）则提出了一种基于自适应目标区域注意力的轻量级人体姿态估计模型，该模型成功解决了智能教室环境中由遮挡和重叠等问题导致的学生姿势信息获取难题，从而为学生姿态的准确估计提供了有效方案。谢耀辉等（2021）则通过教学视频分析，探讨了前嵌问题与反馈设计对学生学习成绩的影响。研究发现，前嵌问题和反馈设计在教学视频中的应用对学习者的学习成绩具有经验反转效应，为教学视频的设计提供了有价值的参考。

在工业界，智能教育产品的涌现正逐渐改变学习的方式。例如，科大讯飞研发的学习台灯，其独特的律动光护眼算法能够有效保护学生的视力，同时顶部的摄像头还能实现与课本的智能交互，极大地提升了学生的学习体验。此外，一些公司还推出了针对幼儿的陪伴机器人，这些机器人不仅具备语音对话功能，能够与孩子进行互动并对其进行启蒙教育，还能根据孩子的对话习惯和兴趣，量身定制个性化的教学资源与计划，使学习更加有趣且高效。虚拟现实技术的发展，更是为在线学习带来了无限可能。虚拟现实教育系统能够让学生身临其境地体验知识，不再局限于传统的黑板和屏幕。该系统涵盖了多个学科的教育资源，学生只需通过注视相应方向即可选择对应的学习内容。同时，该系统还能深入分析学生的学习目的与需求，并根据学生的学习进度和习惯，制定出符合其个人发展的教学资源，实现了学习媒介的多元化融合。

二、头部姿态估计相关理论

人的注意感知区域可通过头部的姿态偏转来表现，头部姿态估计也成为学术界与工业界关注的焦点。其在辅助驾驶、虚拟现实、体感游戏、学生注意力分析等领域有着关键性的应用。关于头部姿态估计的研究逐渐由传统图像处理方法过渡到基于深度学习的方法。

目前，学术界涌现了多种类型的头部姿态估计方法，这些方法大致可分为基于面部关键点的方法和无面部关键点的方法两大类别。对于基于面部关键点的方法，研究者需要先检测面部关键点来预估头部姿势，并在三维空间与二维图像之间构建映射关系。然而，这一方法的成功与否高度依赖于面部关键点的精确检测。当面部被遮挡或头部姿态极端时，关键点的提取变得尤为困难，导致该方法存在明显的局限性。最简单的基于深度学习的模型就是基于卷积神经网络的模型，通过抽取高维特征进行全连接分析，得出分析结果。在此基础上，众多学者给出了更高阶的解决方案。HyperFace 方法致力于检测面部、确定性别、寻找关键点和同时估计头部姿势。EVG-GCN 方法首先检测面部关键点，构建关键点连接图，然后利用图卷积神经网络来构建图类型与头部姿态角度图之间的复杂非线性关系（Xin et al.，2021）。然而，上述方法需要额外的关键点检测，从而产生额外的时间和空间成本。

相比之下，无面部关键点的方法无须依赖面部关键点信息，而是通过寻找样本与头部姿态角之间的映射模型来解决姿态估计问题。随着深度学习在多个领域的蓬勃发展，一些学者开始利用卷积神经网络来训练模型，模型通过大量标记样本进行监督学习，直接建立从输入图像到头部姿态角度的端到端映射关系。这种方法不仅比传统方法展现出更高的性能，还在面对遮挡和大姿态变化时表现出更强的鲁棒性。Liu 等（2021）利用 Fisher 矩阵来改变输出表达式。Cao 等（2021）使用向量来矫正头部姿态的旋转误差。Liu 等（2022）利用头部姿势估计的非对称关系来进行感知表示学习。Hempel 等（2022）的研究不仅实现了欧拉角的回归预测，还进一步计算出 6D 姿态参数，这种多维度输出在实际应用中更具优势。Xu 等（2022）提出了一种基于深度神经网络和三维点云的头部姿态估计方法，该方法将采样的三维点云结合图卷积神经网络作为输入，具有轻量级和计算效率较高等特点。Dhingra（2022）提出了 LwPosr 网络，该网络利用了深度可分离的卷积层和 Transformer 编码器层，由三个阶段组成，为头部姿态预测提供了细粒度回归。此后，Liu 等（2023）引入了 TokenHPE，提出了一种少数关键特征的感知方法，该方法使用 Transformer 架构来学习相邻头部姿态线索对存在遮挡或低光照的头部姿态的准确推理，并学习人脸方向的区域相似性。Fu 等（2024）引入了指数映射来表示头部姿态，并设计了一个能够捕获姿态空间几何形状的预测框架。

2023 年，扩散模型在头部姿态估计领域展现出了强大的潜力。这种模型又被称作基于分数的生成模型，不仅具有显著的生成能力，还拥有高度的可控性，因而成为学习目标数据分布的高效工具。值得注意的是，Wang 等（2024）提出了一种名为"HeadDiff"的概率回归扩散模型，该模型在解决头部旋转不确定性问题方面表现出色，尤其适用于处理在自然场景下捕获的面部图像。HeadDiff 的引入，无疑为头部姿态估计领域带来了新的突破和可能性。

第二节   课堂环境学习者头部姿态估计相关知识

一、学习者头部姿态估计概述

头部姿态作为一种表征头部转角和面部朝向的关键参数，间接揭示了眼睛的注视方向。在三维空间中，人体头部可被抽象为一个三维刚体，其旋转状态可通过多种数学方法进行描述。这些描述方法主要包括欧拉角表示法、四元数表示法、旋转矩阵表示法和轴角表示法。其中，欧拉角表示法因其直观性和易用性而广受欢迎。在定义上，欧拉角通常采用 Tait-Bryan 表示法，即头部的旋转被分解为绕三维坐标系的 x、y、z 轴进行的三次独立旋转。具体来说，绕 z 轴的旋转称为偏航角，描述了头部在水平方向上的转动；绕 x 轴的旋转称为滚动角，描述了头部在前后方向上的倾斜；而绕 y 轴的旋转则称为俯仰角，描述了头部在垂直方向上的移动。对于大多数人而言，头部运动的欧拉角范围是有限的。根据 Ferrario 等（2002）的研究，平均头部运动范围大致为：偏航角在-79.8°—+75.3°，俯仰角在-60.4°—+69.6°，滚动角则在-40.9°—+36.3°。这些角度范围为研究者理解和分析头部姿态提供了重要的参考依据。

如图 6-1 所示，当人脸正对摄像机时，我们将其定义为原始状态，此时三个欧拉角均为 0°。在此基础上，头部姿态的变化可分解为三个基本旋转动作：左右偏转（偏航角）、上下偏转（俯仰角），以及左右滚转（滚动角）。这三个基本旋转动作共同构成了人体头部在三维空间中的六个基本旋转方向。任何其他复杂的头部转角，都可被视为这三个基本旋转动作的组合和叠加。

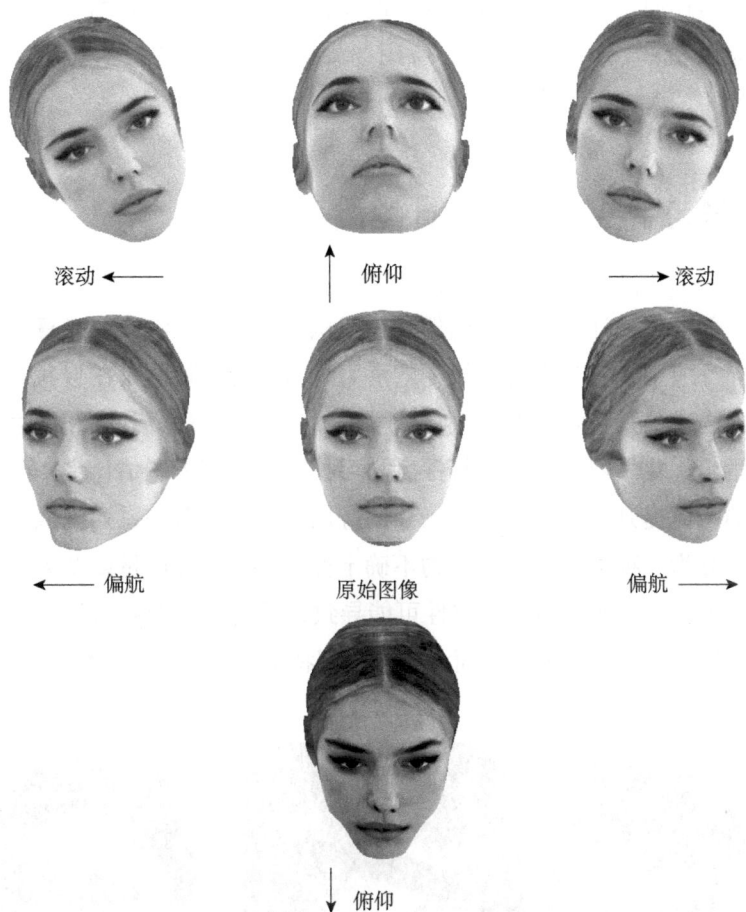

图 6-1　学习者头部姿态的三种基本旋转运动

　　头部姿态估计是一项结合了人工智能和计算机视觉技术的关键应用任务。随着深度学习技术的飞速进步，利用神经网络解决头部姿态估计问题已成为学术界和工业界关注的焦点。为训练神经网络模型，研究者需要收集包含头部姿态信息的图像数据，并配以相应的角度标签。通过不断的迭代和优化，模型能够找到最优参数，从而准确预测头部姿态。头部姿态估计本质上是一项回归任务，要求模型输出精确的角度值。然而，在精度要求不高或设备条件受限的情况下，其也可被简化为一项分类任务，即输出大致的角度范围。对于给定的图像数据，神经网络模型会进行特征提取和分析，最终输出三个欧拉角，即偏航角、俯仰角和滚动角，这些角度值能够精确地描述头部姿态。借助专业的三维软件，输入这些欧拉角后可直观地还原出头部在三维空间中的真实姿态。这不仅有助于我们更深入地理解头部运动规律，还为许多实际应用场景提供了重要的技术支持，如虚拟现实、增强现实、人机交互等。

二、学习者头部姿态估计挑战

随着头部姿态估计技术在辅助驾驶、虚拟现实、体感游戏和注意力分析等多个领域的广泛应用，其在教育场景中的潜力日益显现。特别是在自我调节学习场景中，头部姿态估计技术能够有效评估学生的参与度、理解程度和注意力状态，从而帮助学生优化学习策略。尽管深度学习技术为头部姿态估计带来了识别效率和准确率的明显提升，但其在学习场景的应用中仍面临着一系列挑战。这些挑战大体上可以分为三种类型，即标签的不确定性、图像的低质量以及无效的面部特征，如图 6-2 所示。标签的不确定性可能导致训练过程中的误差积累，图像的低质量使面部特征提取变得困难，而无效的面部特征则会影响姿态估计的准确性。

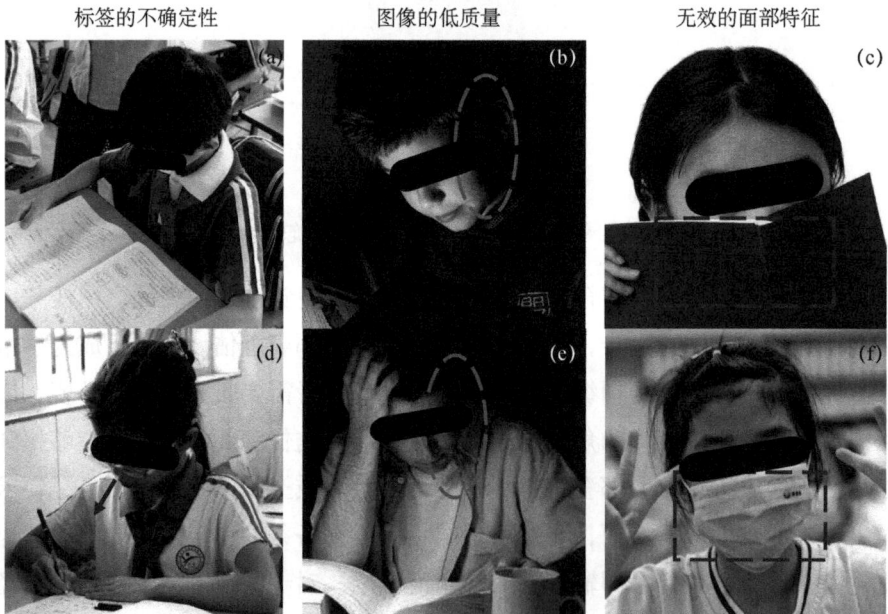

图 6-2　头部姿态估计挑战

（一）标签的不确定性

在数据采集过程中，由于学生的主观性和采集设备的潜在误差性，准确标注头部姿态估计数据集变得异常艰巨。学生在参与采集时，需要努力保持目光与面部垂直，并仅通过转动头部来完成采集任务，但这一要求在实际操作中往往难以完美实现，尤其是在自我调节学习场景下，学生容易出现极端姿态现象，这无疑增大了数据采集的难度。同时，采集设备的误差也可能源于学生的轻微晃动、设备坐标与学生面部原点未能精确对齐等多种因素。这些不确定性导致的标签问题直接影响了模型采集到的面部特征的有效性和准确性，对于后续的深度学习模型训练构成了极大挑战。因此，如何有效修正这些标签成为学术领域内的关注焦点。研究者不断学习可鉴别的头部特征，以提高数据集的准确性和可靠性。同时，学生也需要在自我调节学习过程中努力保持稳定的姿态，以减少数据采集过程中的误差。然而，即使进行了精心的数据修正和采集，错误的标签数据在模型训练的早期阶段仍然可能导致模型难以收敛，尤其是基于卷积神经网络的深度学习模型，进而影响大规模头部姿态估计任务的进程。因此，对于研究者来说，除了关注数据采集和标签修正外，还需要不断探索新的模型优化技术和算法，以提高模型的鲁棒性和泛化能力。

（二）图像的低质量

在自我调节学习场景中，学生头部姿态估计任务经常受到光照变化和阴影的影响。具体来说，当光线较暗或较强时，图像中的阴影和像素值偏低区域会极大地阻碍有效特征的提取，从而导致姿态估计的识别错误。为克服这一挑战，研究者提出了多种方法，其中一种引人瞩目的策略是利用红外成像技术来优化头部姿态估计。这种方法通过捕捉不受光照影响的红外图像，试图提高模型在光线变化下的识别准确性（Liu et al.，2020）。然而，红外成像技术也带来了一系列问题。首先，捕获红外图像相较于 RGB 图像更为复杂，需要特定的硬件设备以及适宜的环境条件。其次，仅依赖红外图像训练的模型往往难以捕捉到足够的特征信息，导致模型在泛化能力上表现不佳，并且模型的识别精度也往往不尽如人意，难以满足自我调节学习场景下的实际需求。另一种策略是引入深度信息作为辅助训练手段，这一方法在一定程度上提升了模型的识别效果。通过整合深度信息，模型能够更好地理解三维空间中的头部姿态，从而提高识别准确性。然而，这一方法也带来了计算复杂度显著增加的问题。在需要实时计算的应用场景中，这可能导致模型响应速度变慢，不利于学生的自我调节学习。因此，如何在确保模型性能的同时，降低计算复杂度，成为头部姿态估计领域在自我调节学习场景下需要进一步研究和解决的问题。

（三）无效的面部特征

在人群密集且自我调节学习场景中，学生往往面临各种面部遮挡的挑战，如彼此之间的遮挡、翻阅书本导致面部被遮挡、佩戴口罩或复杂的发饰等。这些遮挡情况使得仅依赖有限的面部信息来准确识别学生的头部姿态变得极为困难。然而，遮挡现象并非全然不利。在利用卷积神经网络进行头部姿态估计时，该网络会提取大量的面部特征。但值得注意的是，这些特征中并非所有特征都与欧拉角的识别直接相关，其中不乏冗余特征。这些冗余特征不仅可能干扰到有效特征的提取，还可能导致模型在运行时产生不必要的时间和空间复杂性。更重要的是，这些复杂和无序的特征会严重影响模型的准确性与鲁棒性，使得在遮挡和复杂条件下进行头部姿态估计变得更为棘手。因此，在针对学生的头部姿态估计任务中，探索与欧拉角识别密切相关的关键特征显得尤为重要。通过精准地识别和利用这些关键特征，我们能够提升模型的准确性和鲁棒性，从而在各种遮挡和复杂条件下实现更可靠的头部姿态估计，为学生提供更为精准和个性化的自我调节学习支持。

三、学习者头部姿态估计常见表示法

头部姿态可被视为一种类似于椭球体的刚体旋转，在数学领域，对于这样的旋转问题，我们通常采用不同的角度表示法来加以精确描述，这些表示法主要包括欧拉角表示法、四元数表示法以及旋转矩阵表示法。

（一）欧拉角表示法

欧拉角是一种最常用且直观的表示物体位姿的方法。这种方法首先在三维空间中建立一个三维坐标系，并使刚体的中心与坐标系的原点相重合。其次，物体位姿被分解为绕三个坐标轴的旋转分量。这个参考系通常被称为实验室参考系。在这些旋转分量中，每个旋转分量与相应的坐标轴都存在一定的夹角，而这些夹角的顺序可根据使用者的任务特性进行自定义。如图 6-3 所示，设定 x、y、z 轴为参考系的参考轴，其中 xy 平面与偏转后得到的 XY 平面的交线被标记为 N。对于 zxz 顺规的欧拉角，我们静态地定义 α 是 x 轴与交线 N 之间的夹角，β 是 z 轴与 Z 轴之间的夹角，而 γ 则是交线 N 与 X 轴之间的夹角。欧拉角通过这三个旋转分量来精确地指定一个刚体在三维空间中的朝向。具体来说，这三个旋转分别对应绕 x 轴的俯仰角、绕 y 轴的偏航角及绕 z 轴的滚动角。通过合理地选择和使用这些旋转分量，我们可准确地描述刚体在三维空间中的位置和姿态。

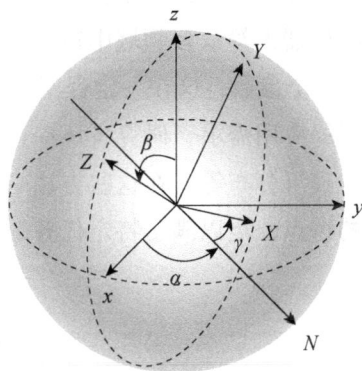

图 6-3　头部姿态旋转的欧拉角表示法示意图

（二）四元数表示法

四元数是由爱尔兰数学家哈密顿提出的数学工具。作为一种超复数，它包含一个实部和三个虚部（$a+bi+cj+dk$），其核心思想在于用四维空间的数学框架来描述三维空间中的物体。在处理物体的旋转时，四元数提供了简洁而高效的方式：通过四个值（一个旋转向量及其对应的旋转角度）即可完全定义旋转。

具体而言，四元数 $q=(x,y,z,w)$ 中，x、y、z 代表旋转向量的三维坐标，而 w 则与旋转的角度紧密相关。四元数的主要优势在于其紧凑的存储需求和高效的计算性能，特别是在进行多次旋转操作时，其性能优势尤为明显。此外，四元数还避免了传统欧拉角表示法中的"万向锁"问题，使得旋转表示更加稳定和可靠。然而，四元数的数字表示方式相对不够直观，需要研究者具备一定的数学基础才能深入理解。此外，单个四元数无法表示超过180°的旋转，这在某些特定应用中可能构成限制。尽管如此，四元数在三维图形学、物理学、计算机动画等领域仍被广泛应用，成为描述三维旋转的重要工具。

（三）旋转矩阵表示法

旋转矩阵作为一种 3×3 的矩阵形式，在描述物体旋转位姿时具有明显优势。它允许将多个旋转位姿进行组合或拆分，如连续的位姿运动，通过简单的矩阵乘法即可得出最终姿态，同时，通过矩阵的逆运算也能轻松提取出某一阶段的中间位姿。此外，旋转矩阵因其数学特性，不会产生奇点问题，从而确保了计算的稳定性和准确性，因此在机器人等众多领域中得到了广泛应用。然而，旋转矩阵的一个主要缺点是它包含 9 个参数，这在一定程度上增加了计算的复杂度。

尽管如此，为应对不同的应用需求，研究者还探索了其他多种角度表示法，如轴角表示法、费雪分布、宾汉分布等。在这些方法中，本书所采用的欧拉角表示法因其计算简单且高效的特点，足以满足特定任务的需求，成为一种理想的旋转描述方式。

四、头部姿态估计数据集

在头部姿态估计领域的研究中，研究人员广泛采用了以下三个开源数据集：300W-LP、AFLW2000 以及 BIWI，如图 6-4 所示。

300W-LP 是一个基于 300W 数据集进行大规模数据增强得到的合成数据集。原始的 300W 数据集主要用于人脸对齐任务。而 300W-LP 则进一步整合了 AFW、LFPW、HELEN 和 IBUG 等多个数据集，通过预测人脸图像的深度并生成三维旋转剖视图，成功合成了 6 万余幅具有大姿态变化的人脸图像（Zhu et al.，

(a) 300W-LP

(b) AFLW2000

(c) BIWI

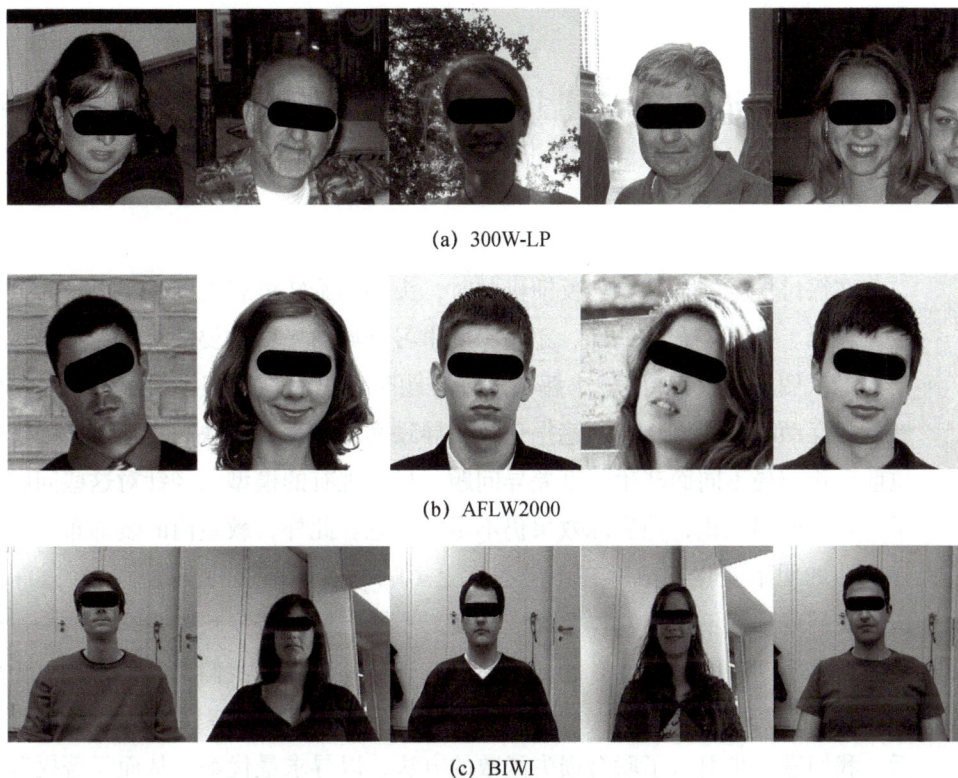

图 6-4　三种数据集的头部姿态图像展示

2016）。然而，需要注意的是，这些图像是通过合成旋转生成的，因此相比于真实场景下的图像，该数据集在真实性方面稍显不足。

AFLW2000 是一个精心挑选并重新标注的 AFLW 数据集子集，包含了其中前 2000 幅图像，专门用于 3D 人脸对齐研究（Zhu et al.，2015）。该数据集中的一些头部姿态图像极具挑战性，因为不同的光照条件和遮挡情况对其产生了明显影响，为研究人员提供了丰富的测试场景。

BIWI 是一个在 Kinect 相机录制的数据集，包含 24 个视频序列，总计 1.5 万余帧图像。在这些视频中，志愿者坐在传感器前，自由地转动头部，以模拟各种头部姿态。该数据集涵盖了广泛的俯仰角、偏航角和滚动角角度变化，其中最大范围分别为 75°、60° 和 20°（Fanelli et al.，2013）。需要注意的是，该数据集的标签以旋转矩阵的形式呈现，因此在实际应用中，研究者需要将这些旋转矩阵转换为欧拉角来进行头部姿态估计。

第三节 面向自我调节学习的头部姿态估计网络模型

在探讨学生的学习参与反馈机制时，头部的旋转姿态无疑是一项极为关键的度量指标。头部姿态的估计，正是深度学习领域内一项重要的衍生任务。然而，当我们试图通过 RGB 图像来解决这一难题时，仍面临诸多挑战，特别是学生在课堂上互动时可能出现互相遮挡现象，导致面部信息部分缺失，还可能因学生座位前后排布局不同而产生尺度差异问题。尽管现有的模型已经针对这些问题进行了一定程度的优化，但实际效果仍不尽如人意。此外，教室内的装饰布局以及窗外光线的明暗变化，也都在不同程度上影响了模型识别的准确率。经过深入分析，我们观察到不同的欧拉角对应着面部不同区域的特定映射关系，这一发现为我们提供了"角度聚焦性"的新视角。基于这一视角，我们提出了一种更为先进的面部信息提取方法，旨在更加精准且鲁棒地捕捉面部特征。在特征提取完成后，我们进一步引入了联合损失函数的方法，以寻求最优解，从而显著提升了模型的泛化能力。这一策略不仅增强了模型在复杂环境下的适应性，也为我们提供了更为可靠的头部姿态估计结果，为学习参与反馈的研究提供了有力的技术支持（时振武，2023）。

一、基于角度聚焦性和注意力机制的头部姿态估计方法

基于角度聚焦性的头部姿态估计方法主要包括三个模块：特征提取模块、三融合注意力机制模块和输出层模块。在特征提取模块中，研究者可利用一般的卷积神经网络模型从 RGB 图像中进行粗粒度的特征提取。对于三融合注意力机制模块，通过旋转变形将通道和空间特征进行融合，即可获得可区分的面部特征，并放大关键特征的权重。输出层模块包含三个分支来预测三个欧拉角。具体来说，将三融合注意力机制模块产生的注意权重作用于卷积神经网络模型的特征图上，提取的特征输入三个全连接层中，得到三个欧拉角对应的分类结果，然后通

过计算期望值来估计欧拉角，最后分别计算真实姿态角与预测姿态角之间的分类和回归的多重损失。头部姿态范围设置为[−90°，90°)，其中每个离散角度对应一个特殊的角度类。

本章中的头部姿态估计问题可转化为一个最大后验概率（maximum a posteriori，MAP）问题。给定一组人脸图像 X 与构造的头部姿态预测角度，通过对模型进行训练，训练的目的是通过最大后验概率找到最佳估计，依据三融合注意力机制进行样本的特征提取，通过融合三分支的信息增强提取特征的有效性，以获得相对稳定的效果。

在深度学习的发展，尤其是计算机视觉的发展中，交叉熵损失函数是一个非常重要的函数，如下：

$$L = -\frac{\lambda_1}{N}\sum_{i=1}^{N}\sum_{c=1}^{M}y_{ic}\log p_{ic} + \frac{\lambda_2}{N}\sum_{i=1}^{N}(y_i - \hat{y}_i)^2 \qquad (6.1)$$

其中，λ_1 和 λ_2 表示权重，N 表示样本数量，M 表示类别总数，y_{ic} 表示第 i 个样本的真实标签，若样本 i 属于类别 M，则 $y_{ic}=1$，反之，则 $y_{ic}=0$。

交叉熵损失函数在众多图像分类任务中都是首选，基于由粗至细的精细化策略，将本来连续分布的角度范围切割成 180 个角度类。首先，将头部姿态的角度问题转换成分类问题，利用交叉熵的强大纠正能力来进行粗粒度的角度锁定，由此可使模型快速达到最优解邻域内。其次，由所得出的角度类映射回原有的角度范围，再进行均方误差损失约束，均方误差损失是回归问题常见的损失函数，有着收敛快、鲁棒性高等优势。最后，通过自调节系数将两个损失函数联结起来进行联合约束，以寻找到最优解。

二、角度聚焦性视角下的头部姿态估计网络模型构建

本章所建立的头部姿态估计网络模型如图 6-5 所示。首先，样本图像被送入网络中，经过模块一，即主干网络来提取粗粒度特征图。其次，将特征图送入三融合注意力模块，进行三分支的特征提取与融合，产生注意权重后作用于粗粒度特征图，生成新的细粒度特征图，再经过一系列残差模块操作后，进行全连接层的信息融合，输出三个最后的全连接层，即三个欧拉角的角度类预测。通过

Softmax 函数运算得出最大概率的角度类并进行交叉熵损失 L_{CE} 的计算，由最大概率角度类映射回原来的角度，进行均方误差损失 L_{MSE} 的计算。最后，利用自适应系数将交叉熵损失梯度 α_1 和均方误差损失 α_2 进行联结，以获取最佳平衡参数，之后通过更新模型的参数，以寻找最优的模型参数。该模型的最终输出即为欧拉角，整个流程是一个端到端的过程，无须像其他表示法那样进行进一步转化，因此降低了应用的复杂性。

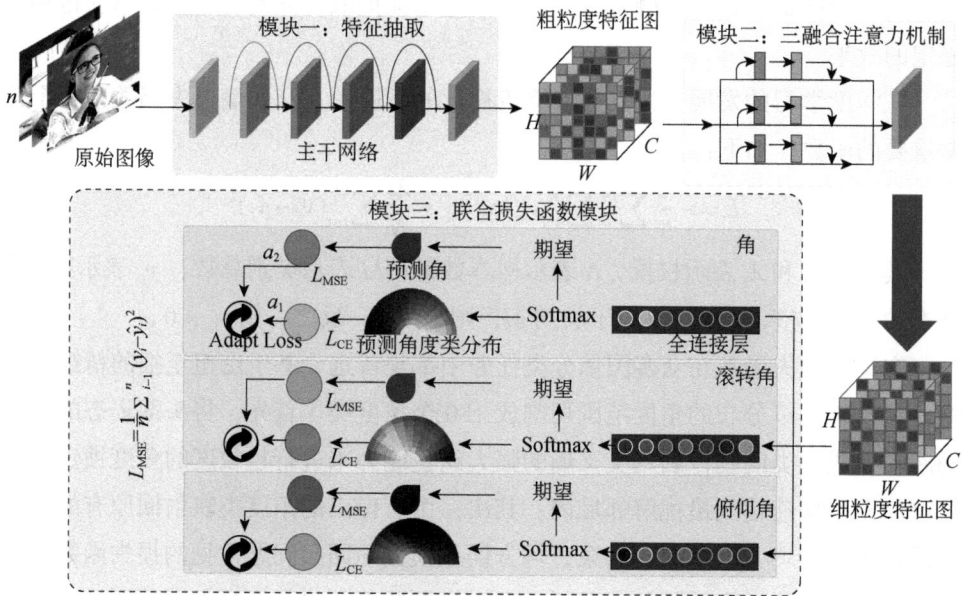

图 6-5　基于角度聚焦性和三融合注意力机制的网络模型

本章所提出的基于角度聚焦性的头部姿态估计模型中的神经网络参数可记作：

$$\hat{\theta} = \text{argmax}\{p(\theta\,|\,X, \hat{Y})\} \tag{6.2}$$

通过贝叶斯理论可转换为：

$$\hat{\theta} = \text{argmax}\,\frac{p(X, \hat{Y}|\theta)p(\theta)}{p(X, \hat{Y})} \tag{6.3}$$

其中，θ 是一个常量值，因为 $p(X, \hat{Y})$ 是已知的。因此，公式（6.3）可重写成如下格式：

$$\hat{\theta} = \text{argmax}\{p(X, \hat{Y}|\theta)p(\theta)\} \tag{6.4}$$

在粗粒度阶段，头部姿态估计可看作一个分类任务。根据图像 X 的分类结果，可得到预测角度 $\hat{Y}$。准确的角度预测结果取决于多种因素。公式（6.4）可表述如下：

$$\hat{\theta} = \text{argmax}\{p_1(X,\hat{Y}|\theta)p_2(X,\hat{Y}|\theta)p(\theta)\} \tag{6.5}$$

为将乘法转换为加法关系，在公式（6.5）的两侧都引入对数函数，它可表示为：

$$\hat{\theta} = \text{argmax}\{\ln p_1(X,\hat{Y}|\theta) + \ln p_2(X,\hat{Y}|\theta) + \ln p(\theta)\} \tag{6.6}$$

公式（6.6）中的两个概率密度函数（probability density function，PDF）必须是被定义的。似然概率 $p_1(X,\hat{Y}|\theta)$ 和 $p_2(X,\hat{Y}|\theta)$ 用于测量预测角度和真实角度之间的距离。第一个概率密度函数 $p_1(X,\hat{Y}|\theta)$ 的定义如下：

$$p_i(x = m) = \prod_{c=1}^{M} p_{ic}^{I(m=c)} \tag{6.7}$$

$$I(m = c) = \begin{cases} 1, m = c \\ 0, m \neq c \end{cases} \tag{6.8}$$

其中，p_{ic} 表示第 i 个样本被分到第 c 个类的概率。$[p_{i1}, p_{i2}, \cdots, p_{iM}]^T$ 表示每个样本 i 属于 M 个类的概率。

给定 N 个头部姿态图像，最大似然估计（maximum likelihood estimation，MLE）函数可表示为：

$$p_1(X,\hat{Y}|\theta) = \prod_{i=1}^{N} p_i(x = m) \tag{6.9}$$

然后把公式（6.7）和公式（6.9）替换到公式（6.6）中，可得到：

$$\ln p_1(X,\hat{Y}|\theta) = \sum_{i=1}^{N}\sum_{c=1}^{M} y_{ic} \log p_{ic} \tag{6.10}$$

第二个概率密度函数 $p_2(X,\hat{Y}|\theta)$ 中引入了高斯分布函数：

$$p(Y) = \frac{1}{\sqrt{2\pi\sigma^2}} \exp\left\{\frac{-(Y-\hat{Y})^2}{2\sigma^2}\right\} \tag{6.11}$$

其中，$\hat{Y}$ 和 Y 分别表示预测标签和真实标签。根据最大似然估计函数，公式（6.11）可表示为：

$$\ln p_2(X,\hat{Y}|\theta) = -\sum_{i=1}^{N} \frac{(y-\hat{y})^2}{2\sigma^2} + C \tag{6.12}$$

其中，预测的角度 $\hat{Y}$ 包含三个角度，即偏航角、俯仰角和滚动角。通过建立旋转矩阵到欧拉角的解析映射，将原始角度参数转化为三自由度欧拉角表示的计算如下：

$$\begin{cases} \text{yaw} = \sum_{\text{index}=1}^{180}(\text{Softmax}(D_{\text{yaw}}) \times I_{\text{index}}) - 90° \\ \text{pitch} = \sum_{\text{index}=1}^{180}(\text{Softmax}(D_{\text{pitch}}) \times I_{\text{index}}) - 90° \\ \text{roll} = \sum_{\text{index}=1}^{180}(\text{Softmax}(D_{\text{roll}}) \times I_{\text{index}}) - 90° \end{cases} \tag{6.13}$$

其中，Softmax 的功能是将欧拉角分布归一化为正态分布。I_{index} 表示角度类的序列。这个角度被分为 180 个类别，为映射到[−90°，90°）的范围，所以减去 90°。

将公式（6.10）和公式（6.12）替换到公式（6.6）中，公式（6.6）被转换为一个负对数最小化问题，该模型的多重损失函数可表示如下：

$$L = -\frac{\lambda_1}{N}\sum_{i=1}^{N}\sum_{c=1}^{M} y_{ic} \log p_{ic} + \frac{\lambda_2}{N}\sum_{i=1}^{N}(y_i - \hat{y}_i)^2 \tag{6.14}$$

其中，M 代表类别总数。y_{ic} 是一个符号函数，如果样本 i 的实类别等于 c，则取 1，反之则取 0。p_{ic} 表示属于 c 类的样本 i 的预测频率。

适应性调整系数 λ_1 和 λ_2 将作用于两种损失函数的比例上，用于反向传播。其损失函数表示为：

$$\begin{cases} \lambda_1 = (e^{L_{\text{CE}}^{-1}} + e^{L_{\text{MSE}}^{-1}})^{-e^{L_{\text{CE}}^{-1}}} \\ \lambda_2 = (e^{L_{\text{CE}}^{-1}} + e^{L_{\text{MSE}}^{-1}})^{-e^{L_{\text{MSE}}^{-1}}} \end{cases} \tag{6.15}$$

值得注意的是，上式中，第一项的目的是计算输出分布和目标值的分类损失，第二项的目的是计算回归后的预测角度和真实值的损失。本章提到的模型的伪代码如算法 6.1 所示。

算法 6.1：基于角度聚焦性和三融合注意力机制的网络模型训练过程

输入：训练集合 T 和超参数。

输出：神经网络参数 θ。

1：初始化参数 θ；

2：当不收敛时执行；

3：从集合 T 中采样样本 X；

4：抽取图像特征；

5：输出欧拉角角度类分布；

6：计算公式（6.15）中的适应性系数 λ_1 和 λ_2；

7：计算公式（6.14）中的多重损失值；

8： $\theta \leftarrow \theta - \nabla_{\theta}(L_{\text{total}})$ ；

9： 返回神经网络参数 θ 。

第四节　头部姿态估计在学生参与反馈中的实践创新

一、课堂环境下的学生头部位姿识别路线

（一）实验环境

智慧教室通常配备交互显示屏，并且教室周围会安装诸多副屏，这使得在某些教学场景下，学生会有身临其境般的感受。为方便学习过程数据的采集与研究，智慧教室上方安装有三个高清摄像头，用于记录学生上课时的数据，包括人体姿态数据、学生回答问题的语音数据等。有了这些数据，教师可更方便地分析学生的学习情况，以进行更具针对性的学习资源调整。以往的课业反馈往往是通过师生对话进行的，存在一定的主观性，而且学生众多，教师需对学生存在的问题进行逐个指导，导致费心费时。通过对教育大数据进行分析，教师可及时有效地进行课业调整。

（二）实验数据采集

本实验所采用的智慧教室的场景如图 6-6 所示，实际录制了一堂时长在 30 分钟左右的物理课，通过摄像头采集的图像数据分辨率为 4000 像素 × 3000 像素，每一秒截取一次图像，共 5373 幅图像，包括在课堂教学中的诸多姿态，如低头、点头、摇头、举手、对视等。本节课共 6 名学生，包括单人样本和群体样本，如图 6-7 所示，课后对这些学生的样本进行了分析。

图 6-6 智慧教室

图 6-7 实验数据展示

（三）目标检测

由于复杂背景会严重影响头部位姿的识别率，并且冗余的背景会增加计算复杂度，进而影响计算效率，我们采用两阶段的识别方案：第一，通过开源的人脸检测算法——多任务卷积神经网络（multi-task convolutional neural network，MTCNN）模型（Zhang et al.，2016），把学生的头部图像从复杂背景中裁剪出来；第二，将干净的学生头部图像送入头部姿态估计模型中进行位姿识别。MTCNN 模型较为成熟，并且足够轻量化，能够配置在个人计算机上，方便在硬件条件一般的课堂中使用。

（四）头部姿态估计识别

在将图像送入头部姿态估计模型之前，要把裁剪后的图像进行归一化处理，选用 ImageNet 的参数，图像尺寸重置为 224 像素×224 像素。图像经过三融合注意力机制提取出特征图，再经由若干全连接层进行信息深度融合，最终输出三个欧拉角的角度类分布，每个分布有 180 个类，即 180 个自然角度。利用 Softmax 函数计算出最大概率角度类，映射回原有欧拉角，处理后得出该头部图像的三个欧拉角度。

二、学生参与度的反馈分析与建议

师生互动可以有诸多方法，如举手、点头、注视黑板等。举手作为被动交互，是由教师发起的，但大部分学生因为心理因素，不愿产生这种明确的交互。而点头、注视等则属于主动交互，学生不会顾及太多，当学生发生困惑时或学生突然听懂知识感到豁然开朗时，歪头和点头是最无意且自然的行为，所以人体头部姿态能清晰地反映出学生的听课效果。

（一）基于头部姿态的学生参与反馈分析指标

采集完课堂学生姿态数据后，下一步要进行学生参与反馈与头部姿态映射，将学生的头部姿态与课堂教学情况相关联，便于教师之后进行教学调整。通过对课堂场景下的师生互动分析，并参考相关教育技术专家知识，除相对静止外，学生常见的课堂头部姿态基本分为点头、摇头、低头或仰头、偏头。点头可被认为是学生理解了教师的课堂内容或同意教师的教学观点；摇头则表示学生不理解教师的课堂内容或不同意教师的教学观点；低头或仰头表示学生没有认真听讲，可能在打瞌睡或玩手机；偏头则被认为是学生对课堂内容不感兴趣或被其他事物所吸引。点头和摇头均表示学生的学习行为在随着教师的教学进行，低头或仰头和偏头均表示学生对教学内容不感兴趣，没有深度参与教学过程。通过对采集数据的分析以及相关师生的访谈叙述，学生课堂头部姿态的角度量化标准如表 6-1 所示。点头和摇头是正向参与，因此该学生的课堂参与度应加分；低头或仰头和偏头是负向参与，因此该学生的课堂参与度应减分。在该量化标准的指导下，我们分析了一节课中学生的参与反馈，计算了一堂课中各个学生的课堂参与度得分。为进一步分析出教师在课堂中的哪个环节出了问题，我们统计出各个学生随时间序列的参与度得分变换曲线，对于高参与度和低参与度的时间点要重点关注，以提醒教师进行教学内容与策略的调整。

表 6-1　学生课堂头部姿态的角度量化标准

头部姿态	偏转角度	参与度得分
点头	2 秒内，俯仰角由[-20°，20°]变换，超过范围后复原	1
摇头	2 秒内，偏航角由[-20°，20°]变换，超过范围后复原	1
低头或仰头	俯仰角超过[-20°，20°]，且时间大于 2 秒	每持续 10 秒减 1 分（不足 10 秒时四舍五入）
偏头	偏航角超过[-20°，20°]，且时间大于 2 秒	每持续 10 秒减 1 分（不足 10 秒时四舍五入）
相对静止	俯仰角或偏航角的变化范围在[-20°，20°]	0

（二）基于头部姿态的学生参与反馈分析系统

为验证头部姿态估计模型在学生课堂参与反馈上的准确性与真实性，根据在智慧教室中所采集的学生姿态视频数据，以及基于头部姿态估计的学生参与反馈量化指标，我们构建了基于头部姿态估计的学生参与反馈分析系统，对课堂上师生互动中存在的学生反馈行为进行分析，该系统的流程图如图 6-8 所示。

该系统是在个人电脑上，利用 Python 语言编程进行实现，采取 Pytorch 深度学习框架进行模型的构建。调用 cv2.VideoCapture().read()函数进行摄像头画面捕获，使用 open-cv 函数包进行图像预处理，再送入 MTCNN 模型的接口中。依靠英伟达显卡的 cuda 加速功能进行快速模型参数计算，得出欧拉角，再进行参与度得分计算，得出可视化效果。

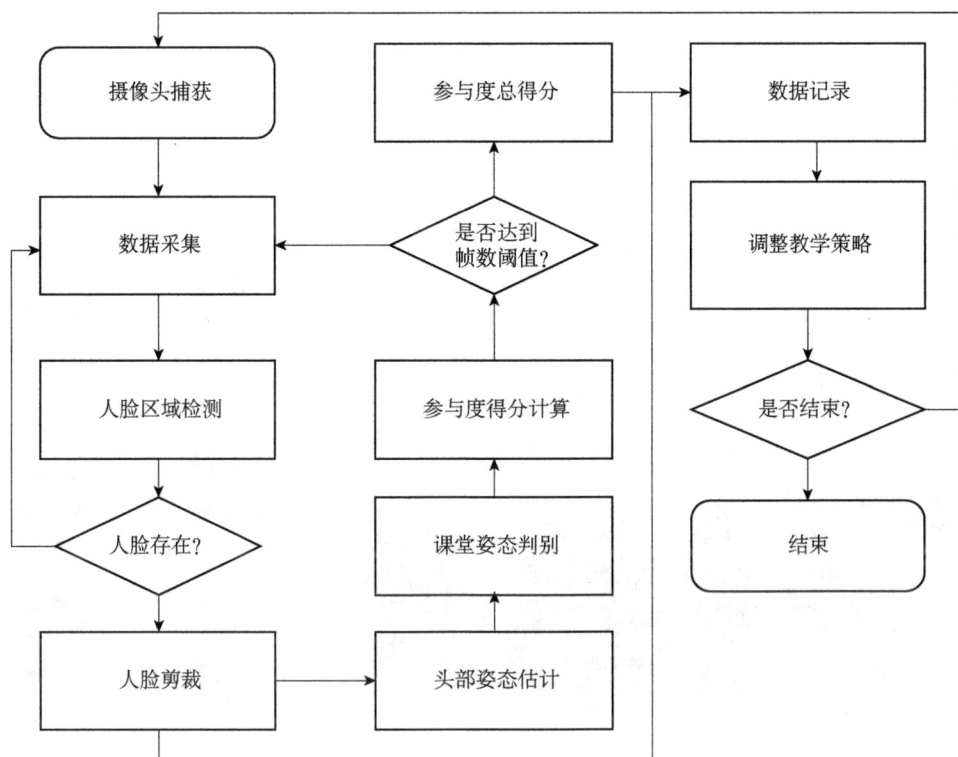

图 6-8　基于头部姿态估计的学生参与反馈分析系统流程图

本实验中的视频数据是通过智慧教室的摄像头进行采集的，智慧教室整体场景较为复杂，所以采用人脸检测模型 MTCNN 时需将人体面部区域进行裁剪、提取并进行尺寸重置和归一化操作，若未发现人体面部区域则需重新采集。预处理完成后，进入头部姿态估计模型进行评估，依据量化指标，计算参与度得分，在达到预设帧数后，给出参与度总得分，并记录每个被试的过程数据，建立学生成长档案，教师进行曲线分析后进行教学策略的调整。

（三）学生课堂参与度可视化

基于以上系统对学生课堂数据进行分析，如图 6-9 所示，将 6 名学生分别进行编号，利用上述系统进行检测分析，可视化效果如图 6-10 所示。为探究这堂课的整体效果，我们记录了所有学生的学习行为数据，如表 6-2 所示。在整体分析中，我们把减分的行为（低头或仰头、偏头）持续的时间定义为减分时长，与之对应的是非减分时长。将所有学生的减分时长与非减分时长进行对比，如图 6-11 所示，由此可知，B 学生和 E 学生的减分时长占比较小，F 学生的减分时长占比较大。任课教师可综合考虑参与度曲线和减分时长，以进行课业调整及学生学习指导。

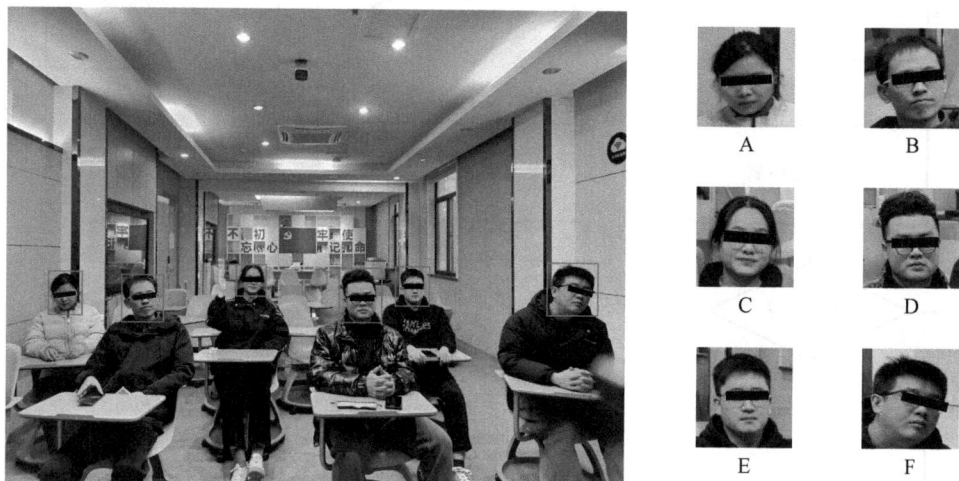

图 6-9　参与人员展示

图 6-10　系统识别效果展示

表 6-2　学习行为数据

学生	点头得分（分）	低头或仰头得分（分）	低头或仰头时长（秒）	摇头得分（分）	偏头得分（分）	偏头时长（秒）	总得分（分）
A	172	−5	234	69	−3	101	233
B	25	−5	63	46	0	19	66
C	136	−7	265	108	−20	359	217
D	32	−32	349	16	−11	123	5
E	19	−5	72	36	0	14	50
F	71	−16	286	53	−102	1079	6

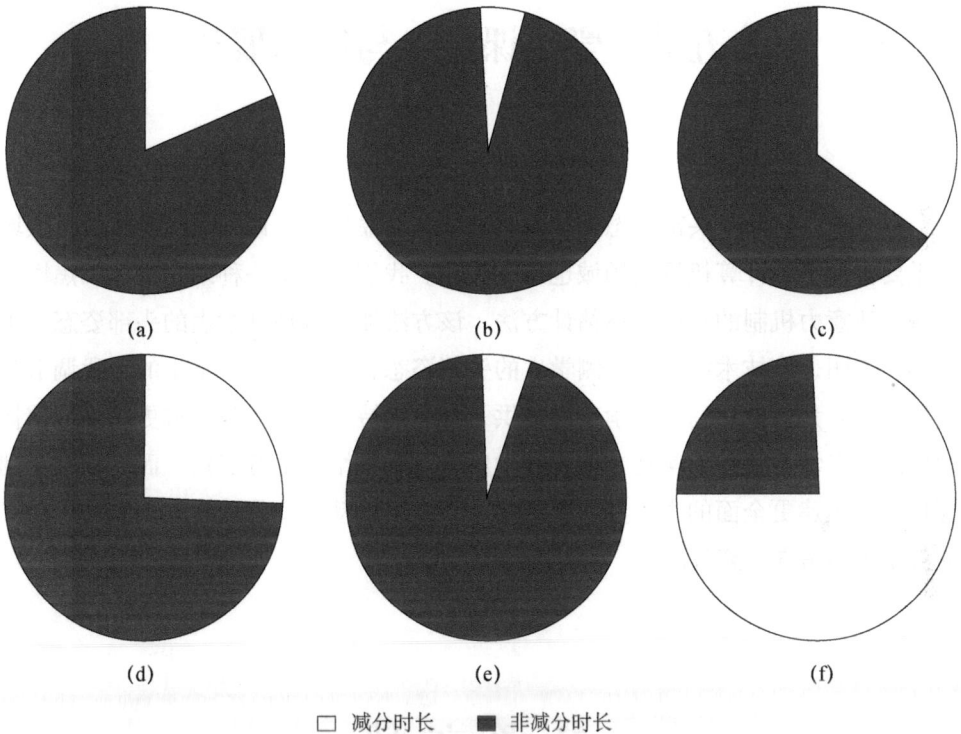

(a)　　　　　　　　　(b)　　　　　　　　　(c)

(d)　　　　　　　　　(e)　　　　　　　　　(f)

□ 减分时长　　■ 非减分时长

图 6-11　学生减分时长与非减分时长的占比

注：（a）—（f）分别表示学生 A—F 的结果

通过以上的数据可得出，该堂课的教学效果整体尚可，其中有 4 名学生的得分都是 50 分及以上，但也有 2 名学生的得分较低。通过减分时长饼图可知，大部分学生在上课过程中的多数时间都能将注意力保持在课堂上。我们观察其中一位得分较低的 D 学生的参与度曲线可知，该学生在课堂刚刚开始时还未进入课堂状态，而后得分逐渐升高，在前半段的课程中一直保持着较高的课堂参与度，但在课堂中间出现了较多的减分行为，5 分钟之后又重新进入课堂学习状态，此时参与度得分又逐渐升高，在临近下课的几分钟又出现了较多的减分行为。我们在课后对这名学生进行了访谈，得知课堂中途 D 学生接收了手机消息，导致其分心，临近下课又着急去解决其他事情，所以得分下滑。据此，我们建议学生在上课过程中尽量避免接触课堂以外的事物，以免影响上课效果。

第五节　学生课堂参与反馈展望

本章研究了基于头部姿态估计的学生参与反馈技术。该技术不仅在教育领域有重要价值，在计算机视觉领域也备受关注。我们介绍了一种结合角度聚焦性和三融合注意力机制的头部姿态估计方法，该方法能准确估计学生的头部姿态。本章实验表明，该技术能实时监测学生的头部姿态，有效提升了学生的自我调节学习能力，并为教学评估和教学反思提供了有力支持。未来，我们将更精确地捕捉学生的动态学习状态，实现个性化教学反馈，并将结合语音识别、面部表情识别等技术，构建更全面的学习参与度评估体系，以推动教育领域持续创新与发展，使教学更加精准、高效。

参 考 文 献

何秀玲，杨凡，陈增照，方静，李洋洋.（2020）. 基于人体骨架和深度学习的学生课堂行为识别. 现代教育技术,（11）, 105-112.

时振武.（2023）. 基于注意力机制的学习者头部姿态估计方法及其应用研究. 华中师范大学硕士学位论文.

谢晓雪，柳士彬.（2024）. 数智时代人类教师与虚拟教师融合的目标、场景与路径. 现代远程教育研究，36（2），45-51.

谢耀辉，杨九民，皮忠玲，戴晨艳，刘彩霞.（2021）. 教学视频中前嵌问题与反馈对学习的影响研究. 中国远程教育，（12），63-71，77.

Cao, Z., Chu, Z., Liu, D., & Chen, Y.（2021）. A vector-based representation to enhance head pose estimation. Proceedings of the IEEE/CVF Winter Conference on Applications of Computer Vision, 1188-1197.

Dhingra, N.（2022）. LwPosr: Lightweight efficient fine grained head pose estimation. Proceedings of the IEEE/CVF Winter Conference on Applications of Computer Vision, 1495-1505.

Fanelli, G., Dantone, M., Gall, J., Fossati, A., & van Gool, L.（2013）. Random forests for real time 3D face analysis. International Journal of Computer Vision, 101, 437-458.

Fang, J., & Cheng, L.（2021）. A lightweight convolutional neural network student learning behavior analysis based on facial expression recognition. 2021 IEEE International Conference on Electronic Information Engineering and Computer Science（EIECS）, 593-596.

Ferrario, V. F., Sforza, C., Serrao, G., Grassi, G., & Mossi, E.（2002）. Active range of motion of the head and cervical spine: A three-dimensional investigation in healthy young adults. Journal of Orthopaedic Research: Official Publication of the Orthopaedic Research Society, 20（1）, 122-129.

Fu, Q., Xie, K., Wen, C., He, J., Zhang, W., Tian, H., & Yang, S.（2024）. Adaptive occlusion hybrid second-order attention network for head pose estimation. International Journal of Machine Learning and Cybernetics, 15（2）, 667-683.

Hempel, T., Abdelrahman, A. A., & Al-Hamadi, A.（2022）. 6D rotation representation for unconstrained head pose estimation. 2022 IEEE International Conference on Image Processing（ICIP）, 2496-2500.

Lin, F. C., Ngo, H. H., Dow, C. R., Lam, K. H., & Le, H. L.（2021）. Student behavior recognition system for the classroom environment based on skeleton pose estimation and person detection. Sensors, 21（16）, 5314.

Liu, H., Wang, X., Zhang, W., Zhang, Z., & Li, Y. F.（2020）. Infrared head pose estimation with multi-scales feature fusion on the IRHP database for human attention recognition. Neurocomputing, 411, 510-520.

Liu, H., Fang, S., Zhang, Z., Li, D., Lin, K., & Wang, J.（2021）. MFDNet: Collaborative poses perception and matrix fisher distribution for head pose estimation. IEEE Transactions on Multimedia, 24, 2449-2460.

Liu, H., Liu, T., Zhang, Z., Sangaiah, A. K., Yang, B., & Li, Y. (2022). ARHPE: Asymmetric relation-aware representation learning for head pose estimation in industrial human-computer interaction. IEEE Transactions on Industrial Informatics, 18 (10), 7107-7117.

Liu, H., Zhang, C., Deng, Y., Liu, T., Zhang, Z., & Li, Y. F. (2023). Orientation cues-aware facial relationship representation for head pose estimation via transformer. IEEE Transactions on Image Processing, 32, 6289-6302.

Mo, J., Jiang, G., Yuan, H., Shou, Z., & Zhang, H. (2024). Adaptive target region attention network-based human pose estimation in smart classroom. International Journal of Advanced Computer Science and Applications, 15 (4), 1019-1026.

Wang, Y., Liu, H., Feng, Y., Li, Z., Wu, X., & Zhu, C. (2024). HeadDiff: Exploring rotation uncertainty with diffusion models for head pose estimation. IEEE Transactions on Image Processing, 33, 1868-1882.

Xin, M., Mo, S., & Lin, Y. (2021). EVA-GCN: Head pose estimation based on graph convolutional networks. 2021 IEEE Conference on Computer Vision and Pattern Recognition, 1462-1471.

Xu, X., & Teng, X. (2020). Classroom attention analysis based on multiple euler angles constraint and head pose estimation. 26th International Conference on MultiMedia Modeling, 329-340.

Xu, Y., Jung, C., & Chang, Y. (2022). Head pose estimation using deep neural networks and 3D point clouds. Pattern Recognition, 121, 108210.

Zhang, K., Zhang, Z., Li, Z., & Qiao, Y. (2016). Joint face detection and alignment using multitask cascaded convolutional networks. IEEE Signal Processing Letters, 23 (10), 1499-1503.

Zhu, X., Lei, Z., Liu, X., Shi, H., & Li, S. Z. (2016). Face alignment across large poses: A 3D solution. 2016 IEEE Conference on Computer Vision and Pattern Recognition, 146-155.

Zhu, X., Lei, Z., Yan, J., Yi, D., & Li, S. Z. (2015). High-fidelity pose and expression normalization for face recognition in the wild. 2015 IEEE Conference on Computer Vision and Pattern Recognition, 787-796.

第七章

基于知识追踪的学习者知识状态预测

第一节 知识追踪的定义及内涵

知识追踪任务是根据学生的历史答题序列，即在过去的学习活动中产生的交互记录，追踪学生对知识的掌握程度，预测学生在未来答题中的表现。知识追踪是在线学习的重点研究领域之一，这一问题可被描述为，假设在一个学习系统中存在一组学生 S 和一组练习 E，学生的学习序列表示为 $X = \{(e_1, k_1, r_1),$ $(e_2, k_2, r_2), \cdots, (e_t, k_t, r_t), \cdots, (e_N, k_N, r_N)\}$，其中元组 (e_t, k_t, r_t) 表示该学生在第 t 个时间步的学习交互，e_t 和 k_t 分别表示学生完成的练习和练习包含的知识点，r_t 表示该练习的得分，N 表示学习交互的序列长度，具体如图 7-1 所示。知识追踪技术通过分析学生的潜在学习能力和知识掌握水平，同时结合个体差异和学习环境特征，为学生未来学习任务提供知识状态预测。

随着个性化教学在在线教育平台的广泛应用，知识追踪技术备受关注。它不仅决定了智能教学系统的个性化导学能力，还影响着学生的在线学习体验。个性化学习是自我调节学习的核心，它要求学生明确自己的学习需求、兴趣和风格，设定明确目标，并进行及时的反思和评估。这些过程有助于培养学生的自主学习能力，提高学习效果和体验。知识追踪通过历史答题数据预测学生的知识掌握程度，提供实时个性化反馈和评估。这不仅有助于学生了解自己的学习情况，还能根据预测结果制定个性化的学习目标和计划，获取个性化的学习资源和建议。学

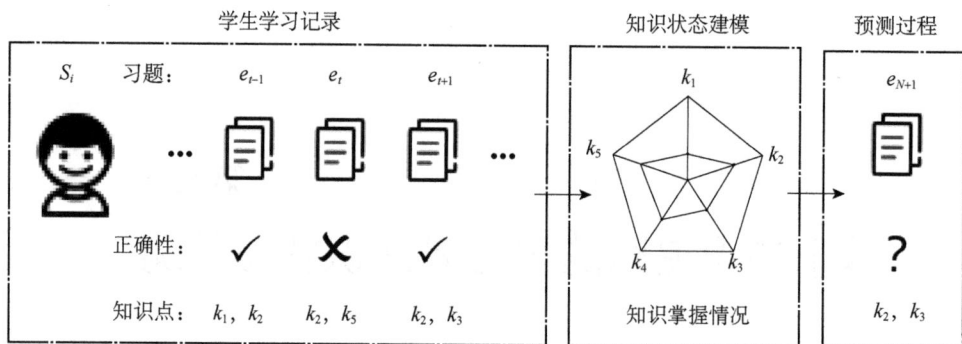

图 7-1　知识追踪过程图

生可以根据这些反馈和评估，更深入地了解自己的学习状态，选择性地采纳学习建议，自主调整和优化学习过程，以适应个人学习节奏和需求。

近年来，知识追踪方法取得了长足发展。总体来说，知识追踪方法可以大致分为两类：经典的知识追踪方法和基于深度学习的知识追踪方法。

一、经典的知识追踪方法

依据模型所使用的机器学习方法的不同，经典的知识追踪模型可分为概率模型和逻辑回归模型两类。以贝叶斯知识追踪（Bayesian knowledge tracing，BKT）模型为代表的概率模型由 Corbett 等（1994）率先运用在智能教学辅导平台上，以此实现对学习者学习过程中知识状态变化情况的捕获。BKT 引入了四个不同的参数来建模学习者的答题过程，本质是关于时间序列的隐马尔可夫概率模型，将学习者的知识状态建模为不可测的潜在变量，基于贝叶斯公式输出学习者针对不同题目回答正确的概率。但学习者的知识掌握状态是连续变化的，而 BKT 模型的构建则是一个离散变化的过程，显然不符合真实的学习场景。

以项目反应理论（item response theory，IRT）为代表的逻辑回归知识追踪模型认为，学习者答题过程中涉及主客观两种因素，不同因素相互影响，共同决定着学习者的回答情况（Embretson，Reise，2013）。因此，IRT 模型以 Logistic 函数为基础，通过引入题目的难度参数、区分度参数以及学习者的能力参数等一系列主客观因素来预测学习者对于具体题目的回答正确概率。然而，IRT 模型中的学习者能力系数是固定的，可在学习者能力不发生改变的环境中对学习者的学习过程进行建模，但难以实现长序列的学习者动态学习过程的建模。

作为经典的知识追踪模型，BKT 和 IRT 模型都在知识追踪领域取得了良好的进展，具有一定的参考意义。但两者共同的局限在于题目知识点的划分都是由相关学科专家人工标注的，需要大量的人力，且不具备动态更新的能力。在线学习平台中丰富的学习资源难以依靠人力实现合理的标注，以深度学习方法为基础的知识追踪方法的出现让这一问题有了解决方案。

二、基于深度学习的知识追踪方法

随着深度学习在各个领域的广泛应用并取得的巨大成功，不少国内外学者不断探索深度学习方法在知识追踪领域的有效实施。基于研究者所使用的深度学习方法的差异，现有的基于深度学习的知识追踪方法可分为基于注意力、基于图神经网络以及基于矩阵存储的知识追踪方法等。

深度知识追踪（deep knowledge tracing，DKT）模型率先通过循环神经网络和长短期记忆网络等深度学习方法来刻画学习者学习过程中的知识掌握过程，从而预测学习者在特定时刻正确回答题目的概率，取得了可观的实验效果（Piech et al.，2015）。然而，深度知识追踪模型假设每一个题目中仅包含唯一的知识点信息，且无法建模多个知识点之间的关联关系，具有一定的局限性，因此不少研究者为了提高模型的建模能力，在深度知识追踪模型的基础上进行了扩展。例如，Xiong 等（2016）提出了扩展的深度知识追踪模型，引入了学习者的先验知识、答题间隔时间、回答题目停留时间等一系列特征信息。深度知识追踪模型的另一个变体模型——DKT+为深度知识追踪中的损失函数构造了两个额外的正则化项，用来解决深度知识追踪无法重建模型的问题，也在一定程度上实现了对具有相似知识点问题的一致性预测（Yeung C K，Yeung D Y，2018）。Minn 等（2018）考虑到了学习者在不同时刻的动态变化表现，在深度知识追踪模型的基础上构建了动态学生分类的知识追踪模型，它通过聚类算法，根据学习者的答题表现进行分组，同时会根据时间的变化动态更新不同学习者的分组情况，从而实现对学习者表现的动态追踪。

在知识追踪任务中，获取学习者对具体知识的掌握状态对于后续的个性化资源推荐具有重要的意义。因此，为捕获学习者复杂的知识掌握情况，受记忆增强神经网络的启发，不少研究者通过增加外部存储结构来实现知识追踪模型的构建。Miller 等（2016）在键值内存网络（key-value memory network，KVMN）模型中引入了键矩阵"Key"和值矩阵"Value"两个存储矩阵来建模学习者的知识存储状态，其中键矩阵存储知识点的表征信息，值矩阵中的表征信息则代表学习者对不同知识点的掌握程度。Zhang 等（2017）提出的动态键值内存网络（dynamic key-value memory network，DKVMN）同样使用键和值两种存储矩阵来增强模型的能力，但与键值内存网络模型不同的是，动态键值内存网络模型认为学习者的知识掌握程度随着学习过程的变化而改变，因此将值矩阵设计为动态变化的矩阵，而表示知识点信息的键矩阵则保持静态。然而，在学习者的交互序列中，学习者过去回答的题目所包含的知识点信息和当前回答题目所包含的知识点信息不一定存在关联，并且深度知识追踪模型和动态键值内存网络中的长短期记忆网络模型仅根据上一时刻学习者对题目的回答情况更新学习者的知识状态。为解决这些问题，Abdelrahman 和 Wang（2019）提出了序列键值记忆网络（sequential key-value memory network，SKVMN），并构建了一种改进的长短期记忆网络模型，可表示为：

$$p_t = \text{Sigmoid}(W_2^T f_t + b_2) \tag{7.1}$$

其中，p_t 表示学习者正确回答题目的概率，W_2^T 表示权重矩阵，f_t 表示总和向量，b_2 表示偏置项。

在学习者完成对题目 q_t 的回答后，写入模块会根据学习者的回答情况 r_t 动态更新值矩阵 M_t^v。首先对 q_t 和 r_t 进行联合的嵌入表达，经过嵌入矩阵 B 的转化得到学习者的知识增长向量 v_t，将知识增长向量写入值矩阵前需要进行部分信息的擦除，擦除向量 e_t 的计算公式如下：

$$e_t = \text{Sigmoid}(E^T v_t + b_e) \tag{7.2}$$

其中，E^T 表示变换矩阵，b_e 表示偏置项，经过擦除操作后，值矩阵中记忆向量的变化可表示为：

$$\tilde{M}_t^v(i) = M_{t-1}^v(i)[I - w_t(i)e_t] \tag{7.3}$$

其中，I 是值全为 1 的行向量。经过擦除操作后，添加向量 a_t 会对记忆向量进行更新：

$$a_t = \text{Tanh}(D^T v_t + b_a)^T \tag{7.4}$$

$$M_t^v(i) = \tilde{M}_{t-1}^v(i) + w_t(i)a_t \qquad (7.5)$$

其中，D^T 为变换矩阵，b_a 为偏置项，M_{t-1}^v 为第 t-1 个值矩阵，$\tilde{M}_t^v(i)$ 为记忆向量，w_t 为权重矩阵，i 为题目。至此，动态键值内存网络模型（图 7-2）的写入操作完成。

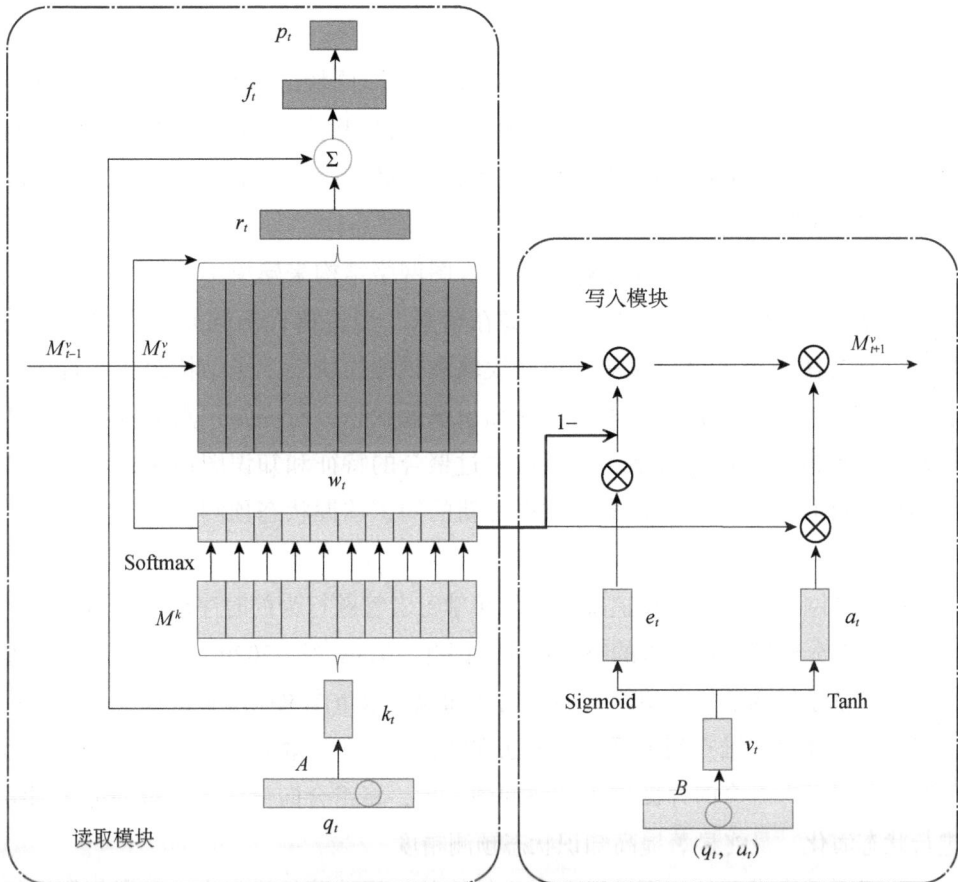

图 7-2 动态键值内存网络模型结构图

注：A 为嵌入矩阵，M^k 为键矩阵中的向量

然而，动态键值内存网络中的长短期记忆网络模型仅基于上一时刻的题目信息来对当前的知识状态进行更新，因此难以建模学习交互序列上的长期依赖关系。序列键值记忆网络通过构造改进的长短期记忆网络进行学习者的学习序列建模，并结合与动态键值内存网络相同的键值记忆结构来捕获知识状态之间的长期依赖关系，实现了更为准确的预测。

基于图网络模型的知识追踪方法、基于题目文本特征的知识追踪方法、基于对比学习的知识追踪方法是三种常见的基于深度学习的知识追踪方法，下面将一一进行介绍。

（一）基于图网络模型的知识追踪方法

图卷积神经网络的结构使其能够有效地捕获不同特征节点之间的关系。而在知识追踪领域，题目和知识点之间的关系、题目与题目之间的关系以及知识点与知识点之间的关系都可以用图结构来表示，这也使得不少图网络模型在知识追踪任务上取得了巨大成功。

基于图网络模型的知识追踪方法引入图网络结构来建模不同题目和知识点之间的关系，用节点表示知识点的潜在信息，用边指代不同知识点之间的关系。这种方法主要由聚合模块、更新模块和预测模块三个子结构组成，首先基于某时刻学习者对题目的回答情况对知识掌握状态、对应知识点的嵌入向量和相邻知识点嵌入向量进行聚合，其次通过聚合的特征和知识图谱结构对学习者的知识掌握状态进行更新，最后根据更新的知识掌握状态预测下一时刻学习者的表现。

基于图网络模型的知识追踪主要依赖学习者答题行为的时序动态更新知识状态，但未充分建模知识结构的空间效应。因此，Tong 等（2020）基于知识迁移理论提出了基于结构的知识追踪，通过构建知识点双重图网络（显式课程图与隐式关联图）来建模多维空间关系。该方法在特征聚合阶段联合建模时序动态与空间关联，通过动态融合时序图嵌入和空间图表示，将组合向量输入长短期记忆网络进行状态演化，最终显著提高知识状态预测精度。

基于图网络模型的知识追踪和基于结构的知识追踪的局限在于两者都假设每一个问题仅对应一个知识点，这在大部分的学习场景中是不适用的。为此，基于图的交互知识追踪允许存在一个题目包含多个知识点的情况，根据题目和知识点在图结构中的关系，利用图神经网络聚合题目和知识点的嵌入向量，同时将不同题目在交互序列上的嵌入向量作为递归神经网络模型的输入，实现对学习者对下一个题目的回答情况的预测。

基于二分图的预训练嵌入（pre-training embeddings via bipartite graph，

PEBG）模型认为，在学习者的交互序列中，题目和知识点之间的关系可被建模为显性和隐性两种关系，通过构建题目-知识点二分图可捕获题目和知识点之间的显性关系与隐性关系，获取预训练的题目嵌入。实验结果表明，将预训练的题目嵌入替代先前知识追踪模型的嵌入表达，能够助力模型实现更为准确的预测（Liu et al.，2020）。

能力增强的知识追踪（ability boosted knowledge tracing，ABKT）模型构建了知识和能力双知识追踪框架，对学习者的知识模块和能力模块的潜在特征进行了整合，利用连续矩阵分解（continuous matrix factorization，CMF）模型来模拟知识内化过程，并将学习者和题目的交互序列数据表示为一个无向无权图，利用图卷积神经网络聚合节点的表征信息，构建学习者的潜在能力特征图，实现了稳定且准确的预测效果（Liu et al.，2022）。

基于学习者-题目交互的异构图神经网络知识追踪模型通过构建层次化的异质图神经网络来表示学习者的交互信息，利用图神经网络实现特征提取，同时考虑题目的难度系数来构建更为合理的题目嵌入和知识点嵌入，以此获取更为准确的预测结果（Ni et al.，2023）。

（二）基于题目文本特征的知识追踪方法

为得到更有实际意义的嵌入表达，基于题目文本特征的知识追踪方法从题目的文本信息入手，利用题目的文本特征增强模型的预测性能。

题目增强循环神经网络（exercise-enhanced recurrent neural network，EERNN）是由 Su 等（2018）提出的一种文本感知的知识追踪模型。基于题目文本特征的题目增强循环神经网络通过双向的长短期记忆网络模型学习到不同题目的潜在向量表示，并通过另一个长短期记忆网络模型将此向量表示与学习者回答题目的向量表示进行特征聚合，由此实现对学习者知识状态的捕获。研究者在题目增强循环神经网络的基础上提出了两个变体，即分别利用马尔可夫性质和注意力机制来建模学习者的交互序列，以预测学习者的未来表现。随着预训练语言模型（pre-trained language model，PLM）的兴起，Yin 等（2019）利用预训练任务学习题目的向量表示，扩展了题目增强循环神经网络的工作，结果表明，相比于原始模型，该预训练的嵌入表示可进一步增强模型的性能。

题目感知的知识追踪（exercise-aware knowledge tracing，EKT）模型（Liu et al.，2019）在题目增强循环神经网络的基础上进行了扩展，在学习者交互序列建模中融入多个知识点的信息，将学习者的知识状态表示为知识状态矩阵。在学习者的一系列交互过程中，题目感知的知识追踪模型通过构建的记忆存储矩阵来量化每个交互的题目对学习者对不同知识点掌握程度的影响。

Cheng 等（2022）提出的自适应知识追踪模型研究了跨知识追踪域的迁移学习问题，旨在将源域上训练好的知识追踪模型迁移到目标域上运行，同时保持其性能。他们提出的方法在题目的文本数据上进行操作，通过使用在两个领域的问题上训练的深度自编码器架构来学习题目的嵌入向量，然后在源域上训练一个知识追踪模型，同时对其进行正则化，以最小化两个领域中知识状态之间的平均差异。最后一层进行随机初始化操作，同时"冻结"前面各层的权重信息，在目标域上进行训练。

除了上述基于题目文本特征的知识追踪模型外，其他类型的模型，如关系感知的知识追踪自注意力模型（Pandey，Srivastava，2020）、层次图知识追踪模型（Tong et al.，2022）等也考虑到了从题目的文本信息中提取特征，并用于模型中的题目嵌入。

（三）基于对比学习的知识追踪方法

作为自监督学习下的一种新范式，对比学习在计算机视觉领域、自然语言处理领域等获得了巨大关注，不少研究者试图将对比学习引入知识追踪领域，取得了良好的效果。

Lee 等（2022）提出了一个基于对比学习框架的知识追踪模型——CL4KT（contrastive learning for knowledge tracing），它通过多个 Transformer 编码块对学习者的学习历史进行编码，将学习者交互序列中相似的学习历史聚合在一起，将表现情况不一致的学习历史在高维空间中分别开来，能够让模型学习到更加有效的特征表示。该模型在学习对比表征时，利用双向自注意力编码块，从两个方向总结学习历史的整个脉络，具有启发性。

Bi-CLKT（bi-graph contrastive learning based knowledge tracing）是一个基于双图对比学习的知识追踪模型，它分别在全局层面和局部层面对比学习题目之间以及知识点之间的关系特征，从原始的题目-知识点序列数据中深入挖掘题目-题目的图结构关系，并引入联合对比损失函数，使得练习嵌入同时具有题目和知识点结构信息，以获得更全面的表征信息和更好的预测效果（Song et al.，2022）。

基于诊断 Transformer 的稳定知识追踪提出了一种新的训练范式以及一种新的架构 Dtransformer，用来捕获学习者交互序列中潜在的知识状态。它主要从两个层面捕获学习者的知识状态：首先，从问题层面捕获学习者的内在知识状态；其次，从知识点层面捕获学习者的知识状态，并引入对比损失函数来保持知识状态诊断的稳定性。研究证明，这种方法取得了良好的预测性能和稳定的知识状态追踪结果（Yin et al.，2023）。

基于双层对比学习的问题-回答表示法改进了知识追踪方法认为仅仅将学习者的原生交互图扩充为另一个视图实际上是远远不够的，因为它无法充分利用学生问题-知识点交互数据中的隐含信息。于是，它综合考虑了三种不同的角度来获得问题-回答的表征信息，即从学生和问题之间的原生互动中获得的原生折叠图，通过奇异值分解（singular value decomposition，SVD）的对比增强产生的增强折叠图，以及通过问题之间的关联获得的共答关系图，并将图神经网络作为主干，对每个视图的信息进行编码，以更好地生成问题-回答表示（Zhao et al.，2024）。

第二节　融合题目复杂性和学习者能力表示的知识追踪方法

不少知识追踪模型在建模学习者的学习过程时，忽略了不同题目复杂程度的差异性以及答题过程中学习者对于知识点的熟练程度，这些对于学习者学习过程的构建和知识状态的捕获是至关重要的。基于此，本节旨在引入更多的辅助特征信息，如建模题目、知识点的关联信息以及学习者的能力表征信息等，以还原学习者的学习交互过程。本节提出了一种融合题目复杂性和学习者能力表示的知识追踪（integrating exercise complexity and learner capability representation for knowledge tracing，ELKT）算法模型，采用 Transformer 架构实现不同模块的特征学习，再利用多通道卷积神经网络建模学习者的学习交互过程，助力模型实现更为精准的预测。

一、ELKT 算法动机

在学习者的在线学习过程中，不同题目和知识点的学习对于学习者的知识掌握状态的收益是不同的，为捕获学习者在学习过程中不同学习内容的收益，基于注意力机制的模型可对不同题目赋予不同的注意力权重，取得了令人印象深刻的效果。这类模型虽然在一定程度上实现了对不同题目的权重分配，但针对学习者的知识状态建模较为单一，没有考虑到试题因素对学习者答题的影响，以及答题过程中学习者停留时间所反映的其对知识点的熟练程度。大部分知识追踪模型从学习过程建模出发，未能考虑到学习者对题目本身的理解程度和学习者对知识点的熟练程度，而学习者对知识点的掌握程度随着时间的流逝往往会发生改变，需要考虑通过其他的附加信息来捕获这种动态变化，这也是本节的研究重点。

考察同一知识点的不同题目的困难程度是不同的，如图 7-3 所示，小明和小红对于知识点"勾股定理"都是有所掌握的，他们都能够正确地描述出勾股定理的内容。但是在后续的 Q2 和 Q3 题目上，小明和小红有着不同的表现，这是因为 Q2 需要答题者具有一定的文本理解能力，Q3 在 Q2 的基础上还需要答题者具有一定的图画理解能力，相对于 Q2 而言，Q3 题目的复杂程度更大。同时，小明和小红在答题过程中的停留时间和最后的回答结果也体现出了不同学习者学习能力的不同，相同的题目需要花费时间的差距在一定程度上反映出学习者的熟练程度，而蕴含相同知识的不同题目反映出题目复杂程度的差异，最后的回答正误则体现出了学习者对于相应知识点的理解程度，题目的复杂程度也在一定程度上影响着学习者的回答正确率。

题目的复杂程度和学习者对知识点的掌握程度相互影响，共同决定了下一时刻学习者答题的正误情况。因此，本节提出了 ELKT 方法，该方法通过 Transformer 的注意力机制来学习题目信息和知识点信息之间的关系，实现不同题目之间的难度区分，同时捕获学习者对知识点的理解程度和答题停留时间等信息，实现对学

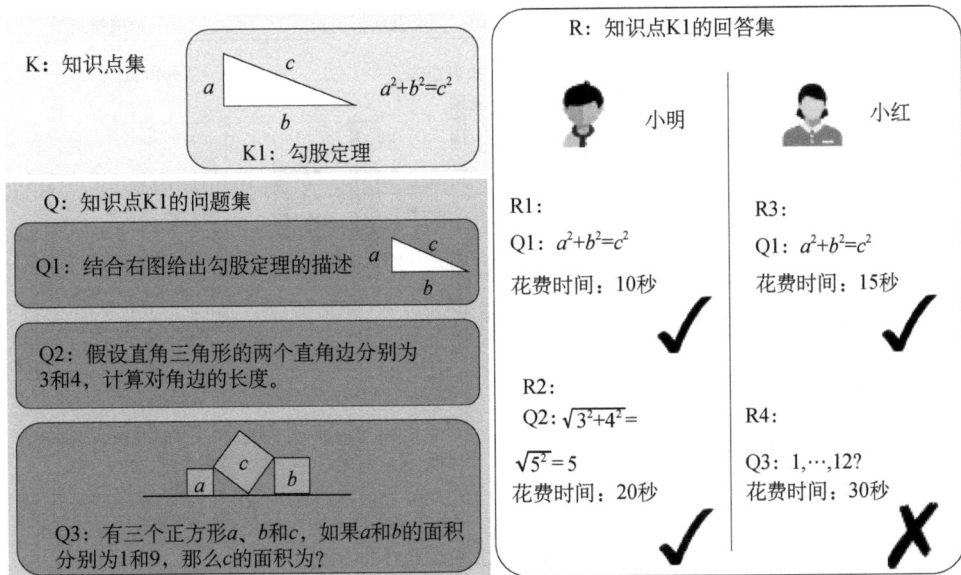

图 7-3　学习者在不同题目上的回答情况

习者知识点掌握状态的动态跟踪，最后通过交互模块来建模学习者和题目之间的交互过程，实现题目和学习者能力的匹配，从而预测学习者的答题表现。

为了更全面地表征学习者的学习行为，提升模型的预测准确性，ELKT 方法考虑将更多的特征信息引入知识追踪任务中，并根据现有的不同特征信息分模块地构建学习者的能力表示信息和学习者的知识表示信息，同时利用注意力机制帮助模型关注到学习序列中不同时序上的交互信息。因此，该方法的研究目标可被概括为如下两方面：①提出一种融合题目复杂性与学习者能力建模的知识追踪方法，通过模块化的特征信息构建，让模型更多地关注到题目和学习者能力本身的潜在信息；②对于学习者和题目之间的交互行为，利用多通道卷积神经网络，建模学习者的学习过程，捕获一定时序范围内学习者的答题行为习惯，实现学习者能力和题目难度的匹配，实现更为准确的知识掌握状态预测。

二、ELKT 算法模型框架

ELKT 算法模型主要由以下四个模块组成，即特征嵌入构建模块、特征提取模块、交互建模模块以及预测模块，整个模型的结构如图 7-4 所示。

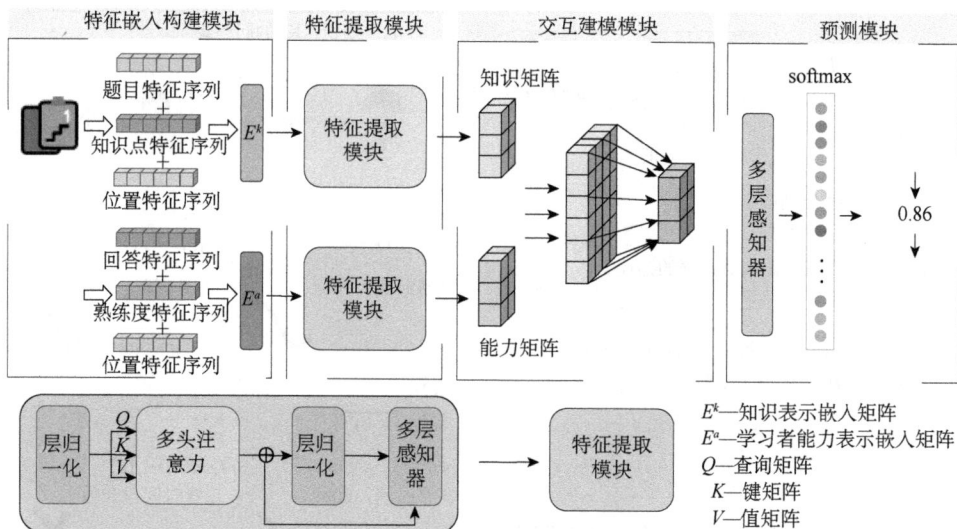

图 7-4　ELKT算法模型整体框架图

为方便描述，本节对知识追踪问题进行了形式化定义。给定学习者集合 $L = \{l_1, l_2, \cdots, l_n\}$、题目集合 $Q = \{q_1, q_2, \cdots, q_m\}$ 以及题目所涉及的知识点集合 $S = \{s_1, s_2, \cdots, s_k\}$，学习者总数为 N，题目总数为 M，知识点总数为 K，每一个题目可能包含一个或多个知识点。针对每一个学习者来说，将学习者和题目的交互序列定义为 $I = \{i_1, i_2, \cdots, i_t\}$，其中 i_t 代表学习者在时刻 t 与题目进行的交互，可被表示为 $i_t = \{l_n, q_m\}$，其中 l_n 表示学习者 n，q_m 表示题目 m。学习者在交互 i_t 中的回答情况 $r_t \in \{0,1\}$，$r_t = 0$ 表示学习者在与题目的交互中回答错误，$r_t = 1$ 表示学习者在与题目的交互中回答正确。最后将学习者的交互和学习者的回答情况放在一起，则为学习者的一个完整学习结果，即 $X_t = \{i_t, r_t\}$。

因此，给定上述的所有定义信息，知识追踪的任务可被描述为给定序列 $X = \{X_1, X_2, \cdots, X_t\}$，预测学习者在时刻 $t+1$ 对于交互 i_{t+1} 的回答情况。

（一）特征嵌入构建

ELKT 方法通过对知识追踪数据集的六个字段信息进行清洗和筛选来实现模型特征嵌入构建，这六个字段信息可分为三类：第一类用作身份识别以及时序排列；第二类用作构建学习者能力的特征表示；第三类用作构建学习者知识的特征表示。通过学习者 ID 字段实现对学习者的区分，将学习者的交互序列通过时间戳进行排序，同时计算每一个学习者的交互序列长度，剔除交互序列长度不满足条件的数据。对于构建学习者能力特征表示的字段信息，对学习者知识储备状态及其对知识点的熟练程度使用嵌入层进行随机的特征初始化；对于构建学习者知识特征表示的字段信息，对题目信息及其包含的知识点信息同样使用嵌入层进行随机的特征初始化，由此可分别得到学习者的回答（e^r）、停留时间（e^f）、题目（e^q）、知识点（e^c）的嵌入向量：

$$\begin{cases} e^r = \text{Embedding}\{0,1\} \\ e^f = \text{Embedding}\{f_1, f_2, \cdots, f_T\} \\ e^q = \text{Embedding}\{q_1, q_2, \cdots, q_M\} \\ e^c = \text{Embedding}\{c_1, c_2, \cdots, c_K\} \end{cases} \quad (7.6)$$

其中，$e^r \in R^{2 \times d}$，$e^f \in R^{t \times d}$，$e^q \in R^{M \times d}$，$e^c \in R^{K \times d}$，M 为题目总数，T 表示时序长度，K 代表知识点数量，d 是特征维度，t 是时刻。

针对学习者对知识点的熟练程度，ELKT 方法选取学习者的回答情况及其在题目上的停留时间作为输入特征信息，对于得到的初始化嵌入矩阵，通过矩阵的连接操作实现特征的维度变化，学习者能力表示模块的嵌入向量 e_a 可表示为：

$$e_a = \text{concat}(e^r + e^f)W_1 + b_1 \quad (7.7)$$

其中，e^r 和 e^f 表示输入特征信息的初始化嵌入向量，W_1 和 b_1 代表可学习的参数。

同样，ELKT 方法选取题目 ID 及其包含的知识点 ID 作为输入特征信息，对于得到的初始化嵌入向量，通过连接操作实现特征的维度变化，学习者知识表示模块的嵌入向量 e_k 可表示为：

$$e_k = \text{concat}(e^q + e^c)W_2 + b_2 \quad (7.8)$$

其中，e^q 和 e^c 为输入特征信息的初始化嵌入向量，W_2 和 b_2 是可学习的参数。

（二）特征提取模块

在特征提取模块，为实现对不同时序状态下学习者能力表示的关系抽取，ELKT 方法选取 Transformer 架构来进行权重参数的学习，充分利用多头自注意力机制，同时嵌入可学习的位置编码 $\text{POS} = \{\text{pos}_1, \text{pos}_2, \cdots, \text{pos}_i\} \in R^{T \times d}$，其中 pos_i 表示位置 i 的嵌入编码，T 为模型设置的 Token 的数量，与学习者交互序列的最大长度一致，d 代表位置编码的维度。因此，学习者能力表示模块序列中的每一项可表示为：

$$h_i = e_i + \text{pos}_i \tag{7.9}$$

ELKT 方法将第一层多头自注意力网络的输入矩阵 Q、K、V 都设置为自身的输入矩阵，并将当前层的输出作为下一层的输入：

$$\begin{cases} Q = [q_1, q_2, \cdots, q_n] = Q_{in} W_Q \\ K = [k_1, k_2, \cdots, k_n] = K_{in} W_K \\ V = [v_1, v_2, \cdots, v_n] = V_{in} W_V \end{cases} \tag{7.10}$$

针对每一个注意力头，自注意力机制被应用于学习序列中各项的特征，缩放点积注意力计算如下：

$$\text{head}_i = \text{Softmax}\left(\frac{Q_i K_i^T}{\sqrt{d}}\right) V_i \tag{7.11}$$

其中，Q_i 代表第 i 个查询，K_i 为第 i 个键值，V_i 表示第 i 个值，d 是向量维度，$\sqrt{d}$ 是避免内积值过大的缩放因子，对所有的 head_i 进行聚合，最终多头注意力的输出可表示为：

$$\text{MultiHead}(Q_{in}, K_{in}, V_{in}) = \text{concat}(\text{head}_1, \cdots, \text{head}_h) W^O \tag{7.12}$$

其中，h 为多头自注意力网络的头数，concat 为连接操作，W^O 为最后一个多头自注意力层的参数，用于将各头连接的结果映射输出。为在模型中加入非线性因素、防止结果过拟合、使模型训练更稳定，需要对每层应用前馈神经网络模型，并且使用部分丢弃、残差连接和层归一化操作，同时将 ReLU 作为激活函数，得到最终该层的输出：

$$\text{Output} = \text{SkipConct}(\text{ReLU}(\text{LayerNorm}(M))) \tag{7.13}$$

其中，M 为上述多头自注意力模块的输出，残差连接操作由 SkipConct 表示，LayerNorm 代表层归一化操作。

针对题目和知识点之间的关系信息提取，其模型架构和学习者能力表示类似，因此主要以公式形式给出过程。将嵌入矩阵 E_k 融入可学习的位置编码 POS。学习者知识表示模块序列中每一项的表示的计算公式同公式（7.9）。

同样，第一层多头自注意力网络的输入矩阵 Q、K、V 都设置为自身的输入矩阵，并将每一层的输出作为下一层的输入矩阵，同公式（7.10）。针对每一个注意力头，我们应用自注意力机制学习序列中各项的特征，缩放点积注意力计算同公式（7.11），最终的输出同公式（7.12）。与学习者能力表示模块类似，h 为多头注意力的头数，concat 为连接操作，W^o 为最后一个多头自注意力层的参数，最终得到该层的输出，计算方式见公式（7.13）。

最后将学习到的学习者能力表示模块和学习者知识表示模块的嵌入矩阵进行维度变化，用作最终的交互建模模块的输入矩阵。

（三）交互建模模块

上文中，我们通过对前两个模块中输出的特征向量进行深度融合来实现对学习者和题目之间的交互特征进行建模。

利用二维卷积神经网络将学习到的能力表示和知识表示进行匹配，以此实现学习者知识和能力的相互匹配，在得到上述两个模块的输出后，通过连接操作使得维度统一：

$$Output = concat(Output_a, Output_b) \tag{7.14}$$

为避免梯度爆炸或梯度消失，在模型中添加非线性因素，在进行卷积操作之后，需要进行批量归一化以及激活函数的设置：

$$Output = ReLU(BatchNorm(Output \otimes W_3 + b_3)) \tag{7.15}$$

其中，$\otimes$ 表示二维卷积操作，W_3 和 b_3 分别为系数矩阵和偏置项。为实现对不同交互序列长度信息的捕获，我们进行了多尺度的卷积核实验设置，同时对输出信息的通道数也进行了相关实验研究，最优的表现结果是将通道数设置为 8，最后在模型中对得到的输出进行维度变化操作，使其维度与原始输入对齐，并进行部分丢弃操作、批量归一化以及激活函数的设置：

$$Output = ReLU(BatchNorm(Dropout(Output))) \tag{7.16}$$

其中，Dropout 设置为 0.2，返回最终输出的 Output。

（四）模型预测模块

为追踪学习者的知识掌握状态，对学习者未来表现进行预测，按照传统的训练方法，我们通过预测输入的交互序列中每个位置的下一项来训练模型。根据模型最终的输出，在预测阶段，学习者在 t 时刻的能力与题目难度相匹配的概率可表示为：

$$r_t = \sigma(\text{Output}_t \times W_4 + b_4) \tag{7.17}$$

其中，W_4 和 b_4 为参数，$\sigma(\cdot)$ 是 Sigmoid 激活函数，Output_t 为交互模块输出序列上位置为 t 的嵌入向量，经过全连接层和 Sigmoid 操作后输出的是回答正确的预测概率值，介于 0 和 1 之间。

训练的目标是降低负对数似然函数模型下学生的回答序列和预测序列的二元交叉熵值，因此我们采用交叉熵损失函数作为目标函数：

$$L = -\sum_{t=1}^{T}(r_t \log \tilde{r}_t + (1-r_t)\log(1-\tilde{r}_t)) \tag{7.18}$$

其中，r_t 和 $\tilde{r}_t$ 分别代表学习者的回答序列和模型的预测序列，学习到的参数也是最小化 r_t 和 $\tilde{r}_t$ 之间的交叉熵。我们采用梯度下降的优化算法进行模型参数的优化，同时基于 Adam 优化器来优化目标损失函数。

第三节　知识状态预测展望

本章主要探讨了与预测学生知识掌握程度相关的知识追踪方法。首先，介绍了知识追踪发展的历史，对知识追踪的定义、发展及其影响进行了简要介绍，强调了知识追踪对于个性化学习和自我调节学习的重要性，并从经典的知识追踪方法和基于深度学习的知识追踪方法两个方面回顾了知识追踪的发展脉络。其次，详细介绍了基于深度学习的知识追踪方法的相关技术，主要介绍了最早使用深度学习方法的深度知识追踪模型，以及基于图网络模型、基于题目文本特征以及基于对比学习的知识追踪方法。最后，针对当前知识追踪模型在学习者和题目特征建模方面的不足，引入了一种新颖的知识追踪模型——ELKT，并详细介绍了其算法动机和模型框架。

通过本章的综述和分析，读者可以了解到知识追踪领域的相关研究进展和未来发展方向。未来，知识追踪将在注重提高模型准确性的基础上增强模型的可解释性，同时考虑题目中的异构信息等方面，这有助于其在自我调节学习领域得到更好的应用，以提高学生的学习参与率。

参 考 文 献

吴水秀，罗贤增，熊键，钟茂生，王明文.（2023）.知识追踪研究综述.计算机科学与探索，
  17（7），1506-1525.

杨文阳，杨益慧.（2024）.聚焦可解释性：知识追踪模型综述与展望.现代教育技术，（5），
  53-63.

Abdelrahman，G.，Wang，Q.（2019）. Knowledge tracing with sequential key-value memory
  networks. Proceedings of the 42nd International ACM SIGIR Conference on Research and
  Development in Information Retrieval，175-184.

Cheng，S.，Liu，Q.，Chen，E.，Zhang，K.，Huang，Z.，Yin，Y.，... & Su，Y.（2022）.
  AdaptKT：A domain adaptable method for knowledge tracing. Proceedings of the 15th ACM
  International Conference on Web Search and Data Mining，123-131.

Choi，Y.，Lee，Y.，Cho，J.，Baek，J.，Kim，B.，Cha，Y.，... & Heo，J.（2020）. Towards
  an appropriate query，key，and value computation for knowledge tracing. Proceedings of the 7th
  ACM Conference on Learning @ Scale，341-344.

Corbett，A. T.，& Anderson，J. R.（1994）. Knowledge tracing：Modeling the acquisition of
  procedural knowledge. User Modeling and User-Adapted Interaction，4，253-278.

Embretson，S. E.，& Reise，S. P.（2013）. Item Response Theory. New York：Psychology Press.

Ghosh，A.，Heffernan，N.，& Lan，A. S.（2020）. Context-aware attentive knowledge tracing.
  Proceedings of the 26th ACM SIGKDD International Conference on Knowledge Discovery & Data
  Mining，2330-2339.

Graves，A.，Wayne，G.，Reynolds，M.，Harley，T.，Danihelka，I.，Grabska-Barwińska，
  A.，... & Hassabis，D.（2016）. Hybrid computing using a neural network with dynamic
  external memory. Nature，538（7626），471-476.

Lee，W.，Chun，J.，Lee，Y.，Park，K.，& Park，S.（2022）. Contrastive learning for
  knowledge tracing. Proceedings of the ACM Web Conference 2022，2330-2338.

Liu，Q.，Huang，Z.，Yin，Y.，Chen，E.，Xiong，H.，Su，Y.，& Hu，G.（2019）. EKT：

Exercise-aware knowledge tracing for student performance prediction. IEEE Transactions on Knowledge and Data Engineering, 33（1）, 100-115.

Liu, S., Yu, J., Li, Q., Liang, R., Zhang, Y., Shen, X., & Sun, J.（2022）. Ability boosted knowledge tracing. Information Sciences, 596, 567-587.

Liu, Y., Yang, Y., Chen, X., Shen, J., Zhang, H., & Yu, Y.（2020）. Improving knowledge tracing via pre-training question embeddings. Proceedings of the 29th International Joint Conference on Artificial Intelligence, 1577-1583.

Miller, A., Fisch, A., Dodge, J., Karimi, A. H., Bordes, A., & Weston, J.（2016）. Key-value memory networks for directly reading documents. Proceedings of the 2016 Conference on Empirical Methods in Natural Language Processing, 1400-1409.

Minn, S., Yu, Y., Desmarais, M. C., Zhu, F., & Vie, J. J.（2018）. Deep knowledge tracing and dynamic student classification for knowledge tracing. 2018 IEEE International Conference on Data Mining（ICDM）, 1182-1187.

Nakagawa, H., Iwasawa, Y., & Matsuo, Y.（2019）. Graph-based knowledge tracing : Modeling student proficiency using graph neural network. 2019 IEEE/WIC/ACM International Conference on Web Intelligence, 156-163.

Ni, Q., Wei, T., Zhao, J., He, L., & Zheng, C.（2023）. HHSKT : A learner-question interactions based heterogeneous graph neural network model for knowledge tracing. Expert Systems with Applications, 215, 119334.

Pandey, S., & Karypis, G.（2019）. A self-attentive model for knowledge tracing. arXiv. https://doi.org/10.48550/arXiv.1907.06837.

Pandey, S., & Srivastava, J.（2020）. RKT : Relation-aware self-attention for knowledge tracing. Proceedings of the 29th ACM International Conference on Information & Knowledge Management, 1205-1214.

Piech, C., Bassen, J., Huang, J., Ganguli, S., Sahami, M., Guibas, L. J., & Sohl-Dickstein, J.（2015）. Deep knowledge tracing. Advances in Neural Information Processing Systems, 505-513.

Rasch, G.（1993）. Probabilistic Models for Some Intelligence and Attainment Tests. Chicago : MESA Press.

Song, X., Li, J., Lei, Q., Zhao, W., Chen, Y., & Mian, A.（2022）. Bi-CLKT : Bi-graph contrastive learning based knowledge tracing. Knowledge-Based Systems, 241, 108274.

Su, Y., Liu, Q., Liu, Q., Huang, Z., Yin, Y., Chen, E., ... & Hu, G.（2018）. Exercise-enhanced sequential modeling for student performance prediction. Proceedings of the AAAI

Conference on Artificial Intelligence, 2435-2443.

Tong, H., Wang, Z., Zhou, Y., Tong, S., Han, W., & Liu, Q. (2022). Introducing problem schema with hierarchical exercise graph for knowledge tracing. Proceedings of the 45th International ACM SIGIR Conference on Research and Development in Information Retrieval, 405-415.

Tong, S., Liu, Q., Huang, W., Huang, Z., Chen, E., Liu, C., ... & Wang, S. (2020). Structure-based knowledge tracing: An influence propagation view. 2020 IEEE International Conference on Data Mining (ICDM), 541-550.

Xiong, X., Zhao, S., van Inwegen, E. G., & Beck, J. E. (2016). Going deeper with deep knowledge tracing. Proceedings of the 9th International Conference on Educational Data Mining, 545-550.

Yang, Y., Shen, J., Qu, Y., Liu, Y., Wang, K., Zhu, Y., ... & Yu, Y. (2021). GIKT: A graph-based interaction model for knowledge tracing. Joint European Conference on Machine Learning and Knowledge Discovery in Databases, 299-315.

Yeung, C. K., & Yeung, D. Y. (2018). Addressing two problems in deep knowledge tracing via prediction-consistent regularization. Proceedings of the 5th Annual ACM Conference on Learning @ Scale, 1-10.

Yin, Y., Liu, Q., Huang, Z., Chen, E., Tong, W., Wang, S., & Su, Y. (2019). QuesNet: A unified representation for heterogeneous test questions. Proceedings of the 25th ACM SIGKDD International Conference on Knowledge Discovery & Data Mining, 1328-1336.

Yin, Y., Dai, L., Huang, Z., Shen, S., Wang, F., Liu, Q., ... & Li, X. (2023). Tracing knowledge instead of patterns: Stable knowledge tracing with diagnostic transformer. Proceedings of the ACM Web Conference 2023, 855-864.

Zhang, J., Shi, X., King, I., & Yeung, D. Y. (2017). Dynamic key-value memory networks for knowledge tracing. Proceedings of the 26th International Conference on World Wide Web, 765-774.

Zhao, Y., Ma, H., Wang, J., He, X., & Chang, L. (2024). Question-response representation with dual-level contrastive learning for improving knowledge tracing. Information Sciences, 658, 120032.

第三部分

规划指导研究

第八章

基于大语言模型的学习路径规划

第一节　知识图谱支持下学习路径规划研究综述

一、学习路径规划相关理论

（一）学习路径规划的研究进展

传统学习过程中呈现给学习者的学习内容及其先后顺序是由专家或教师根据学习内容的难易程度并结合自身实践经验进行的，因此，所有学习者均以相同的顺序学习相同的内容。然而，不同学习者的学习能力、学习目标和已掌握的背景知识可能存在较大差别，使用这种无差异的教学方式难以达到因材施教的效果，越来越多的学习者渴望通过个性化和智能化的方式来获取知识。

此外，随着科技的发展和互联网的广泛普及，在线学习迅速发展，它打破了学习的时空障碍，使学习者可以方便、快捷地获取各种学习资源并进行自主学习。然而，互联网中的学习资源数量巨大，海量学习资源给学习者造成了较大的认知负荷。同时，学习者有限的学习时间和无限的学习资源之间存在巨大矛盾，因此学习者具备良好的自我调节学习能力是至关重要的。学习者高效学习的关键在于其能否根据学习偏好、学习能力等因素选择合适的学习资源，并合理规划学习路径。因此，为帮助学习者培养自我调节学习能力、实现高效学习，采用相关技术快速有效地从海量资源中检索出能满足学习者自身需求的学习资源，并将其规划生成排列有序的学习路径，成为在线学习过程中需要解决的关键问题。

学习路径规划方法的研究重点在于如何利用计算机技术和人工智能算法，根据学习者的特征和学习目标，设计出符合个体需求的个性化学习路径。学习路径规划的早期研究主要集中在探索如何利用计算机技术辅助学习。随着计算机科学和图论的发展，基于图的学习路径规划方法逐渐兴起。这些方法利用图结构清晰地表示了学习资源之间的关系，为学习路径的设计提供了新的思路和工具。随着大数据和机器学习技术的发展，基于数据挖掘的学习路径规划方法受到越来越多的关注。这些方法通过分析大量学习者的历史数据，挖掘出有效的学习模式和规律，从而指导个性化学习路径的设计和优化。2016 年以来，基于神经网络的学习路径规划方法逐渐受到关注。这种方法利用深度学习模型来学习和预测最佳路径，并采用神经网络线性规划算法，通过构建适当的神经网络结构，实现路径规划的目标。它可以根据具体需求设计网络结构，并进行训练以优化规划效果（罗中凯，张立波，2024）。

最新研究着眼于利用人工智能和大数据技术，开发智能化的学习路径规划系统。这些系统能够根据学生的个性化需求、学习状态和目标，自动生成最适合学习者的学习路径，从而提高学习效率和成绩。研究者致力于构建能够为学习者提供个性化支持的路径规划系统，通过实时反馈和定制化的学习路径，帮助学习者更好地理解和掌握知识。学习路径规划的最新研究趋势是跨学科合作，结合教育学、心理学、计算机科学等多个领域的知识和方法，以促进路径规划模型的全面发展和优化。这些进展表明，教育领域学习路径规划研究正朝着更加智能化、个性化和跨学科的方向发展，以更好地满足学习者的学习需求和提升学习效率。

（二）学习路径规划的方法分类

目前学习路径规划方法主要包括基于图结构的学习路径规划方法和基于神经网络的学习路径规划方法。

1. 基于图结构的学习路径规划方法

基于图结构的学习路径规划方法旨在解决传统学习系统中由人为偏见和不精确定义而导致的学习路径不符合客观逻辑推理的问题。这种方法利用概念图、本体和知识图谱等图结构组织学习资源，并通过语义分析提取学习资源之间的依赖关系或约束关系，从而为学习者规划更匹配的学习路径。

在概念图中，概念用圆圈或方框表示，连接线表示概念之间的关系。在学习者的概念结构中，新概念与已有概念相联系时会产生学习过程，具体如下：①利用概念图发现不同概念之间的先序依赖关系对学习过程的重要影响，如前提关系在教育应用中的作用；②通过构建概念图识别知识元素之间的依赖关系，并生成学习路径；③利用动态概念网络机制捕捉学习资源之间的关系，以促进学习路径的动态生成，构建智能知识库。

基于概念图的学习路径规划方法忽略了知识单元之间的认知关系对学习者学习过程的影响，因此，研究者提出了使用本体和知识图谱组织学习资源的方法。本体驱动的学习系统利用本体建立学习内容的领域模型，根据学习者的学习风格为其规划合适的学习路径。本体能够帮助构建多个学习对象之间的关联关系，解决了冷启动问题（指当系统或用户缺乏足够的数据支持时，如何制定合理的学习路径），提供了更精确的学习资源。知识图谱能够精确地表达知识，支持个性化推荐，有助于提高学习者的学习效率。基于知识图谱的学习路径规划模型使用多维知识图谱框架来表示和存储不同的学习对象，根据学习者的不同需求设计多样化的学习路径推荐模型。例如，Shi 等（2020）提出了基于多维知识图谱框架的学习路径推荐模型，使用多维知识图谱框架设计能满足不同学习需求的学习路径推荐模型，以改善学习者的学习体验。Ouf 等（2017）提出了基于知识图谱的智能在线学习生态系统框架，利用知识图谱为学习者推荐个性化学习路径，以提高学习效率。

基于图结构的学习路径规划方法的优点包括能够精确表达知识、个性化推荐学习内容、解决冷启动问题以及具有可重用性和可推理性等。然而，这种方法也存在一些不足，如图结构的设计和维护需要专业知识的支持，图数据的构建具有一定挑战等。因此，在实际应用中，需要综合考虑这些因素来提升学习路径规划的效果和可行性。

2. 基于神经网络的学习路径规划方法

基于神经网络的学习路径规划方法是利用神经网络模型来分析学习者的学习行为和状态，从而为其推荐合适的学习路径和课程资源。神经网络能够模拟人类的认知过程，并通过机器学习和深度学习技术实现对学习者行为与能力的建模，从而为其提供定制化的学习体验，因此在学习路径规划领域具有广泛的应用前景。

递归神经网络是一种专门处理序列数据的神经网络，能够捕获并记忆输入数据中的序列变化信息。学习者的学习路径可被视为一个时间序列数据，因此可使用递归神经网络来建模学习路径规划问题。例如，Saito 和 Watanobe（2020）使用递归神经网络构建了一个学习路径推荐系统，该系统可根据学习者的能力图来预测下一个适合学习者的学习内容。

卷积神经网络最初在图像识别领域取得了巨大成功，而且随后也在文本领域得到了广泛应用。对于文本数据，卷积神经网络能够自动对滑动窗口中的特征进行组合和筛选，从而获得不同抽象层次的语义信息。另外，注意力机制源于对人类视觉的研究，这一机制通过选择特定部分的视觉信息并加以重点关注，旨在合理地利用有限的处理资源。将注意力机制融入神经网络中，可以增强网络的性能，使其能够重点关注重要特征并抑制不必要的特征。Wang 等（2020）提出了基于注意力卷积神经网络的个性化学习资源推荐方法，该方法结合了学习者上下文信息、课程上下文信息和学习活动信息，通过卷积神经网络进行学习者特征、课程特征和学习活动特征的提取和关联关系的挖掘，从而预测学习者在一门课程中的考试分数，并为其推荐可能得分较高的课程。

传统深度学习方法在处理欧氏空间数据方面取得了成功，但在处理非欧氏空间数据时面临诸多挑战。因此，图神经网络应运而生，它通过保留图的网络拓扑结构和节点内容信息，将图中的节点表示为低维向量，以便进行后续分类、回归等操作。例如，Wang 等（2021a）提出了一种基于图神经网络的个性化课程推荐方法，考虑到学习者的一般偏好和近期偏好，使用图神经网络提取学习者特征和课程特征，并基于这些特征为学习者推荐合适的学习资源。另外，强化学习是一种旨在在不确定和复杂环境中制定行动规划以取得最大化预期利益的方法。Li 等（2021）提出了一种基于强化学习的最优分层学习路径规划方法，将学习路径规划问题建模为马尔可夫决策过程，并使用强化学习方法为学习者推荐下一步需要学习的资源。El 等（2021）也提出了一种基于多智能体和强化学习的自适应数字化学习系统，通过 Q-learning 算法向学习者推荐符合其特征和偏好的学习路径，以提供个性化的学习体验。

总的来说，基于神经网络的学习路径规划方法可以自动学习不同课程之间的依赖关系，捕捉学习者与学习资源之间的关联，并根据学习者的特征和偏好进行个性化推荐。然而，该方法也存在一些挑战，如模型训练需要海量的数据和模型可解释性差等问题，未来还需要进行进一步的探究。

二、知识图谱相关理论研究

（一）知识图谱的研究起源

2012 年 5 月，谷歌公司引入了知识图谱，并将其作为结构化知识库，将互联网文本组织成图结构来表示真实世界的实体对象语义单元，并且提出了"实体不是字符串"的概念，目的是将精准的搜索展示给用户。现阶段，随着"人工智能+"的普及，知识图谱已被成功应用于教育、医疗等领域。教育领域所提及的知识图谱主要指伴随谷歌公司提出的知识图谱在教育领域的融合发展而出现的学科知识图谱和领域知识图谱（董晓晓等，2022）。其中，学科知识图谱旨在解决学习过程中知识缺失的问题，以提高学习效率。领域知识图谱是运用建模技术对领域知识进行提炼与抽象，再进行结构化和图式化表征的过程，最终使得学科知识处于结构化、有序化的组织状态。针对特定领域的知识图谱研究是通过对领域知识进行实体抽取、关系抽取、实体命名等步骤来构建相应的知识图谱的，这类知识图谱的专业性太强，因而难以扩展。

知识图谱是以三元组的形式来表示真实世界的客观事实知识，目前在各类智能系统中扮演着重要的角色。然而，知识图谱的构建通常是采用自动化或者半自动化的方法，这些方式通常会导致知识图谱中不同实体之间关系的丢失，而各个实体之间存在的关系极其复杂且种类繁多，大量的隐藏信息亟待挖掘。在大型知识图谱和领域知识图谱中，这个问题更加突出。在构建知识图谱的过程中，由于领域专家的主观判断以及基础常识知识库有限，大量的实体缺失。为解决该问题，达成构建更为完整且全面的知识图谱的目标，研究者提出了面向知识表示学习的知识图谱推理（knowledge graph reasoning）方法的研究，以求能够利用知识表示和已有的信息推理知识图谱中未被发现的实体和关系等客观信息来补全和更新知识图谱结构，从而增强其可靠性与鲁棒性。

在知识图谱的构建过程中，对知识进行表征是一个重要的环节和核心研究领域。伴随着知识图谱研究的深入，研究者对知识图谱的表示提出了更高的要求。传统的表示方法存在计算效率低、严重的数据稀疏等问题。为解决上述问题，知识图谱的分布式表示学习研究方法应运而生，目的是在低维实值向量空间上对实体或者关系进行映射，以求对实体和关系进行语义信息的表示。对比传统的独热（one-hot）表示，分布式表示方法能够摒弃设计复杂的算法来计算语义间的关系，能够高效地实现语义的相似度计算、高计算效率以及缓解数据稀疏性问题，对知识图谱的构建和推理发挥了极其重要的作用。

知识推理即根据已有的知识，推理出隐含的知识以补全知识图谱。根据现有研究，知识图谱推理可大致分为基于逻辑的推理和基于分布式表示的推理（苏丰龙，景宁，2023）。基于逻辑的推理认为推理建立在已经存在的知识逻辑上，怎样从已知命题的谓词上得到正确的结论。这种方法具有较好的解释性，但也存在推理效率低下以及准确率不够高等问题。在面临大型知识图谱的时候，这种方法对于复杂多样的关系可能无法实现精确、高效的推理效果。而基于分布式表示的推理是将实体和关系都表示成空间低维实值向量，进而计算它们之间的距离。该方法能够高效地对实体与关系进行语义相关性计算，较好地解决了数据稀疏和计算效率问题。在上述基础上，知识的分布式表示推理方法逐渐成为一个研究热点，由于其高效的优势，这些年来发展迅猛，与之相关的方法也被运用到各种不同领域的任务中。

（二）知识图谱的最新研究进展

最先进的知识图谱模型通常分为基于欧几里得嵌入的模型、基于复杂嵌入的模型以及基于深度神经网络的模型（Wang et al.，2023）。尽管前两种模型具有突出的性能，但它们的结构是浅的和线性的，难以学习更有表现力的特征，由此降低了它们的链路预测能力。2020 年以来，各种基于深度神经网络的知识图谱嵌入（knowledge graph embedding，KGE）方法取得了明显的链路预测效果。例如，ConvE 将实体和关系嵌入堆叠到统一的嵌入矩阵中，并使用二维卷积神经网络获得嵌入矩阵的非线性特征（Dettmers et al.，2018）。为增加语义交互，InteractE 在方格模式中连接和重塑实体以及关系嵌入，并利用循环卷积来进一步增加交互（Vashishth et al.，2020）。此外，M-DCN 替代实体和关系嵌入，并利用多尺度策略来改进卷积操作的表示（Zhang et al., 2020）。TDN（Triplet Distributor Network）利用三元组分发器增加实体和关系之间的交互，利用信息交换层传播三元组信息，以提高知识图谱的质量（Wang et al., 2023）。

第二节　知识图谱基础知识

一、知识图谱的基本概念

（一）知识表示学习

进行知识推理首先要对知识进行表示，传统的知识表示是独热编码表示，其能够直观便捷地被向量化表示。这种表示方法非常简单，主要是使用一个长向量对研究对象进行编码，根据这个向量的非 0 维度来区分不同的研究对象，每一个研究对象只有一个非 0 的维度，其他维度都为 0。表 8-1 显示了一个词典{李白，王维，白居易，李清照}的独热编码表示方法。

表 8-1　独热编码表示

人物	人物			
	李白	王维	白居易	李清照
李白	1	0	0	0
王维	0	1	0	0
白居易	0	0	1	0
李清照	0	0	0	1

由该表可直观地看到，向量的维度和研究对象的个数是一一对应的，并且每一个研究对象是完全独立的状态，这就导致两个问题：第一个问题是在这种表示方法中，在研究对象急剧增加时，向量的维度也会快速增长，这样势必会造成大量内存空间的浪费；第二个问题是在计算语义相似度的时候，不同研究对象的向

量之间正交计算的结果都是 0。而在这种情况下，研究对象之间相互独立，完全不能反映出它们之间的语义关联和相似性，也不能反映出研究对象本身的语义表达，由此造成了语义缺失。例如，"李白""白居易"表示两个不同的客观实体，但因其同为唐朝"诗人"，这两个实体应该高度相似，所以应该具有极强的语义相似度。由此可见，独热表示无法利用这些语义相似度信息。因此，独热表示很难满足大型知识图谱对知识表示和推理的需求。为解决独热表示存在的上述问题，目前出现了一种新的表示学习方法，即分布式表示方法。

所谓知识的分布式表示，就是先将研究对象映射到低维实值、连续的向量空间，然后通过计算不同对象间的欧氏距离，量化不同对象间的语义关联。分布式表示方法具有三个显著的优点：第一，在研究对象急剧增加的情况下，分布式表示学习不会和独热表示一样通过增加向量的维度来表示研究对象，这极大地提高了存储运算效率；第二，知识的分布式表示先将实体和关系映射到低维实值、连续的向量空间中，之后通过计算向量之间的空间距离来表示不同实体关系间的语义关联，使知识图谱中存在的数据稀疏问题得到极大改善；第三，知识的分布式表示能够将不同的信息映射到同一语义空间进行统一表达，并以此实现异质信息的语义关联计算。

（二）相关符号定义

为了后续能够更好地对知识表示学习进行说明，下面简要地介绍一下知识表示学习中的常用符号。知识图谱被定义为 $G=(E, R, T)$，是由实体、关系和知识三元组构成的。其中，G 代表知识图，E 代表实体集合，R 代表关系集合，T 代表事实三元组集合，每一个事实三元组又使用 (h, r, t) 来表示，其中 h 代表三元组的头实体，t 代表尾实体，而 r 表示头实体和尾实体之间存在的关系。根据定义可得出，$h \in E, t \in E, r \in R$，以三元组（王维，作品，《相思》）为例，这表示头实体"王维"和尾实体"《相思》"之间存在"作品"这样的关系。

二、知识图谱面临的挑战

许多知识图谱任务都面临着实体和关系之间语义缺失的问题。例如，DBpedia

中大约有超过 66% 的人缺少出生地信息（Auer et al., 2007），Freebase 中约 71% 的实体缺乏出生地信息（Bollacker et al., 2008），这些问题通常是由知识图谱的构造方式造成的。知识图谱是通过人工标注、文本语料库标记和结构源等不同来源进行构造和丰富的（Hogan et al., 2021）。由于这些技术基于手动或半自动的方法，初始知识图谱的数据往往是不完整的，包含许多重复的项和错误信息，这种现象被称为数据的不完整性。为有效地挖掘知识库，数据完整性是首要考虑的基本任务之一。因此，对三元组中缺失组件的推理就变成了研究知识图谱的基本任务。

在进行知识推理的时候，最为重要的是找到一种合适的方法来表示知识图谱，并且将其转换为有利于模型训练的表示。基于此，知识表示就成为使模型更容易学习或推断的重要前提。目前大量的工作都集中在知识的分布式表示上，它将实体和关系映射到低维实值向量空间，尽可能地保留知识图谱的结构和语义信息。这些工作旨在将知识图谱中的实体和关系转换成向量表示，然后通过定义一个评分函数以学习嵌入向量表示。

三、知识图谱方法分类

（一）基于三元组的知识图谱方法

大多数现有的构建知识图谱的方法是基于三元组的方法，最为典型的就是浅层知识图嵌入（knowledge graph embedding，KGE）方法，这种方法将实体和关系表示为连续嵌入空间中的低维嵌入向量。根据评分函数，基于三元组的方法可进一步分为基于翻译的方法和基于语义匹配的方法。

由于浅层网络结构的表达能力有限，研究者开始集成更强大的网络结构，如图神经网络、卷积神经网络和 Transformer 等来完成知识图谱补全任务（Chen et al., 2020）。其中大多数方法将局部结构上下文聚合到节点嵌入中，并实现了性能的显著提高。然而，它们仍然受到知识图谱结构分布不平衡以及对长尾实体的刻画不足的限制。以上方法通过从知识图谱中的有限信息中提取和总结常见的结构模式或规则来处理长尾实体。

（二）基于文本的知识图谱方法

文本作为不同于结构化知识图谱的另一种知识模式，可提供丰富的语义信息。DKRL（Description-Embodied Knowledge Representation Learning）最先将文本描述引入由卷积神经网络产生的实体嵌入中（Xie et al.，2016）。在后续工作中，KEPLER（Knowledge Embedding and Pre-trained LanguagE Representation）使用预训练语言模型对文本描述进行编码（Wang et al.，2021b）。Wang 等（2022）提出了一种对比学习框架 LMKE（Language Models to derive Knowledge Embeddings），该框架使用预训练语言模型，在与单词标记相同的空间中获取实体和关系嵌入，并证明了其在长尾问题上的有效性。这些方法通常依赖语言模型来处理文本描述，需要针对不同的知识图谱进行微调。

（三）基于大语言模型的知识图谱方法

2023 年起，一些大语言模型在知识图谱任务上被成功应用的工作逐步涌现。Jiang 等（2023）提出了一个通用框架 StructGPT，用于提高大语言模型在结构化数据上的零样本推理能力。它利用大语言模型，借助从知识图谱获取所需信息的辅助接口对知识图谱问答（knowledge graph question answering，KGQA）任务进行推理。StructGPT 的工作利用了知识图谱和大语言模型，并且基于知识图谱结构进行多步推理，其目标是帮助大语言模型处理结构化数据并探索知识图谱问答任务。首先，StructGPT 在使用大语言模型之前使用整个知识图谱来生成初步结果；其次，将部分知识图谱三元组纳入情境学习（in-context learning，ICL）演示中，帮助大语言模型进行推理。此外，Zhu 等（2023）直接评估了大语言模型在知识图谱推理方面的表现。

四、知识图谱任务及评价指标

（一）链接预测

链接预测（link prediction，LP）也被称为知识图谱补全（knowledge graph completion，KGC）。具体来说，给定事实三元组（h，r，t）中的任意两项，去预

测丢失的一项，即头实体预测（?，r，t），尾实体预测（h，r，?）以及关系预测（h，?，t）。以头实体预测为例，在对三元组进行头实体预测过程中，首先将三元组的头实体替换为实体集合内的所有实体，再由评分函数统计替换不同头实体的全部三元组得分，接着对得分进行排序，最后通过不同的评级指标对模型进行评价。不同的模型可能在不同子任务上的表现效果不同，可分别考虑三种预测的评分，以便更加精确地了解模型。链接预测任务对知识图谱推理具有重要作用，是评估知识表示学习的知识推理模型性能的主要任务。

（二）三元组分类

三元组分类是知识表示学习中的经典评估任务，本质上是一个判定给定的三元组是否属于事实三元组的二分类问题。对于任意三元组（h，r，t），使用各种方法来替换三元组中的一项或者多项以生成负例样本，之后利用模型所学知识的表示方式对当前三元组进行正例或负例判断，也就是对事实三元组在知识图谱上的存在情况进行判断。

三元组分类任务采用准确率作为评价指标，该指标是指正确预测分类结果占所有测试数据的比例，准确率越高，代表模型预测表现越好。

（三）评价指标

本节使用分布式表示学习的方法，通过知识图谱向量化表示来进行知识图谱补全准确率测试，将预测正确实体的平均排名（mean rank，MR）、平均倒数排名（mean reciprocal rank，MRR）和 *Hits@n* 作为知识表示学习算法好坏的直接评价指标。下面分别介绍这三个指标的评价过程。

给定（h，r，t）形式的测试三元组 S，我们通过替换头实体或者尾实体生成两个集合 S_h 和 S_t，这两个集合中被打乱的三元组基于评分函数进行降序排列。然后，在两个集合中计算原始三元组的排名，假设 r_h 是原始三元组在 S_h 中的排名，r_t 是原始三元组在 S_t 中的排名，那么测试集中的每个三元组（h，r，t）的排名是头尾实体排名的平均值，可定义如下：

$$r = \frac{r_h + r_t}{2}$$ （8.1）

MR 是对知识图谱测试集中所有的三元组预测按照评分排名的平均值，知识推理模型的好坏可以通过 MR 来评判，当 MR 值较低时，正确排名靠前，模型的效果比较好。MR 的计算可以被定义为：

$$\text{MR} = \frac{1}{|S|} \sum_i r_i \tag{8.2}$$

其中，r_i 是测试集中第 i 个三元组的评分，$|S|$ 表示测试集中三元组的数量。

MRR 表示知识图谱测试集中所有三元组预测排名的逆序平均值。根据模型的评分函数，对所有候选实体中的三元组进行评分，按照评分进行逆序排列，计算真实三元组在排名中的逆序平均值，知识推理模型可以通过 MRR 来评判好坏。MRR 的值越大，表明正确的排名越靠前，模型的效果越好。MRR 的计算可被定义为：

$$\text{MRR} = \frac{1}{2|S|} \sum_i \frac{1}{r_{h_i}} + \frac{1}{r_{t_i}} \tag{8.3}$$

其中，r_{h_i} 和 r_{t_i} 分别是第 i 个三元组的头实体和尾实体的预测排名。

Hits@n 表示在进行头实体和尾实体预测时，模型结果中正确头实体和尾实体排名位于前 n 的比例，通常将值设定为 10、3、1，预测的区间是[0，1]，值越大，代表模型的预测效果越好。*Hits@n* 的计算可被定义为：

$$Hits@n = \frac{1}{2|S|} \sum_i l(r_{h_i} \leqslant n) + l(r_{t_i} \leqslant n) \tag{8.4}$$

其中，l 的定义如下：

$$l(\text{rank} \leqslant n) = \begin{cases} 1, \text{rank} \leqslant n \\ 0, \text{rank} > n \end{cases} \tag{8.5}$$

其中，$|S|$ 是测试集中三元组数量，r_{h_i} 表示第 i 个三元组头实体的排名，r_{t_i} 表示第 i 个三元组尾实体的排名。l 是指示函数，条件成立时返回 1，不成立时返回 0。

五、知识图谱相关数据集

知识图谱常用的数据集包括 FB15K、FB15K-237、WN18、WN18RR 以及 YAGO3-10，详细介绍如下。

FB15K 数据集是 FreeBase 知识库的子集，包括电影、演员、体育俱乐部、奖项等领域的知识。这个数据集包含大量的反向三元组，有 70% 的三元组在训练集中创建了反向对。因此，它也遭遇了测试泄露问题。该数据集中包含 323 个一对一关系、309 个一对多关系、390 个多对一关系和 323 个多对多关系（Bordes et al.，2013）。为减少测试泄露的影响，Toutanova 和 Chen（2015）引入了 FB15K-237。

FB15K-237 是 FB15K 的子集，其中反向关系被移除。它有 237 种对称、反对称和复合的关系类型。该数据集还包含其他关系模式，如反射、非反射、等价、部分等价和顺序关系。在该数据集中的 237 个关系中，有 14 个一对一关系、26 个一对多关系、83 个多对一关系和 114 个多对多关系（Toutanova，Chen，2015）。

WN18 是包含 18 个关系的 WordNet 语料库的子集，包括 2 个一对一关系、10 个一对多关系、4 个多对一关系和 2 个多对多关系。WN18 的测试集中的 93% 的三元组是反向三元组（Bordes et al.，2013）。因此，嵌入模型倾向于学习两个关系是否形成反向对，为消除反向关系的影响，Dettmers 等（2018）引入了 WN18RR。

WN18RR 是由 Dettmers 等（2018）为 ConvE 模型提出的 WN18 的子集。这个数据集是通过消除导致数据泄漏的反向关系和三元组形成的。因此，该数据集中的主要关系类型是复合、对称和反对称。该数据集中有 11 个关系，包括 2 个一对一关系、4 个一对多关系、3 个多对一关系和 2 个多对多关系。

YAGO3-10 是来自维基百科、WordNet、WikiData、GeoNames 和许多其他数据源的 YAGO3 数据集的子集。这是一个比上述数据集更大、更复杂的数据集。该数据集中有 2 个一对一关系、4 个一对多关系、9 个多对一关系和 19 个多对多关系（Dettmers et al.，2018）。表 8-2 给出了数据集中具体的统计信息。

表 8-2　数据集实体关系统计与对比

数据集	实体数	关系数	训练集	验证集	测试集
FB15K	14 951	1 345	483 142	50 000	59 071
FB15K-237	14 541	237	272 115	17 535	20 466
WN18	40 943	18	141 442	5 000	5 000
WN18RR	40 943	11	86 835	3 034	3 134
YAGO3-10	123 182	34	1 079 040	5 000	5 000

第三节 大语言模型支撑的学习路径规划模型构建

一、基于多关系动态卷积和旋转表示的知识推理模型

为解决知识图谱中存在的复杂关系问题，本节提出了一种基于多关系动态卷积和旋转表示的知识图谱推理模型 RD-CNRot，其整体框架如图 8-1 所示，具体包括输入与拼接、交互特征学习、联合卷积和旋转的链接预测三个部分：①输入与拼接部分，具体是指实体和关系在复向量空间中的嵌入表示，包含两个部分——实部和虚部，之后将实体和关系特征进行堆叠；②交互特征学习部分，具体是为解决复杂关系的问题，每个实体和关系通过使用不同尺度的卷积核以提取不同关系下实体的语义交互特征，接着通过全连接层得到实体和关系的潜在语义特征向量，再通过 chunk 操作将这个向量分为实部和虚部；③联合卷积和旋转的链接预测部分，将语义交互向量应用到旋转模型中，通过损失函数给出预测值。

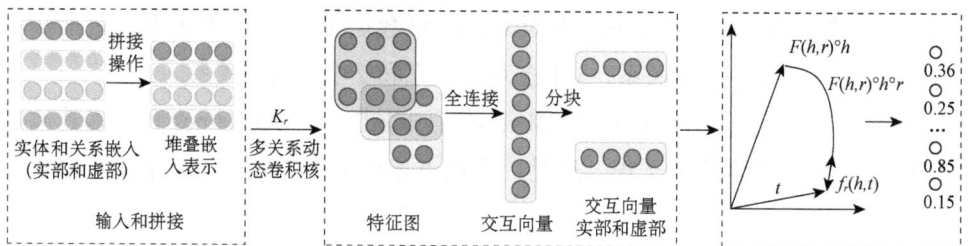

图 8-1 RD-CNRot 模型图

（一）旋转变换理论

在笛卡尔坐标系中，如果变换矩阵为：

$$A = \begin{bmatrix} a_1 & a_2 \\ a_3 & a_4 \end{bmatrix} \tag{8.6}$$

其中，a_1、a_2、a_3、a_4 为系数，有给定点 (x, y)，对其进行线性变换，如下：

$$\begin{bmatrix} x' \\ y' \end{bmatrix} = \begin{bmatrix} a_1 & a_2 \\ a_3 & a_4 \end{bmatrix} \begin{bmatrix} x \\ y \end{bmatrix} \tag{8.7}$$

对于笛卡尔平面中以原点为中心的 θ 角旋转，其变换矩阵为：

$$T = \begin{bmatrix} \cos(\theta) & -\sin(\theta) \\ \sin(\theta) & \cos(\theta) \end{bmatrix} \tag{8.8}$$

绕原点逆时针旋转 θ 角度的变换公式为：

$$\begin{cases} x' = x\cos\theta - y\sin\theta \\ y' = x\sin\theta + y\sin\theta \end{cases} \tag{8.9}$$

用矩阵可表示为：

$$\begin{bmatrix} x' \\ y' \end{bmatrix} = \begin{bmatrix} \cos(\theta) & -\sin(\theta) \\ \sin(\theta) & \cos(\theta) \end{bmatrix} \begin{bmatrix} x \\ y \end{bmatrix} \tag{8.10}$$

在复数空间，将复数形式 $z = a + bi$ 以三角函数的形式表示为：

$$z = a + bi = \sqrt{a^2 + b^2} \left(\frac{a}{\sqrt{a^2 + b^2}} + \frac{b}{\sqrt{a^2 + b^2}} i \right) = r(\cos\varphi + i\sin\varphi) \tag{8.11}$$

其中，r 是 z 的模，即 $r = |z| = \sqrt{a^2 + b^2}$，$\varphi$ 是 z 的自变量，其中 $0 \le \varphi \le 2\pi$。在复数空间中，z 表示点 $(a,b) = (r\cos\phi, r\sin\phi)$。通过旋转一个 θ 角度之后得到一个新的点 (a', b')，其旋转计算过程为：

$$(a',b') = (r\sin(\theta + \varphi), r\sin(\theta + \varphi)) = (a\cos\theta - b\sin\theta, a\sin\theta + b\cos\theta) \tag{8.12}$$

转换为矩阵表示：

$$\begin{bmatrix} a' \\ b' \end{bmatrix} = \begin{bmatrix} \cos(\theta) & -\sin(\theta) \\ \sin(\theta) & \cos(\theta) \end{bmatrix} \begin{bmatrix} a \\ b \end{bmatrix} = \begin{bmatrix} a\cos(\theta) - b\sin(\theta) \\ a\sin(\theta) + b\cos(\theta) \end{bmatrix} \tag{8.13}$$

因此，笛卡尔坐标系中的旋转变换与欧氏空间中的旋转变换具有相同的性质，复数可表示为 R^2，复数的乘法可变为矩阵的乘法，这个复数旋转操作可表示为：

$$R_\theta(a + bi) = (\cos\theta + i\sin\theta)(a + bi) \tag{8.14}$$

通过欧拉公式 $e^{ix} = (\cos x + i\sin x)$ 给出指数形式的公式：

$$R_\theta(z) = e^{i\theta} z \tag{8.15}$$

由于乘以一个单位复数和在复平面内以一个角度 θ 绕原点逆时针旋转是一样的，我们可以把实体表示为复数，把头实体到尾实体的旋转表示为关系，这一变换可被用于链接预测任务中。

（二）交互特征学习

在三元组中，关系可被看作头实体到尾实体的转换过程，因而头实体和关系之间也应该存在语义交互信息，为此可利用它们的语义交互信息来丰富转换过程。例如，头实体和关系可通过堆叠的方式形成一个类似图像的数据，之后通过卷积运算捕获局部的交互信息，并附加语义信息来增强推理能力。

对于知识图谱 G，首先，将实体 E 和关系 R 初始化为 d 维特征向量 E、R；其次，对给定的实体和关系进行转换，将实体和关系分别分离成实部和虚部两个部分；最后，把实体关系的虚部和实部堆叠，以将实体和关系进行充分交互，提取更多的交互特征。具体过程如下：

$$M = \left[h_{re}; h_{im}; r_{re}; r_{im} \right] \tag{8.16}$$

其中，$[\,\cdot\,]$ 表示连接操作，M 表示神经网络的输入特征矩阵，运用多尺度动态卷积对头实体和关系之间的语义交互信息进行特征提取。为对复杂关系进行建模，RD-CNRot 模型生成和关系有关的卷积核 K_r，用于对事实三元组中不同的关系下提取不同的特征。与此同时，K_r 在卷积层生成各种尺度的子卷积核 $[w_r^1, w_r^2, ..., w_r^n]$，因此，其具体定义如下：

$$K_r = \mathrm{vec}(w_r^1, w_r^2, \cdots, w_r^n) \tag{8.17}$$

其中，$\mathrm{vec}(\bullet)$ 表示卷平操作。不同的卷积核对输入矩阵 M 进行卷积操作，可生成不同的特征图，之后对特征图 v_n 进行全连接及映射操作，可得到关系和语义的交互信息。使用权重矩阵进行一个线性变换，将特征图映射到二维向量空间中，具体过程如下：

$$F(h, r) = g(\mathrm{vec}(g(M * w_r^i))W) + b \tag{8.18}$$

其中，$g(\bullet)$ 表示非线性激活函数，$*$ 代表卷积运算，W 是权重矩阵，b 是偏置项。最后，将最终的交互向量分解为实部和虚部，以供模型后续模块使用。

（三）联合卷积和旋转的链接预测

在 RotatE 的启发下，本节将旋转变换应用于链接预测任务中，不仅能保持旋转模型的优势，而且通过将前面的特征提取应用于旋转变换，添加了实体和关系的语义交互，从而能够更加精确地识别目标实体。具体来说，在对头实体和关系进行

了卷积操作之后，将输出向量和头实体以及关系向量进行哈达玛积（Hadamard product）操作以确定目标实体，为使关系嵌入拥有 $\cos\theta + i\sin\theta = e^{i\theta_{r,i}}$ 形式，将每一个关系 r 约束为 $|r_i|=1$，对应于在复向量空间中绕原点逆时针旋转 $\theta_{r,i}$。基于此，RD-CNRot 模型同样将每个关系看作头实体到尾实体的旋转，假设每个三元组（h，r，t）中的实体和关系之间满足 $h \circ r \approx t$，则可定义如下评分函数：

$$f_r(h,t) = \| F(h,r) \circ h \circ r - t \|_{L_2}^2 \tag{8.19}$$

（四）模型优化与训练

无论是学习知识图嵌入还是词嵌入，负样本都被证实是有效的。本节采用类似于负采样损失的损失函数来优化基于旋转的模型，其损失函数定义如下：

$$\mathcal{L} = -\log\sigma(\gamma - f_r(h,t)) - \sum_{i=1}^{1}\frac{1}{k}\log\sigma(f_r(h_i',t_i') - \gamma) \tag{8.20}$$

其中，γ 是固定距离，$\sigma(\cdot)$ 是 Sigmoid 函数，n 是负例样本大小，k 是负例样本的权重，(h_i',t_i') 是事实三元组的第 i 个负例样本。由于统一的负采样存在效率低的问题，并且随着训练的进行，许多样本的错误显而易见并且不能提供有意义的信息，模型采用了 RotatE 提出的自我对立负采样方法，其抽样分布为：

$$p(h_j',r,t_j' \mid \{h_i,r_i,t_i\}) = \frac{\mathrm{Exp}(\alpha f_r(h_j',t_j'))}{\sum_i \mathrm{Exp}\left(\alpha f_r(h_j',t_j')\right)} \tag{8.21}$$

其中，α 是采样温度，为降低负采样的生成成本，将上述分布看作负采样的权重。因此，最终的负采样损失具有如下形式：

$$\mathcal{L} = -\log\sigma(\gamma - f_r(h,t)) - \sum_{i=1}^{n}p(h_i',r,t_i')\log\sigma(f_r(h_i',t_i') - \gamma) \tag{8.22}$$

（五）算法流程

算法 8.1 给出了模型的整体工作流程。首先，对所有的参数使用 Glorot 初始化方法进行初始化操作，在每次迭代过程中，对训练集 S 进行采样，以构成三元组的子集 S_{batch} 并用作批量输入，其中对于每个三元组，用其他实体替换头尾实体来生成负例样本。其次，将原始三元组和生成的负例三元组合并为批训练集 T_{batch}。最后，利用 Adam 优化器对损失进行优化训练。

算法 8.1：模型训练过程

输入：训练集 $S=(h,r,t)$，实体集合 E，关系集合 R，距离 γ，嵌入维度 d，批处理大小

输出：实体和关系嵌入表示

1：初始化所有实体和关系向量

loop

2：随机从 S 中批处理大小为 b 的三元组集合 S_{batch}

3：初始化三元组 T_{batch}

for $(h,r,t)\in S_{\text{batch}}$ do

4：对错误三元组进行采样得到 (h',r,t')

5：$T_{\text{batch}}=T_{\text{batch}}\cup\{[(h,r,t),(h',r,t')]\}$

end for

6：通过最小化损失函数，即公式（8.22）来更新嵌入

end loop

二、基于增强卷积网络表示的知识图谱推理模型

为解决实体和关系语义交互信息提取不充分的问题，本书提出了一种基于增强卷积网络表示的知识图谱推理模型（以下简称 CA_ConvEx 模型）。

（一）实体关系信息交互

对于给定事实三元组（h，r，t），将实体和关系都初始化为多维向量。之后，通过变形操作，将实体和关系分别分离成实部和虚部两个部分。将实体和关系向量使用交替的方式进行特征组合，产生一个二维向量，以便于提取到实体和关系的更多交互特征。具体过程如下：

$$M=[h\oplus r] \tag{8.23}$$

其中，$\oplus$ 表示拼接操作，$[\cdot]$ 表示变形操作，M 表示神经网络的输入特征矩阵。在此基础上，通过 n 个卷积核对输入矩阵进行特征提取，继而生成实体和关

系交互的 n 个特征图。具体过程定义如下：

$$u_n = M * k_n \quad (8.24)$$

其中，*表示卷积操作，u_n 表示的是经过 k_n 个卷积核生成的不同尺度的特征图。但是，在卷积运算过程中，每个卷积核只是利用自身局部的感受野计算得到各个特征图，不同特征图之间是相互独立的，并没有进行信息的交互，以至于输出的每个部分都不能有效利用其他部分的上下文信息。

（二）增强网络模块

增强网络模块旨在增强网络的表现能力，以提取更加精确的信息。CA_ConvEx 模型采用通道注意力机制来学习不同特征通道之间的信息。

具体过程为，先对生成的特征图进行挤压操作，以得到不同特征图的全局空间平均特征信息，第 n 个全局空间平均信息 z_n 的计算过程如下：

$$z_n = F_{sq}(u_n) = \frac{1}{H \times W} \sum_{i=1}^{H} \sum_{j=1}^{W} u_n(i, j) \quad (8.25)$$

其中，H 和 W 分别代表卷积操作后特征图的高度和宽度。此外，为利用在挤压操作中聚集的信息，捕获通道之间的依赖关系，选择利用简单的 Sigmoid 门控激活进行计算，具体计算如下：

$$s = F_{ex}(z, W) = \sigma(g(z, W)) = \sigma(W_2 f(W_1, z)) \quad (8.26)$$

其中，$f(\bullet)$ 表示非线性激活函数 ReLU。W_1 和 W_2 分别是用于降低维度和升高维度的共享矩阵。$\sigma(\bullet)$ 代表逻辑回归。经过如上操作，最后得到通道注意力向量 s，代表每个特征图的相关程度。经过通道注意力机制增强后的特征图计算过程如下：

$$X = u_n + s_n \quad (8.27)$$

其中，u_n 代表第 n 个特征图，s_n 代表第 n 个特征图的相关程度，X 则是经过通道注意力增强后的特征图，能够更加精确地提取出实体和关系的交互信息。

（三）加强卷积和复数空间的语义匹配

对于给定的三元组 (h, r, t)，CA_ConvEx 模型可定义如下评分函数：

$$f(h, r, t) = \text{conv}(h, r) \circ Re(h, r, \bar{t}) \quad (8.28)$$

其中，$\text{conv}(h,r)$ 被定义为：

$$\text{conv}(h,r) = g(\text{vec}(g(x))W) + b \tag{8.29}$$

其中，$g(\bullet)$ 表示线性激活函数 ReLU，$\text{vec}(\bullet)$ 表示全连接，W 是权重矩阵，b 是偏置项。CA_ConvEx 模型通过在卷积层加入通道注意力机制和使用埃尔米特内积，提升了对预测评分的影响力。此外，嵌入可通过两种方式进行传播，即通过 $\text{conv}(h,r)$ 和 $\text{Re}(h,r,\overline{t})$，所以公式（8.28）可通过扩展其实部和虚部来等价表示为：

$$f(h,r,t) = \sum_{i=1}^{d} Re(\gamma)_i Re(h)_i Re(r)_i Re(\overline{t})_i \tag{8.30}$$

该公式还进一步可被表示为：

$$\begin{aligned}
f(h,r,t) = {} & \left\langle Re(\gamma), Re(h), Re(r), Re(t)(t) \right\rangle \\
& + \left\langle Re(\gamma), Re(h), Im(r), Im(t) \right\rangle \\
& + \left\langle Im(\gamma), Im(h), Re(r), Im(t) \right\rangle \\
& - \left\langle Im(\gamma), Im(h), Re(r), Re(t) \right\rangle
\end{aligned} \tag{8.31}$$

其中，$\overline{t}$ 是 t 的共轭复数，为使表达更加方便、简洁，将 $\text{conv}(\bullet)$ 的输出表示为 γ，即输出包含实部 $Re(\gamma)$ 和虚部 $Im(\gamma)$ 两部分。

（四）模型优化与训练

对于 CA_ConvEx 模型，考虑用极大似然函数 p 来对模型进行优化，对于正确的三元组 (h,r,t) 的评分 $f(h,r,t)$ 结果为 1，对于错误的三元组 (h,r,t) 的评分结果为 0。因此，假设极大似然函数服从伯努利分布，则其具体可被定义为：

$$p = \prod_{(h,r,t) \in (\tau,\tau')} (f(h,r,t))^y (1 - f(h,r,t))^{1-y} \tag{8.32}$$

其中，当三元组正确时，y 的取值为 1，反之则为 0。τ' 表示负例三元组，而正例三元组通过随机替换实体的方式可产生知识图谱中没有的负例三元组。综上，CA_ConvEx 模型的损失函数可被定义为如下形式：

$$\mathcal{L} = -\log p = -\sum_{(h,r,t) \in (\tau \cup \tau')} (y \log f(h,r,t) + (1-y)\log(1 - f(h,r,t))) \tag{8.33}$$

（五）算法流程

算法 8.2 中给出了 CA_ConvEx 模型的具体训练过程。

算法 8.2：CA_ConvEx 模型训练过程

输入：训练集 $S = (h, r, t)$，实体集合 E，关系集合 R，距离 γ，嵌入维度 d，批处理大小

输出：实体和关系嵌入表示

1：初始化所有实体和关系向量

loop

2：随机从 S 中批处理大小为 b 的三元组集合 S_{batch}

3：初始化三元组 T_{batch}

 for $(h, r, t) \in S_{\text{batch}}$ do

4：对错误三元组进行采样得到 (h', r, t')

5：$T_{\text{batch}} = T_{\text{batch}} \cup \{[(h, r, t), (h', r, t')]\}$

 end for

6：通过最小化损失函数，即公式（8.33）来更新嵌入

end loop

三、具有知识图补全上下文知识的大语言模型

为弥补纯大语言模型仍然无法在链接预测等知识图谱补全任务中表现出最先进性能的不足，下文将介绍 KICGPT（Knowledge In-Context with GPT）框架（Wei et al.，2024）。

（一）模型整体概况

如图 8-2 所示，KICGPT 框架有两个组件：基于三元组的知识图谱补全检索器和大语言模型。对于每个查询三元组（h，r，?），知识图谱补全检索器首先为每个实体 $e \in E$ 生成（h，r，e）的分数。所有实体的排名（分数降序）表示为 $R_{\text{retriever}}$。然后，大语言模型根据其知识和知识提示中的演示对前 m 个实体进行重新排名，即重新排序的 R_{LLM}。通过用 R_{LLM} 替换 $R_{\text{retriever}}$ 中的 m 个主导实体，KICGPT 输出为 R_{KICGPT}。

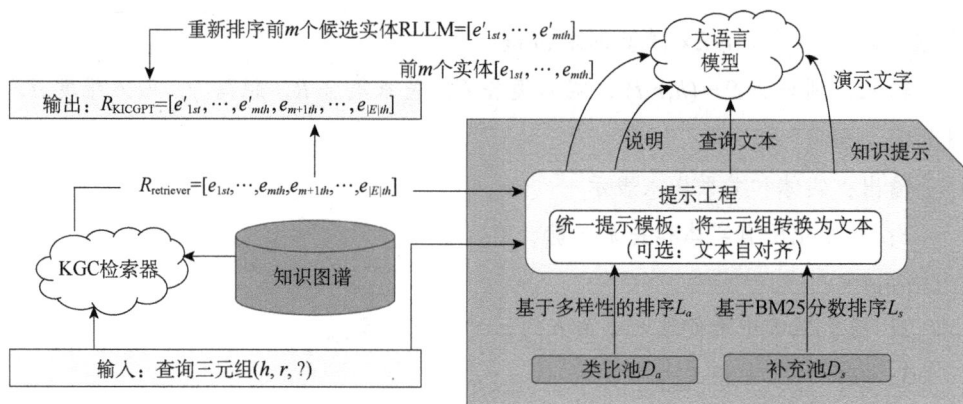

图 8-2 KICGPT 框架图

（二）知识提示

知识提示是一种专为知识图谱补全任务设计的上下文学习策略。通过将部分知识图谱编码为演示，提升了大语言模型在链接预测方面的性能。

对于每个查询（h，r，？），从知识图谱构建两个三元组 D_a 和 D_s 池作为演示。类比池 D_a 可帮助大语言模型通过类比更好地理解查询的语义，包括与查询（h，r，？）具有相同关系（用于训练和验证）的三元组。补充池 D_s 提供有关查询头实体 h 的补充信息，包括训练和验证部分中以 h 作为头实体或尾实体的所有三元组。根据 BM25（Best Matching 25）分数对 D_s 中的所有三元组进行排名，该分数用于评估每个演示和查询中文本之间的相关性。

（三）文本自对齐

演示和查询采用三元组的形式，而大语言模型需要自然语言输入。为解决这一形式不统一问题，KICGPT 使用统一的提示模板（使用情境学习进行文本自对齐），将查询和演示转换为具有相同格式的纯文本，然后与大语言模型进行多轮交互，以引导其进行重新排名，其中，这些文本和一些指令被组织为提示输入。

（四）算法流程

算法 8.3 中给出了 KICGPT 模型的具体训练过程

算法 8.3：KICGPT 算法

/*为简单起见，表示尾实体缺失查询的算法。头实体的缺失查询以类似的方式处理。*/

输入：知识图谱 $G=(E,R,T)$，E 和 R 表示 G 的实体集和关系集，Gtrain 和 Gvalid 是 G 中用于训练和验证的三元组集合

链接预测查询 $q=(h,r,?)$

输出：排序列表 R_{KICGPT} 包含所有 $e \in E$

1：排序列表 $R_{\text{retriever}}$ 包含所有 $e \in E$ ←通过基于三元组的知识图谱补全检索器处理 q；

2：$R_{\text{retriever}} = [e_{1\text{st}}e1\text{st}, e_{2\text{nd}}e2\text{nd}, e_{3\text{rd}}e3\text{rd}, \cdots, e_{|E|\text{th}}e|E|\text{th}]$；

3：类比池 D_a，补充池 D_s ←根据 $q=(h,r,?)$ 从 G 中获取演示池；

4：L_a ←基于多样性对 D_a 中的三元组进行排序；

5：L_s ←基于 BM25 分数对 D_s 中的三元组进行排序；

6：使用统一的提示模板将 L_a 和 L_s 中的查询 q 和三元组转换为文本；

7：通过一些指令，L_a 和 L_s 中按顺序排列的演示会被并入情境学习提示；

8：给定情境学习提示和查询，LLM 被要求对 $R_{\text{retriever}}$ 中的前 m 个实体执行重新排名；

8.1：R_{LLM} ←LLM（$R_{\text{retriever}}$ 中的前 m 个实体，情境学习提示，q 的文本）；

8.2：$R_{\text{LLM}} = [e'_{1\text{st}}, e'_{2\text{nd}}, e'_{3\text{rd}}, \cdots\cdots, e'_{m\text{th}}]$，是 $R_{\text{retriever}}$ 中前 m 个实体的排列；

9：$R_{\text{KICGPT}} = [e'_{1\text{st}}, e'_{2\text{nd}}, e'_{3\text{rd}}, \cdots\cdots, e'_{m\text{th}}, e_{m+1\text{th}}, \cdots\cdots, e_{|E|\text{th}}]$，其中前 m 个实体是 R_{LLM}，其余来自 $R_{\text{retriever}}$ 的相应位置。

第四节　学习路径规划展望

本章主要探讨了大语言模型在学习路径规划中的应用，并结合国内外的研究成果对相关技术和理论进行了详细介绍。具体来说，首先，对学习路径规划的相

关理论研究进行了系统回顾；其次，介绍了知识图谱的研究起源于对信息和知识管理的需求，旨在通过结构化方式呈现知识；再次，详细介绍了知识图谱的基础概念及其面临的挑战；最后，在技术模型方面，提出了三种不同的技术模型，这些模型通过深度学习和强化学习等技术手段，显著提升了知识获取和应用的效率与准确性。

通过综述和分析，本章为读者提供了大语言模型在学习路径规划中的理论和技术基础，并展示了该领域的最新研究进展和未来发展方向，以便更好地理解大语言模型下的自我调节学习。未来，大语言模型在学习路径规划领域的应用将展现出更加广阔的发展前景，将更加注重对学习者个体差异的识别和分析，而且将在跨学科学习路径规划方面发挥重要作用，还将在实时性和动态性方面取得突破。

参 考 文 献

董晓晓，周东岱，黄雪娇，顾恒年，李振.（2022）. 学科核心素养发展导向下教育领域知识图谱模式构建方法研究. 电化教育研究，（5），76-83.

罗中凯，张立波.（2024）. 学习路径规划方法. 中国科学院大学学报，（1），11-27.

苏丰龙，景宁.（2023）. 基于关系聚合的时序知识图谱表示学习. 浙江大学学报（工学版），（2），235-242.

童宇航.（2023）. 基于表示学习的知识图谱推理研究. 华中师范大学硕士学位论文.

Auer，S.，Bizer，C.，Kobilarov，G.，Lehmann，J.，Cyganiak，R.，& Ives，Z.（2007）. Dbpedia：A nucleus for a web of open data. Proceedings of the 6th International Semantic Web Conference and 2nd Asian Semantic Web Conference，722-735.

Bollacker，K.，Evans，C.，Paritosh，P.，Sturge，T.，Taylor，J.（2008）. Freebase：A collaboratively created graph database for structuring human knowledge. Proceedings of the 2008 ACM SIGMOD International Conference on Management of Data，1247-1250.

Bordes，A.，Usunier，N.，Garcia-Duran，A.，Weston，J.，& Yakhnenko，O.（2013）.

Translating embeddings for modeling multi-relational data. Advances in Neural Information Processing Systems, 26, 2787-2795.

Chen, S., Liu, X., Gao, J., Jiao, J., Zhang, R., & Ji, Y. (2020). HittER: Hierarchical transformers for knowledge graph embeddings. Proceedings of the 2021 Conference on Empirical Methods in Natural Language Processing, 10395-10407.

Dettmers, T., Minervini, P., Stenetorp, P., Riedel, S. (2018). Convolutional 2d knowledge graph embeddings. Proceedings of the AAAI Conference on Artificial Intelligence, 1811-1818.

El Fazazi, H., Elgarej, M., Qbadou, M., & Mansouri, K. (2021). Design of an adaptive e-learning system based on multi-agent approach and reinforcement learning. Engineering, Technology & Applied Science Research, 11 (1), 6637-6644.

Hogan, A., Blomqvist, E., Cochez, M., d'Amato, C., Melo, G. D., Gutierrez, C., ... & Zimmermann, A. (2021). Knowledge graphs. ACM Computing Surveys (CSUR), 54 (4), 1-37.

Jiang, J., Zhou, K., Dong, Z., Ye, K., Zhao, W. X., & Wen, J. R. (2023). StructGPT: A general framework for large language model to reason over structured data. Proceedings of the 2023 Conference on Empirical Methods in Natural Language Processing, 9237-9251.

Li, X., Xu, H., Zhang, J., & Chang, H. H. (2021). Optimal hierarchical learning path design with reinforcement learning. Applied Psychological Measurement, 45 (1), 54-70.

Ouf, S., Abd Ellatif, M., Salama, S. E., & Helmy, Y. (2017). A proposed paradigm for smart learning environment based on semantic web. Computers in Human Behavior, 72, 796-818.

Saito, T., & Watanobe, Y. (2020). Learning path recommendation system for programming education based on neural networks. International Journal of Distance Education Technologies (IJDET), 18 (1), 36-64.

Shi, D., Wang, T., Xing, H., & Xu, H. (2020). A learning path recommendation model based on a multidimensional knowledge graph framework for e-learning. Knowledge Based Systems, 195, 105618.

Steiner, T., Verborgh, R., Troncy, R., Gabarro, J., & van de Walle, R. (2012). Adding realtime coverage to the google knowledge graph. 11th International Semantic Web Conference (ISWC 2012), 65-68.

Toutanova, K., & Chen, D. (2015). Observed versus latent features for knowledge base and text inference. Proceedings of the 3rd Workshop on Continuous Vector Space Models and Their Compositionality, 57-66.

Vashishth, S., Sanyal, S., Nitin, V., Agrawal, N., & Talukdar, P. (2020). InteractE:

Improving convolution-based knowledge graph embeddings by increasing feature interactions. Proceedings of the AAAI Conference on Artificial Intelligence, 3009-3016.

Wang, J., Xie, H., Au, O. T. S., Zou, D., & Wang, F. L. (2020). Attention-based CNN for personalized course recommendations for MOOC learners. 2020 International Symposium on Educational Technology (ISET), 180-184.

Wang, J., Xie, H., Wang, F. L., Lee, L. K., & Au, O. T. S. (2021a). Top-N personalized recommendation with graph neural networks in MOOCs. Computers and Education: Artificial Intelligence, 2, 100010.

Wang, J., Wang, B., Gao, J., Li, X., Hu, Y., & Yin, B. (2023). TDN: Triplet distributor network for knowledge graph completion. IEEE Transactions on Knowledge and Data Engineering, 35 (12), 13002-13014.

Wang, X., He, Q., Liang, J., & Xiao, Y. (2022). Language models as knowledge embeddings. arXiv. https://doi.org/10.48550/arXiv.2206.12617.

Wang, X., Gao, T., Zhu, Z., Zhang, Z., Liu, Z., Li, J., & Tang, J. (2021b). KEPLER: A unified model for knowledge embedding and pre-trained language representation. Transactions of the Association for Computational Linguistics, 9, 176-194.

Wei, Y., Huang, Q., Kwok, J. T., & Zhang, Y. (2024). KICGPT: Large language model with knowledge in context for knowledge graph completion. Findings of the Association for Computational Linguistics: EMNLP 2023, 8667-8683.

Xie, R., Liu, Z., Jia, J., Luan, H., & Sun, M. (2016). Representation learning of knowledge graphs with entity descriptions. Proceedings of the AAAI conference on Artificial Intelligence, 2659-2665.

Xue, Z., Zhang, Z., Liu, H., Yang, S., & Han, S. (2023). Learning knowledge graph embedding with multi-granularity relational augmentation network. Expert Systems with Applications, 233, 120953.

Zhang, Z., Li, Z., Liu, H., & Xiong, N. N. (2020). Multi-scale dynamic convolutional network for knowledge graph embedding. IEEE Transactions on Knowledge and Data Engineering, 34 (5), 2335-2347.

Zhu, Y., Wang, X., Chen, J., Qiao, S., Ou, Y., Yao, Y., ... & Zhang, N. (2023). LLMS for knowledge graph construction and reasoning: Recent capabilities and future opportunities. arXiv. https://doi.org/10.48550/arXiv.2305.13168.

第九章

基于个性化推荐技术的学习行为指导

第一节　教育推荐系统的学习行为指导研究概况

一、学习行为分析研究现状

无论是在国内还是在国外，对学习行为的研究都在不断深入，这类研究主要关注学习环境、习惯和偏好等，旨在构建学习水平和行为的关系模型，以及利用先进技术追踪和分析学习行为，其目标是通过数据分析来优化学习策略，提升学习效果，并为学习者提供个性化的学习建议。

国外研究者对于学习行为分析的研究主要包含三个方面。第一种是对学习者需求的学习环境、学习习惯、学习偏好等学习相关因素进行探究，进而深入地挖掘影响学业表现的有关因素。第二种是构建学业水平和学习行为的关系模型，对如何迅速地提高学习者的学习成绩进行相关研究。Godwin 等（2016）通过观察学生完成任务过程中的行为，收集学生在学期开始前、中期和结束时的行为数据，研究学生的注意力分配模式与学生静态特征、教师教学设计、学习类型之间的关系，从而为提高学生课堂注意力提供推荐与指导。Cheng 和 Ding（2021）根据学生完成复习活动的行为数据，探讨复习与课程考试结果的相关性，结果发现复习提高了学生参与度，并与学习成绩呈正相关。第三种是使用合适的软件和工具，以及机器学习和数据挖掘相关技术，对学习者学习过程中的行为数据进行回溯、追踪和收集，以便挖掘学习者的行为规律，探究与学习模型相关的行为特征，并以此进行结果分析。对教育大数据进行挖掘分析的最初实验可追溯到2000年左右（Rufai et al.，2021）。例如，Kazanidis等（2020）提出了一种新的数据挖掘算法，该算法能够根据学习者的学习行为和学习兴趣，对系统中的电子学习课程的数量和质量进行排名，从而为学习者推荐个性化的课程。Hussain和Khan（2023）针对我国七个地区学习者的学习数据，使用回归模型和决策树算法对学习成绩进行预测，根据实验结果为教育管理者和学习者提供有价值的信息。

国内学者对学习行为的分析主要表现在建立学习者行为模型、挖掘影响学习效果的学习行为和分析学习者群体的学习特点等方面。朱珂（2017）构建了在线学习空间中的学习者交互模型，度量了模型的参数，并对学习者的交互进行了可视化分析。吴林静等（2018）对各类学习行为进行了有效分类和度量，并挖掘了学习者的相关学习行为模式。曹天生等（2020）采用统计分析法、社会网络分析法等探讨了分组策略对交互深度的影响程度。王改花和傅钢善（2019）采用数据挖掘相关方法与统计学理论对学习行为进行了定量分析，探讨了学习行为与学习成绩的关系，进而预测了学习成绩，并提出了适当的干预方法。乔璐和江丰光（2020）根据学习行为特征对学习者进行了聚类分析，提出了影响各类学习者群体学习效果的主要因素是对做作业的兴趣。马晓等（2021）构建了基于交互时间的学习行为特征，并对聚类得到的不同类型学习者行为数据进行了可视化分析，以探索他们的学习特点并提出个性化的推荐。

二、个性化学习推荐算法研究现状

在国外的研究中，Shu等（2018）提出了一种采用卷积神经网络的基于内容的推荐算法，该算法直接使用无标注的文本信息进行基于内容的学习资源推荐，与传统方法相比有明显改进。Chen等（2020）提出了一种基于在线学习风格的自适应推荐（adaptive recommendation based on online learning style，AROLS）方法来表示在线学习者的特征，该方法通过挖掘学习者的行为数据来实现学习资源的自适应。Shang等（2021）提出了一种改进的基于混合本体的在线学习资源推荐方法，本体可有效地用于知识表示，从而避免冷启动和数据稀疏问题，同时该方法也结合了协同过滤算法和顺序模式挖掘（sequential patterns mining，SPM）技术，进一步提高了推荐算法的效率。Qiu 等（2021）通过整合多个数据源，提出了一种可解释的方法来分析学生的学习行为，并向其推荐 MOOC 资源。Shou 等（2021）通过对学习者在线交互行为数据进行协同分析，根据在线学习过程中的交互行为定义学习者的知识点交互程度，根据在线考试成绩定义学习者对知识点的掌握程度，同时结合知识点交互程度定义学习效果，提出了一种基于交互行为偏好的个性化知识图谱推荐算法。Cheng 和 Ding（2021）提出了一种基于内容的协同过滤混合推荐算法，构建了可存储和处理 PB（petabyte，千万亿字节）级数据的实时的个性化推荐系统。Shu 等（2018）根据学习者在网络中的学习行为挖掘他们的兴趣，然后使用机器学习和基于项目的协同过滤算法，通过皮尔逊相关系数法找到高度相关的视频素材，然后向学习者推荐感兴趣的学习素材。

在国内的研究中，刘勤玲（2019）提出了基于学习诊断的知识点推荐模型，该模型综合考虑了具有相同学习积极性的学习者关于题目测试情况和知识点本身的特点，设计并开发了基于学习诊断的知识点推荐系统。汪延国（2020）提出了两种知识点推荐算法：一种是充分考虑学习者对知识点相对难度系数的差异性和评估标准，并融合非关联学习者知识点信息的相似性优化的知识点推荐算法；另一种是基于增强型修正因子和加权序列模式挖掘的知识点推荐算法，该算法根据学习者的认知水平将学习者分成不同的群体，利用学习者对知识点相对难度系数的局部差异性和全局差异性构建增强型修正因子，重构学习者之间的相似性计算模型。谭金丹（2021）提出了基于自注意力机制编码器和课程关联性解码器的自动编码器算法，并将其应用于在线课程推荐问题，通过对学习者的偏好进行建模，然后结合课程属性特征，生成推荐评分排名列表并提供个性化推荐服务。生晓婷（2020）结合最近发展区理论，构建了一种考虑学习者能力水平和题目难度之间关系的强化学习模型，通过利用强化学习模型，能够将适当难度的题目推荐给相应能力水平的学习者。亢文英（2019）提出了一种基于无须 Q 矩阵作为输入和基于元素的快速交替最小二乘更新策略优化模型参数的学生-题目加权矩阵分解的题目推荐算法，该算法只需在基础矩阵分解模型中加入题目难度和学生能力值作为未知数据的先验知识，然后根据模型的预测值进行题目推荐。

本节通过梳理和归纳以上推荐算法研究文献发现，国内外研究者对推荐算法有着较为深入的研究，主要集中在基于学习诊断的推荐算法研究、基于机器学习的推荐算法研究和基于协同过滤的推荐算法研究等方面。

第二节　个性化推荐相关技术

推荐系统是集成了用户信息、物品信息和情境信息的系统工程，能够构建出精准的推荐模型并生成个性化的推荐列表。基于推荐系统的智能适配功能为学习者更好地管理自己的学习进程、调整学习策略并监控学习效果提供了强有力的支持。

通过分析学习者的行为和偏好，推荐系统可提供定制化的学习资源，使学习者能够在适当的时间获取适当的资源，有效地促进学习效率的提高和学习深度的增加。例如，在输入上结合学习者认知和学习资源的知识表示，在输出上结合基于学习目标、学习路径信息，在全过程结合学习者的学习行为，无论是站在输入、输出还是全过程解决范式来看，推荐系统贯穿始终。图9-1详细展示了这些推荐算法的分类，有助于学习者和教师深入理解每种算法的应用潜力及其如何辅助学习者的自我调节学习。

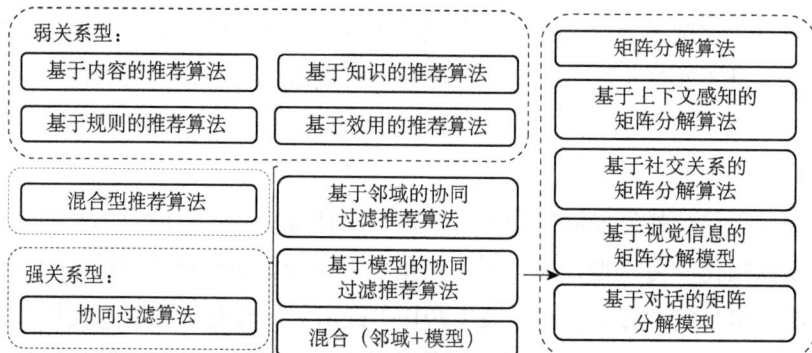

图 9-1　基于学习者偏好使用的推荐算法分类

下文将对各种类型的推荐算法进行详细综述，考虑到学习者和学习资源两个维度的应用，混合型推荐算法是下文探讨的重点。

一、强关系型推荐算法

强关系型推荐算法指的是利用学习者与学习者之间、学习者与学习资源之间、学习资源与学习资源之间的关系对学习者可能感兴趣的学习资源进行预测。通过对这种实体之间关系的建模来衡量学习者的兴趣倾向，成为目前无论是工业界还是学术界都最为流行的方法之一。协同过滤推荐算法是其中最具代表性的一种，如图 9-2 所示，这种算法通过实体之间（学习者-学习者、学习资源-学习资源、学习者-学习资源）的协同关系来对可能感兴趣的学习资源进行过滤，从而达到推荐的目的。基于该思路的推荐算法不仅在学术界大放异彩，而且在工业界中的流量池里从召回到精排的整个流程中同样展现出优秀的性能。

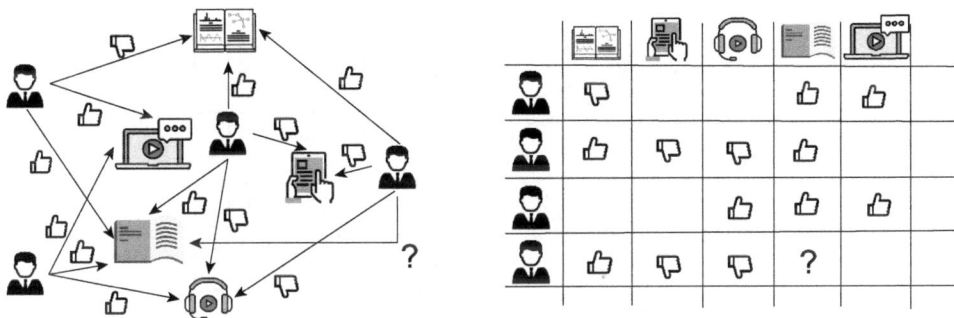

图 9-2　强关系型推荐算法中的推荐关系转化示例

（一）基于邻域的协同过滤推荐算法

基于邻域的协同过滤推荐算法通过分析学习者的历史行为，挖掘学习者与学习者之间、学习者与学习资源之间以及学习资源与学习资源之间的关系，进而进行推荐。例如，常见的方法包括利用人口统计信息探究学习者与学习资源之间的上下文关系，以及通过学习者和学习资源的近邻协同来表征学习者的兴趣和学习资源的特征。记忆协同主要通过简洁的指标计算"集体智慧"和"共现关系"，以完成推荐任务。

推荐系统通过收集和分析大量的学习者行为数据，计算学习者之间的相似度。该系统将学习者的历史评分与其他学习者相匹配，识别出偏好相似的学习者群体，并将这些学习者的高评分学习资源推荐给目标学习者。该系统旨在辅助学习者发现符合其偏好的产品或服务，增强学习者的体验满意度。该系统利用学习者个人信息和行为数据，通过数据分析与匹配，提供个性化推荐。该系统的不断优化有助于增强学习者的满意度与忠诚度，进而提升企业的市场竞争力。

首先，协同过滤算法需要收集学习者的历史行为数据，这些数据通常体现为评分矩阵。在这个矩阵中，每个元素代表学习者对学习资源的评分。评分矩阵通常以表格形式展现，每行代表一个学习者，每列代表一个学习资源，而矩阵中的每个交汇点则对应学习者对某一学习资源的评分，如图9-3所示。若交汇点为空，意味着该学习者尚未对学习资源进行评分。鉴于评分矩阵的稀疏性，一般常用列表来替代矩阵。

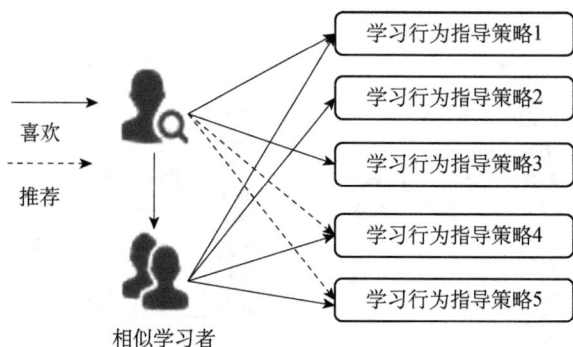

图9-3　基于学习者相似需求的协同过滤原理

其次，协同过滤算法要求计算学习者之间的相似度，并辨识出最相似的邻居。衡量学习者相似度的方法众多，其中皮尔逊相关系数是最流行的一种，并在协同过滤算法中得到了广泛应用。此外，余弦相似度也是一种广泛使用的相似度衡量手段，其计算公式如下：

$$\text{sim}(x,y) = \frac{\sum_{s \in S_{xy}} R_{x,s} R_{y,s}}{\sqrt{\sum_{s \in S_{xy}} R_{x,s}^2} \sqrt{\sum_{s \in S_{xy}} R_{y,s}^2}} \tag{9.1}$$

其中，$R_{x,s}$ 是学习者 x 对学习资源 s 的评分，$R_{y,s}$ 是学习者 y 对学习资源 s 的评分，S_{xy} 表示学习者 x 和 y 共同评估的学习资源。

最后，协同过滤算法要求计算学习资源的评分。该评分是由邻居评分的加权平均值计算出来的，其计算公式如下：

$$R_{x,s} = \overline{R}_x + \frac{\sum_{y \in S_{xy}} (R_{y,s} - \overline{r}_x)\mathrm{sim}(x,y)}{\sum_{y \in S_{xy}} \mathrm{sim}(x,y)} \tag{9.2}$$

其中，$\overline{R}_x$ 是学习者 x 所有交互的学习资源中的平均评分。协同过滤算法在计算学习者之间的相似度和寻找最近邻居的过程中需要大量的计算资源和时间。当数据集非常庞大时，这些计算过程可能需要几个小时甚至更长时间才能完成。为了解决这个问题，本章在 Hadoop 平台上实现协同过滤算法，能够更有效地处理大规模数据集，并加快该算法的计算速度。

（二）基于模型的协同过滤推荐算法

与基于邻域的协同过滤推荐算法不同，基于模型的协同过滤推荐算法通过数据训练和机器学习/深度学习技术来提升性能，如聚类、关联规则、受限玻尔兹曼机、主成分分析和矩阵分解等。这些技术能深入理解数据，提取关键特征，从而更准确地预测评分，提供个性化推荐。矩阵分解是推荐系统中常用的技术，如图 9-4 所示，该技术通过将学习者和学习资源映射到低维空间并计算隐藏因子点积来进行推荐。为提高准确性，推荐系统还会利用辅助信息，如评论和社交网络数据，这些信息有助于构建更精细的特征向量，特别是评论信息，它可以提供关于资源和偏好的信息，有效填补评分矩阵的缺失值。

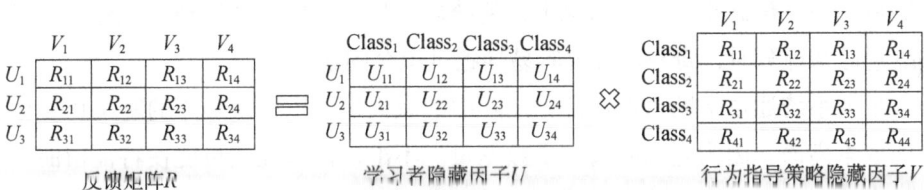

图 9-4　隐藏因子模型示例（矩阵分解）

协同过滤作为推荐系统的重要分支，其核心思想即使在今天仍具有借鉴意义，即在已知部分学习者对部分学习资源的显式行为（如评分）的条件下，预测出这部分学习者对未产生交互的部分学习资源的显式行为。它在本质上仍然是显式行为矩阵中的空值预测，找出预测分值最高的学习资源并将其推荐给该学习者。基于嵌入模型的方法是目前最成功的推荐系统实现方法之一，基于矩阵分解的方法也是较为成功的一种。在基本的矩阵分解方法中，通过从学习资源评分模式中推断出的因子向量来表示学习者和学习资源，这些因子向量之间的高度对应关系可触发推荐行为，并且这些方法因其良好的可扩展性和预测精度而变得越来越流行。此外，这些方法还非常灵活，可用于建模现实生活中的各种场景。

矩阵因子分解模型将学习者和学习资源映射到维度 f 的联合潜在因子空间中，这样学习者-学习资源交互就被建模为该空间中的内积。因此，每个学习资源 i 都与向量 $q_i \in \mathbb{R}^f$ 关联，每个学习者 u 都与一个向量 $p_u \in \mathbb{R}^f$ 关联。对于一个给定的学习资源 i，用大小来衡量该学习资源拥有这些因子的程度、是积极的还是消极的。对于给定的学习者 u，p_u 元素度量了学习者对相应因子中的学习资源的兴趣程度，取值同样可正可负，由此产生的点产品 $q_i^T p_u$，捕获了学习者 u 和学习资源 i 之间的交互——学习者对学习资源特征的整体兴趣。这近似于学习者 u 对第 i 项的评分，用 R_{ui} 表示，也就是说：

$$R_{ui} = q_i^T p_u \qquad (9.3)$$

其中，最主要的挑战是计算每个学习者和学习资源分别映射到相应的因子向量 q_i，$p_u \in \mathbb{R}^f$。在推荐系统完成这个映射后，它可通过公式（9.3）很容易地估计出学习者对任何学习资源的评分。

矩阵分解方法与奇异值分解紧密相关，后者是一种用于揭示潜在语义因子的成熟信息检索技术。在协同过滤中，奇异值分解通过分解学习者-学习资源评分矩阵来挖掘深层次信息，但由于矩阵通常非常稀疏且含有大量缺失值，这带来了一定挑战。在信息不完整的情况下，传统的奇异值分解无法实现。此外，当只考虑少量已知评分时，奇异值分解容易导致过拟合问题。

早期系统通过推断来填充评分矩阵中的缺失值，以实现矩阵的密集化，但这可能成本高昂，因为它大幅增加了数据量。不准确的填充也可能使特征扭曲。最新研究（Duan，2022）直接建模观测的评分，以避免过拟合。为求解学习因子向量（p_u 和 q_i），模型将已知评分上的正则化平方误差最小化：

$$\min_{q \cdot p} \sum_{(u,i) \in \kappa} (R_{ui} - q_i^T p_u)^2 + \lambda(q_i^2 + p_u^2) \qquad (9.4)$$

其中，k 表示 R_{ui} 已知的（u,i）对的集合（训练集），λ 指常数。该系统通过拟合先前观察到的评分来学习模型。然而，由于目标是以一种预测未来的、未知的评分方式来概括以前的评分，该系统应通过正则化学习参数来避免过拟合，正则化程度通常由交叉验证决定，并通过常数 λ 来控制。Salakhutdinov 和 Mnih

（2007）的概率矩阵分解（probabilistic matrix factorization，PMF）为正则化提供了一个概率基础。

矩阵分解是基于模型的协同过滤推荐算法中的一种关键技术，常被用于处理信息过载。它通过分析学习者和学习资源的交互信息，发现相似的学习者和学习资源，从而进行推荐。从简单的基于邻域的方法到复杂的矩阵分解方法，如概率矩阵分解和 R-ConvMF（robust convolutional matrix factorization），协同过滤技术不断进步。此外，随着深度学习在其他领域的成功，如神经协同过滤（neural collaborative filtering，NCF）、协同去噪自编码器（collaborative denoising autoencoder，CDAE）以及图神经网络方法，协同过滤技术的准确性不断提高。最新研究聚焦于捕捉学习者偏好的异质性，如使用因果推理来捕捉（Ding et al.，2022）。

基于邻域的协同过滤推荐算法和基于模型的协同过滤推荐算法根据对关系利用程度的不同而有所区别。后者是未来推荐算法的发展趋势，通过深入分析相关文献可了解协同过滤的基本原理、发展历程和研究进展。

二、弱关系型推荐算法

相较于强关系型推荐算法，弱关系型推荐算法聚焦于利用单个学习者和学习资源的历史行为信息，通过内容、知识、规则、效用等多个维度来挖掘这些历史行为，并与待筛选的学习资源进行关系预测，以实现学习资源的适配。

基于内容的推荐算法是一种重要的弱关系型推荐算法，它利用学习资源的内容描述信息来进行推荐。这种方法的核心思想是找到学习者感兴趣的学习资源的共同特征，并向具有相似特征的其他学习者推荐新的学习资源。为了实现这一目标，需要采用机器学习算法来提取学习资源描述内容中的明确属性和特征，基于内容的推荐算法可根据学习者过去喜欢对象的内容，以及学习者的个人属性特征，为他们推荐候选对象。例如，如果一个学习者喜欢某个特定类型的文学作品，那么推荐系统可以向该学习者推荐同样类型的其他文学作品。然而，基于内容的推荐算法也存在一些挑战，其中最大的挑战是如何有效地提取学习资源的相关特性，并挖掘出学习者的偏好。这需要对学习资源的内容进行深入的分析和理解，以及对学习者行为数据进行精细的分析和挖掘。

另一种具有代表性的弱关系型推荐算法是基于知识的推荐算法，它主要是通过使用描述目标学习者对于待筛选学习资源的偏好需求 R 来约束学习资源集合 I，也就是从待筛选学习资源中获取到满足该学习者偏好需求 R 的学习资源即可。因此，针对该学习者，需要找出其与学习资源的关联关系，以指导系统做出相应的推荐决策。然而，在实际的自我调节学习场景中，由于学习者冷启动和学习资源稀疏性的问题，基于全体学习者画像来挖掘关联关系的方法难以实施。此外，这种方法还需要极大的计算量和存储量。但基于知识的推荐算法目前在异构图数据上仍然有非常广泛的应用。

三、混合型推荐算法

为克服基于强关系型推荐算法和弱关系型推荐算法各自的局限性，推荐系统研究者提出了混合型推荐算法。混合型推荐算法结合了两种或更多种推荐方法，以充分利用各自的优势。这种算法不仅提高了推荐的准确性，还增强了算法的适应性，使其更贴合学习者的需求。例如，概率矩阵分解算法通过高斯先验假设构建学习者和学习资源的潜在因子，分别代表学习者偏好和学习资源属性，并通过极大似然估计（maximum likelihood estimation，MLE）以使观察到的噪声最小化。基于概率矩阵分解算法，结合卷积神经网络并引入不同的偏差假设或输入数据属性，研究者提出了多种改进模型，如 ConvMF。在 NARRE 和 D-Attn 中，学习者的评论信息被作为先验知识（Zhang，2020）。这些模型的实验结果表明，基于额外信息的先验比假设的先验更合理，并且能够有效提升模型的性能。

尽管混合型推荐算法能够结合多种推荐方法来提高推荐准确性，但其先验假设与长尾分布并不完全匹配，且由于跨模态变化，可能无法学习到特定维度的嵌入。混合型推荐算法的主要优势在于结合了多种算法，但这同时也带来了参数数量庞大、模型更新和调整困难的问题。针对在线学习系统的实效性和特殊性，设计高效精准的资源推荐算法成为需要进一步研究的课题。为此，未来需要采用特殊技术和算法，如增量学习和动态调整参数，以在不牺牲推荐准确性的前提下，提高模型的更新和调整效率，进而增强推荐系统的性能和实用性。

随着自然语言处理技术的发展，以 GPT-4 为代表的大语言模型在高级语言理解和生成能力方面展现了明显的"新兴能力"，引起了推荐系统领域的极大关注。传统推荐系统依赖于协同过滤、内容过滤或混合方法，但这些方法在处理复杂文本数据时存在局限。大语言模型的引入使得推荐系统能够更深入地理解和处理自然语言内容，提供更具上下文相关性和个性化的推荐。这些模型通过自监督学习对大量数据进行训练，在学习通用表示方面取得了明显成功，并有望通过有效的迁移技术（如微调和提示调整）提升推荐系统各个方面的能力。利用大语言模型提高推荐质量的关键在于利用其对文本特征的高质量表示和广泛的外部知识覆盖，建立学习资源和学习者之间的相关性。

众多学者也开始研究大语言模型在推荐系统中的应用。在特征工程阶段，大语言模型可用于筛选、加工和增强原始数据，生成结构化数据以供下游模型使用。例如，Liu 等（2024）利用预训练语言模型的语义知识来丰富新闻数据，并抽取学习资源画像和生成学习资源描述。在特征编码阶段，大语言模型可以对结构化数据进行编码，增强推荐特征表示。Qiu 等（2021）以 Bert 模型为基础，使用用户历史交互行为和评价信息进行语义编码，然后通过自监督任务学习用户表示，从而改善了特征表示的迁移能力。在打分排序阶段，大语言模型可以根据用户反馈数据进行微调，如谷歌公司的大语言模型 Flan-T5 具备在零样本、少样本和微调场景下的评分预测能力。Geng 等（2022）的预训练大语言模型使用自然语言作为桥梁，统一不同推荐场景的输入和输出，从而具备新场景下的零样本迁移能力。

现有的语言模型在推荐系统中的应用展现出两个主要发展趋势：一是重塑推荐流程，大语言模型在推荐系统中的作用逐渐扩大，不仅在特征工程中发挥作用，也在推荐流程控制中扮演重要角色；二是语义协同和跨域知识融合，通过微调大语言模型或引入传统推荐模型，为语言模型注入域内知识。这两种趋势均利用了大语言模型的零样本和少样本能力，解决了冷启动和长尾问题，并通过引入外部知识丰富了学习资源的信息。

资源推荐系统对于提高信息检索的准确性和效率至关重要。为了进一步提高资源推荐的准确性，本书拟利用大语言模型融合多源信息，包括学习者评论、社交网络数据以及其他相关资源线索，提出一种基于学习者各向异性感知的推荐模型，以增强资源推荐系统的性能。

第三节　学习行为自适应推荐技术

一、基于学习者各向异性感知的推荐模型

同一学习者在不同背景下表现出不同的行为。简单地将噪声视为正弦图数据的高斯分布，往往无法捕捉到对数变换隐藏的数据的实际统计特性。在学习推荐系统中，评分矩阵的平均噪声随着评分等级（如五分制）的增加而增加。总体而言，学习者对学习行为推荐策略的评分是离散且偏斜的。

现有研究已将学习者偏好和被推荐资源的背景建模策略应用于现实场景，并引入"上下文"概念来概括这一情况，其具体含义取决于具体案例。考虑到评分值和潜在因子之间的共轭分布，值得注意的经典模型包括 PCRL（Personalized Collaborative Ranking Learning）和 BTM（Biterm Topic Model），它们利用社交网络和评论作为辅助信息，通过伽马先验约束潜在因子，同时保持评分值的解耦。部分学习者倾向于对感兴趣的学习行为指导策略进行评分，部分学习者则倾向于对不感兴趣的学习行为指导策略进行评分。本节在之前工作的基础上不仅关注学习行为指导策略本身的客观属性，还提取了有助于准确描述学习者偏好的特征。

图 9-5 展示了学习者评分数据的处理与分析结果，其中图（a）展示了理想状态下评分的分布情况，图（b）展示了用户评分与相应现实评分的分布概率，而图（c）展示了现实评分的分布情况。研究发现，数据分布差异大是由于学习者可自由选择对特定学习行为指导策略进行评分，因此会产生泊松噪声（Poisson noise），进而对评分数据产生影响。

因此，仅通过挖掘每个学习者的历史交互信息（例如，评分）并据此建模为高斯分布进行推荐，并不能执行有效的决策。本书提出了基于学习者各向异性感知的推荐模型，以解决上述问题。

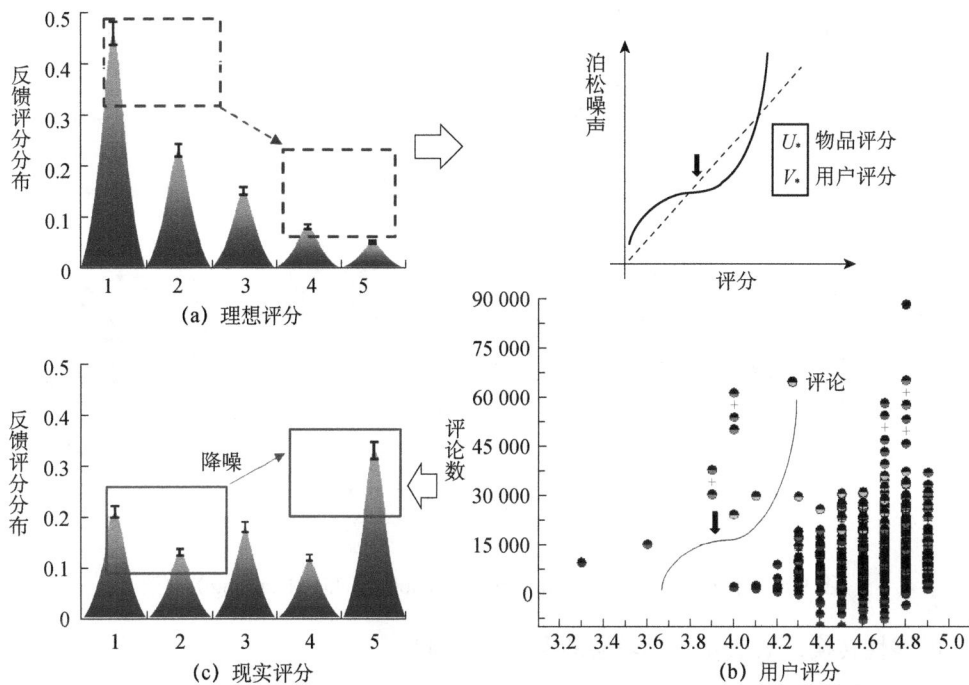

图 9-5　用户评分数据的处理与分析结果

（一）基于学习者各向异性感知的推荐模型框架算法

基于学习者各向异性感知的推荐模型的第一部分是上下文空间聚合。如图 9-6 所示，根据图神经网络基本聚合的思想，考虑到节点和它们邻居之间的可靠性，在第 m 个表示学习层，用 $N_h^m = \{x_t | (x_h, e_r, x_t) \in \Gamma_u^m\}$ 表示图 G_u 中节点 x_h 的邻域。由于每个节点都有一条自循环边，N_h^m 也包含节点 x_h。

考虑到连接边的类型，本书制定了一个类型感知的关注机制，以富有成效地汇总相邻关键词的知识。邻近节点的关注权重定义如下：

$$w^m(x_h, e_r, x_t) = \frac{\exp(\nabla^m(x_h, e_r, x_t))}{\sum_{x_{\bar{t}} \in \mathcal{N}_h^m} \exp(\nabla^m(x_h, e_r, x_t))} \quad （9.5）$$

这里，$\nabla^m(x_h, e_r, x_t)$ 是通过以下关系注意机制实现的：

$$\nabla^m(x_h, e_r, x_t) = \mathrm{ReLU}[(x_h^m L_1^m)(x_t^m L_2^m + e_r^m L_3^m)^T] \quad （9.6）$$

其中，x_h 和 $x_t \in \mathbb{R}^{1 \times k_2^m}$ 分别是 x_h 和 x_t 在第 m 层的初始嵌入 $e_r^m \in \mathbb{R}^{1 \times k_2^m}$，表示在第 m 层的嵌入。L_1^m、L_2^m 和 $L_3^m \in \mathbb{R}^{k_2^m \times k_2}$ 是三个不同的权重矩阵，用于节点和边嵌

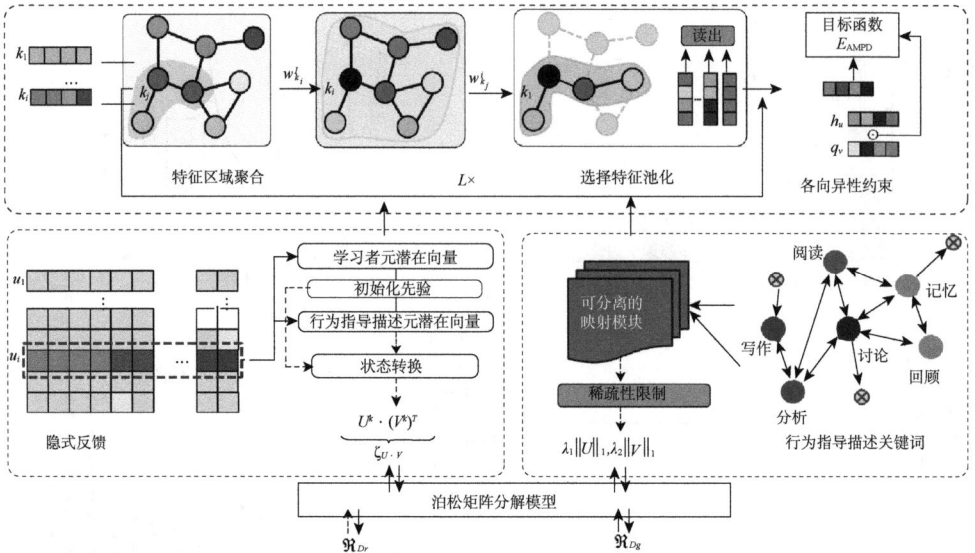

图 9-6　可分离的 AGML（Anisotropic Graph Machine Learning）框架

入的线性转换，k_2 表示图学习层的潜在空间维度。

在不同的学习行为指导策略中，首要的属性是不同的。因此，同一个词对于不同的学习者或学习行为指导策略而言可能有不同的重要性。在此基础上，本书提出了个性化的图池算法，以捕捉每个学习者或学习行为指导策略的重要节点（即词）。

对学习者 θ_u^m 的第 m 层的表示进行汇总，以得出每个节点的重要性得分 θ_u^m：

$$\theta_u^m = \mathrm{ReLU}\left(e_u L_5^m + b_5^m\right) \tag{9.7}$$

其中，$L_5^m \in \mathbb{R}^{k_1 \times k_2}$ 和 $b_5^m \in \mathbb{R}^{1 \times k_2}$ 分别表示第 m 个聚集层的多层感知机的权重矩阵和偏置项。

在第 m 次迭代后，可得到多个不同大小的集合子图（即 $G_u^2, G_u^3, \cdots, G_u^{m+1}$），这种分层图特征聚合操作检索了不同粒度评论图的信息，这些信息也可被看作评论的不同表示层次，如单词、句子和文档级表示。利用一个最大集合操作来产生每个子图 G_u^m 的表述，以整合来自这些不同规模的子图的信息，其中 $2 \leqslant m \leqslant L+1$，记作：

$$\begin{cases} \widehat{G_u^m} = \max_{t=1}^{d_2} X_u^m(:,t) \\ G_u^m = \mathrm{ReLU}(\hat{g}_u^m L_6^m + b_6^m) \end{cases} \tag{9.8}$$

其中，$L_6^m \in \mathbb{R}^{k_2 \times k_1}$ 和 $b_6^m \in \mathbb{R}^{1 \times k_1}$ 分别为权重矩阵和偏置单元，G_u^m 表示在第 m

层生成的子图的表示。

在所有层的子图表示之后，将学习者嵌入的非线性变换连接起来，得出学习者 u 的语义表示 h_u，如下所示：

$$h_u = L_u \oplus G_u^2 \oplus G_u^3 \oplus \cdots \oplus G_u^{L+1} \qquad (9.9)$$

其中，$\oplus$ 表示连接操作，$L_u \in \mathbb{R}^{k_1 \times k_2}$ 是权重矩阵。

（二）基于 L_1 范数约束的学习者偏好预测

具有 L_1 准则的先验概率的背景表示为 $P(U,V \mid \zeta_U, \zeta_V, L, Q) \times P(L, Q \mid x_1, x_2) \times P(h_u, q_v \mid w^m)$，其中，$U$ 是维度为 $M \times k$（M 为用户数，k 为潜在因子维度）的用户潜在因子矩阵，每一行 U_i 表示用户 i 的潜在偏好特征（如对学习资源类型、难度的偏好）。V 为 $N \times k$（N 为物品数），每一行 V_j 表示学习资源 j 的潜在属性特征（如内容难度、知识点类型）的物品潜在因子矩阵。ζ_U 为用户潜在因子矩阵 U 的先验分布参数（如高斯分布的均值或方差），可控制用户偏好的整体分布形态。ζ_V 为物品潜在因子矩阵 V 的先验分布参数，可控制学习资源属性的分布形态。x_1 和 x_2 分别表示 U 和 V 的规范的稀疏性约束参数。$P(U,V \mid \zeta_U, \zeta_V, L, Q)$ 为在 ζ_U、ζ_V、L、Q 参数下 U 和 V 的联合概率分布，$P(L, Q \mid x_1, x_2)$ 为给定稀疏性约束参数 x_1、x_2 的条件下，模型参数 L 和 Q 的联合概率分布。$P(h_u, q_v \mid w^m)$ 用于通过贝叶斯推断优化模型，结合先验知识与观测数据来预测学习者偏好。

图 9-6 的下半部分知识关键图展示了该模块的工作流程。该框架由上下两个主要部分组成，即泊松交互 RVM（Rating Variance Module）模块和文本上下文信息映射 REM（Review Enhancement Module）模块，具有对先验假设进行评分和捕获知识关键词的功能。各向异性因子表示学习利用特征向量进行部分约束。本书利用上下文特征向量的各向异性向量，根据评分预测中的稀疏性约束，对学习者和学习行为指导策略潜在因子的哈达玛积进行部分约束。

本书对先验概率采取了负对数来追溯计算过程。因此，最大后验估计被重新表述为优化各向异性的损失函数，这种损失函数使得对评论数据特征的描述更加有力。

二、大语言模型支撑的学习行为个性化指导模型

大语言模型的发展表明，它们能够有效地利用常识性知识和推理能力。由于文本描述可以代表各种类型的学习资源，基于学习资源的文本推荐在实际场景中具有广泛的应用潜力，直接使用原始学习资源描述可能会因为缺乏全面的学习者偏好信息而无法产生最佳推荐效果，并且常常受到学习资源描述中信息不完整或不足的限制。这种不完整性可能源于对学习资源本身特性的理解有限，如缺乏对资源难度、适用人群等维度的标注；或者是对学习者偏好的理解不足，如缺乏学习者过往的学习行为、学习目标等数据。

Ooge 等（2022）的实验表明，向学习者提供教育推荐的解释和额外信息可以提高他们对这些推荐的接受度。学习–推荐的可解释性具有双重目的：一是澄清推荐内容背后的原因；二是赋予学习者基于自动推荐做出知情决策的能力。这种决策过程的有效性在很大程度上取决于推荐系统提供的信息类型和数量。

大语言模型在教育领域仍然存在局限性，它们被用于生成学习解释的研究还不够深入。为解决这些问题，本章进行了一系列研究，并提出了一种新方法，称为 RE-LLM（Recommendation-Large Language Model）。Sequeda 等（2023）使用数据结构来丰富大语言模型的附加信息提示，并研究了知识图谱在提高大语言模型准确性方面的作用。RE-LLM 包含了四种不同的策略来丰富学习资源文本提示，并采用了四种方法来避免大语言模型的常见错误和偏见。此外，知识图谱在建模教学内容方面具有一定潜力，可支持 RE-LLM 生成更相关的解释。

（一）丰富学习资源文本的提示策略

本书采用了四种不同的丰富学习行为指导策略的文本提示方法，以优化基于学习行为指导的个性化推荐，设计细节如图 9-7 所示。本书研究显示，通过大语言模型增强的学习资源文本显著提升了推荐效果，即使是简单的多层感知机网络，也能与基于复杂内容的方法相媲美，甚至取得更好的结果。RE-LLM 的成功在于其有效的提示策略，它充分利用了语言模型对一般和特定学习行为指导策略特征的理解。这一发现强调了使用多样化的提示和输入对于推荐系统的重要性。

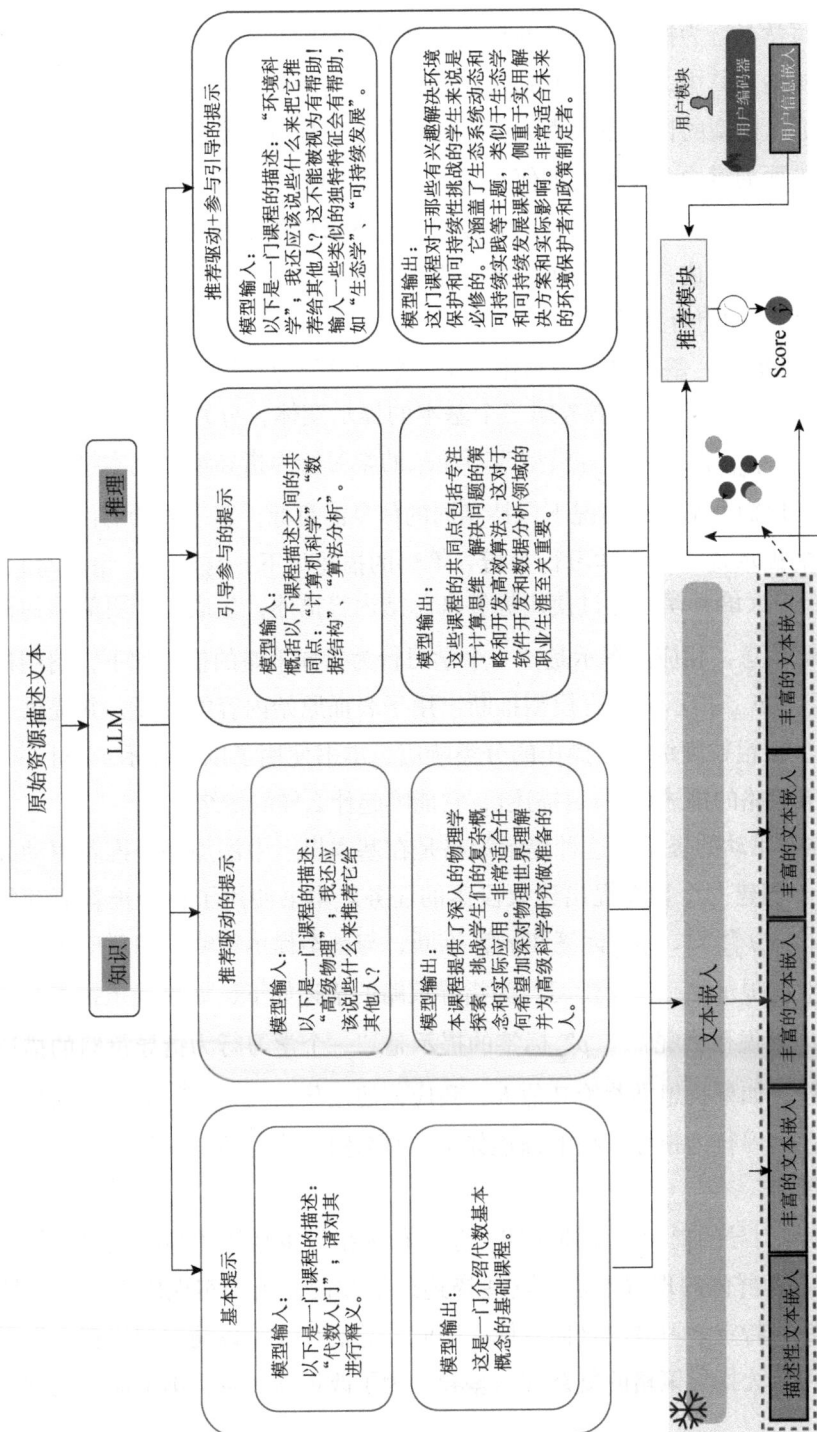

图 9-7 RE-LLM 所提出的四种不同的丰富学习行为指导策略的文本提示方法

在撰写学习行为指导策略推荐目的总结时，教师对特定学习行为指导策略的理解通常被纳入其中，以突出其独特属性，使之与其他学习行为指导策略区分开来。RE-LLM 模型的目标是探索大语言模型在生成信息丰富的学习行为指导策略文本描述方面的潜力，并研究如何利用这种增强的描述来使学习行为指导更加个性化，为学习者提供有效的支持。具体而言，本书聚焦于四种不同的大语言模型提示方法来丰富描述：基本提示、推荐驱动的提示、参与引导的提示，以及推荐驱动+参与引导的组合提示。

1）基本提示。基本提示与制作一个一般学习行为指导策略摘要的任务非常相似。在这个范围内，本书考虑三个基本的提示变体，分别将它们称为 p_{para}、p_{tag} 和 p_{infer}。p_{para} 指示大语言模型改写原来的学习行为指导策略文本描述，强调在不引入任何额外细节的情况下保持相同的信息的目标。鉴于原始的内容描述，本书使用的提示是"一个学习行为指导策略的描述如下：{描述}，请改写它"。p_{tag} 旨在指导大语言模型通过使用标签来总结内容描述，生成一个更简洁的概述来捕获关键信息，相应的提示是"一个学习行为指导策略的描述如下，请用标签进行总结"。p_{infer} 指示大语言模型推断出用于表征原始内容的特征，并提供一个在更广泛、更粗粒度级别上操作的分类响应，本书使用了以下提示："对一个学习行为指导策略的描述如下：{描述}，它能唤起什么样的情绪？"

2）推荐驱动的提示。这种提示策略是在基本提示中添加一个推荐驱动的指令，类似于创建一个旨在提出建议段落的任务。本书使用了三个推荐驱动的提示，分别称为 p_{para}^{rec} 对、p_{tag}^{rec} 标签和 p_{infer}^{rec} 推断，与基本提示策略中的对应提示相一致。p_{para}^{rec} 对的提示是"一个学习行为指导策略的描述如下，如果我想推荐给其他人，我还应该说什么呢？"p_{tag}^{rec} 标签的提示是"一个学习行为指导策略的描述如下：{描述}，如果我想推荐给其他人，我应该使用什么标签？"p_{infer}^{rec} 推断的提示是"对一个学习行为指导策略的描述如下：{描述}，推荐给其他人，并关注它所能唤起的情绪"。

3）参与引导的提示。如前所述，学习行为指导策略描述中的缺陷往往源于对目标学习者群体的理解不足。这些描述最初被设计用于实现广泛的一般性目的，而未针对特定学习者的具体目标，因此，它们往往难以捕捉到更符合学习者偏好的学习行为指导策略的复杂细微差异。为了改进这一点，本书需要在制定学习行为指导策略描述时更加深入地了解学习者的需求和偏好，以确保行为指导的准确性和相关性。参与引导的提示策略旨在通过利用学习者的行为，特别是他们与学习资源之间的交互（即学习者参与），来设计具有明确提示意图的引导机制，进而引导大语言模型更精准地理解学习行为指导策略的关键属性。通过这种方式，大语言模型能够生成更加深入的、与上下文相关的描述，从而更加贴近对学习者偏好的预期。本书把这个变体称为 P^{eng}。为创建参与引导的提示，本书将目标学习行为指导策略的描述表示为 d_{target}，将 T 个重要邻居学习行为指导策略的描述表示为 $d_1, d_2, d_3, \cdots, d_T$。这种提示策略的确切提示是"总结以下描述中的共性：{描述}，对其他重要邻居的描述"。

4）推荐驱动+参与指导的组合提示。该提示结合了推荐驱动和参与指导的指令，提示为"一个学习行为指导策略的描述如下：{描述}。如果我想向别人推荐它，我还应该说些什么呢？该内容还具有一些类似的特征描述：{其他重要邻居的描述}"。

RE-LLM 作为一个多功能且简单的框架，不受学习行为指导策略类型的限制，显示出其在个性化推荐中的明显影响。此外，RE-LLM 还提高了推荐的透明度和可解释性。直接调查增强文本的能力不仅增强了人们对推荐模型的理解，还为学习者提供了关于学习行为指导策略对应特征的见解。这种框架对于寻求理解推荐背后原理的学习者和系统设计者来说是无价的资源。

（二）基于大语言模型偏差和幻觉问题的控制策略

为了解决大语言模型易出现错误、偏见和幻觉的问题，RE-LLM 设计了三种有效的策略，作为学习行为个性化指导的一部分。推荐模块在为大语言模型提供关于学习推荐的信息和解释方面具有一定的潜力，并为学生提供了一个与现实教师进行联系的渠道。

第一个策略是限制基于大语言模型对话过程所负责的任务范围。该策略旨在帮助大语言模型完成不能生成无关或错误信息这一任务。为了限制聊天机器人执行的任务范围，本书设计了一个意图分类器，在对话中具有允许预定义的动作意图集。如果学习者请求不属于允许的操作类之一，系统会将不属于操作类的学习者请求重定向到受支持的任务之一，任何不属于以前任务的查询都被归类为"其他"，并重新触发对话管理器请求查询。此方法支持以下一组任务：询问推荐背后的原因；询问 web 应用程序中推荐页面上的内容；询问采纳推荐的学习行为指导策略后将获得的好处；询问有关推荐指导策略的更多信息；询问推荐的行为指导策略与学生的学习状态之间的关系。

第二个策略是设计对话框。该策略是为了确保系统能够理解学习者的问题，使用"再提示"来确认学习者的意图。教育对话大模型将跟踪学习者的问题，说明它是如何理解这个问题的。如果学习者的问题不在可回复范围内，教育对话大模型将要求学习者重新措辞，以确保问题在所支持的任务范围内。如果教育对话大模型根本不能理解学习者的问题，那么它会建议学习者再次提问。

第三个策略是采用完整的上下文信息来丰富大语言模型提示。大语言模型请求访问的上下文用于引导文本生成对学习者有用的内容。提示的上下文可能包括关于学习者的情况、对话的先前状态、对学习行为指导策略的附加描述、领域术语等信息。对于可解释性会话任务，教育对话大模型需要关于其学习路径及其个体元素的足够信息。同样重要的是，要确保大语言模型不会产生学习者不明确的答案或解释，因此，本书在提示上下文的设计阶段对自我调节学习领域和行为指导相关领域的一系列研究进行总结，结合从真实的混合学习环境中收集学习者在自我调节学习过程中所面临的普遍问题，来设计相应的解决方案，从而提取大语言模型应该遵循的一系列规则，如响应的长度、要提供（或不提供）的信息类型，以及模型在生成响应时应该考虑的定义，如某个领域特定术语的确切含义。

参 考 文 献

曹天生，孔凡士，朱珂，李彦敏.（2020）. 促进学习者之间交互深度的分组策略研究. 现代教育技术，（6），55-60.

董永峰，王雅琼，董瑶，邓亚晗.（2023）. 在线学习资源推荐综述. 计算机应用，（6），1655-1663.

尤文英.（2019）. 基于隐含知识点和加权矩阵分解的习题推荐算法研究. 西北大学硕士学位论文.

李林峰.（2023）. 基于上下文图矩阵分解的学习资源推荐方法研究. 华中师范大学硕士学位论文.

刘勤玲.（2019）. 基于学习诊断模型的知识点推荐算法研究及应用. 西安理工大学硕士学位论文.

马晓，曲建华，徐慧敏.（2021）. 交互视角下网络学习行为特征挖掘. 山东师范大学学报（自然科学版），36（3），282-290.

乔璐，江丰光.（2020）. 慕课学习者群体的聚类分析——以"STEM 课程设计与案例分析"慕课为例. 现代教育技术，（1），100-106.

生晓婷.（2020）. 基于强化学习的个性化习题推荐辅助教学系统的研究. 北京邮电大学硕士学位论文.

谭金丹.（2021）. 基于深度学习的个性化学习资源推荐算法研究. 桂林电子科技大学硕士学位论文.

汪延国.（2020）. 基于学习行为分析的知识点推荐算法研究. 桂林电子科技大学硕士学位论文.

王改花，傅钢善.（2019）. 网络学习行为与成绩的预测及学习干预模型的设计. 中国远程教育，（2），39-48.

吴林静，劳传媛，刘清堂，程云，毛刚.（2018）. 网络学习空间中的在线学习行为分析模型及应用研究. 现代教育技术，（6），46-53.

朱珂.（2017）. 网络学习空间中学习者交互分析模型及应用研究. 电化教育研究，（5），43-48.

Abu-Rasheed, H., Dornhöfer, M., Weber, C., Kismihók, G., Buchmann, U., & Fathi, M.（2023）. Building contextual knowledge graphs for personalized learning recommendations using text mining and semantic graph completion. 2023 IEEE International Conference on Advanced Learning Technologies（ICALT），36-40.

Bhutto, E. S., Siddiqui, I. F., Arain, Q. A., & Anwar, M.（2020）. Predicting students' academic performance through supervised machine learning. 2020 International Conference on Information Science and Communication Technology（ICISCT），1-6.

Cai, D., Qian, S., Fang, Q., Hu, J., & Xu, C.（2023）. User cold-start recommendation via inductive heterogeneous graph neural network. ACM Transactions on Information Systems, 41（3），1-27.

Chen, H., Yin, C., Li, R., Rong, W., Xiong, Z., & David, B.（2020）. Enhanced learning resource recommendation based on online learning style model. Tsinghua Science and Technology, 25（3），348-356.

Cheng, P., & Ding, R.（2021）. The effect of online review exercises on student course engagement and learning performance: A case study of an introductory financial accounting course at an international joint venture university. Journal of Accounting Education, 54, 1-25.

Ding, S., Feng, F., He, X., Liao, Y., Shi, J., & Zhang, Y.（2022）. Causal incremental graph convolution for recommender system retraining. IEEE Transactions on Neural Networks and Learning Systems, 35（4）, 4718-4728.

Duan, R., Jiang, C., & Jain, H. K.（2022）. Combining review-based collaborative filtering and matrix factorization: A solution to rating's sparsity problem. Decision Support Systems, 156, 113748.

Garrido, G., Guthrie, M. W., & Chen, Z.（2020）. How is students'online learning behavior related to their course outcomes in an introductory physics course? SSRN Electronic Journal, 658-671.

Geng, S. J., Liu, S. C., Fu, Z. H., Ge, Y. Q., & Zhang, Y. F.（2022）. Recommendation as language processing（RLP）: A unified pretrain, personalized prompt & predict paradigm（P5）. Proceedings of the 16th ACM Conference on Recommender Systems, 299-315.

Godwin, K. E., Almeda, M. V., Seltman, H., Kai, S., Skerbetz, M. D., Baker, R. S., & Fisher, A. V.（2016）. Off-task behavior in elementary school children. Learning & Instruction, 44, 128-143.

Hua, W., Xu, S., Ge, Y., & Zhang, Y.（2023）. How to index item IDs for recommendation foundation models. Proceedings of the Annual International ACM SIGIR Conference on Research and Development in Information Retrieval in the Asia Pacific Region, 195-204.

Hussain, S., & Khan, M. Q.（2023）. Student-performulator: Predicting students' academic performance at secondary and intermediate level using machine learning. Annals of Data Science, 10（3）, 637-655.

Kazanidis, I., Valsamidis, S., Gounopoulos, E., & Kontogiannis, S.（2020）. Proposed S-Algo+data mining algorithm for web platforms course content and usage evaluation. Soft Computing, 24（19）, 14861-14883.

Lai, S., Sun, B., Wu, F., & Xiao, R.（2019）. Automatic personality identification using students' online learning behavior. IEEE Transactions on Learning Technologies, 13（1）, 26-37.

Li, L., Liu, H., & Zhang, Z.（2023）. Anisotropic knowledge empowers efficient recommender system through menerative-map representation learning. 2023 IEEE International Conference on Data Mining Workshops（ICDMW）, 1352-1359.

Liu, Q., Chen, N., Sakai, T., & Wu, X. M.（2024）. ONCE: Boosting content-based recommendation with both open-and closed-source large language models. Proceedings of the 17th ACM International Conference on Web Search and Data Mining, 452-461.

Liu, S., Ounis, I., MacDonald, C., & Meng, Z.（2020）. A heterogeneous graph neural model for cold-start recommendation. Proceedings of the 43rd International ACM SIGIR Conference on Research and Development in Information Retrieval, 2029-2032.

Liu, Y., Yang, S., Zhang, Y., Miao, C., Nie, Z., & Zhang, J. (2021). Learning hierarchical review graph representations for recommendation. IEEE Transactions on Knowledge and Data Engineering, 35 (1), 658-671.

Ooge, J., Kato, S., & Verbert, K. (2022). Explaining recommendations in E-learning: Effects on adolescents' trust. 27th International Conference on Intelligent User Interfaces, 93-105.

Qiu, Z., Wu, X., Gao, J., & Fan, W. (2021). U-BERT: Pre-training user representations for improved recommendation. Proceedings of the AAAI Conference on Artificial Intelligence, 4320-4327.

Rufai, A. Y., Suru, D., & Afrifa, J. (2021). The role of machine learning and data mining techniques in predicting students' academic performance. International Journal of Computer Applications Technology and Research, 10 (8), 198-207.

Salakhutdinov, R., & Mnih, A. (2007). Probabilistic matrix factorization. Advances in Neural Information Processing Systems, 1257-1264.

Sequeda, J., Allemang, D., & Jacob, B. (2023). A benchmark to understand the role of knowledge graphs on large language model's accuracy for question answering on enterprise SQL databases. Proceedings of the 10th International Conference on Database and Expert Systems Applications, 1-34.

Shang, S., Gao, M., & Luo, L. (2021). An improved hybrid ontology-based approach for online learning resource recommendations. Educational Technology Research and Development, 69, 2637-2661.

Shou, Z. Y., Wen, Y., Chen, P., & Zhang, H. (2021). Personalized knowledge map recommendations based on interactive behavior preferences. International Journal of Performability Engineering, 17 (1), 36-49.

Shu, J. B., Shen, X. X., Liu, H., Yi, B. L., & Zhang, Z. L. (2018). A content-based recommendation algorithm for learning resources. Multimedia Systems, 24, 163-173.

Yan, L., Sha, L., Zhao, L., Li, Y., Martinez-Maldonado, R., Chen, G., ... & Gašević, D. (2024). Practical and ethical challenges of large language models in education: A systematic scoping review. British Journal of Educational Technology, 55 (1), 90-112.

Yin, S., Yang, K., & Wang, H. (2020). A MOOC courses recommendation system based on learning behaviours. Proceedings of the ACM Turing Celebration Conference-China, 133-137.

Zhang, M., Wu, S., Gao, M., Jiang, X., Xu, K., & Wang, L. (2020). Personalized graph neural networks with attention mechanism for session-aware recommendation. IEEE Transactions on Knowledge and Data Engineering，34（8），3946-3957.

Zhao，Z.，Fan，W.，Li，J.，Liu，Y.，Mei，X.，Wang，Y.，... & Li，Q.（2024）. Recommender systems in the era of large language models（LLMs）. IEEE Transactions on Knowledge and Data Engineering，36（11），6889-6907.

第四部分

研究总结展望

第十章

大语言模型助推自我调节学习的
未来发展

第一节　科学理论的变革：从自主调节到
人工智能赋能的协同学习

随着人工智能技术与教育的不断融合发展，人工智能教育的创新应用为真实学习情境中的自我调节学习研究与实践带来了新的机遇。伴随着人工智能技术与教育走向融合创新，智能工具在教育领域的深入应用为自我调节学习变革提供了强大的技术杠杆，将充满复杂挑战的自我调节学习实践转化为丰富的教育研究资源。习近平在致国际教育信息化大会的贺信中指出，"因应信息技术的发展，推动教育变革和创新，构建网络化、数字化、个性化、终身化的教育体系，建设'人人皆学、处处能学、时时可学'的学习型社会，培养大批创新人才，是人类共同面临的重大课题"①。目前，如何利用人工智能技术这一先进的信息化手段在真实的学习情境中培养学生的自我调节学习能力，推动构建学习型社会，已经成为我国乃至世界的一项重要议题。

传统方式下的自我调节学习是基于自主的学习行为调节策略来进行的，这种

---

① 习近平致国际教育信息化大会的贺信. https://www.gov.cn/xinwen/2015-05/23/content_2867645.htm. （2015-05-23）[2025-06-02].

策略过于依赖学习者的自我观察、评价、反思等行为因素，并且传统的自我调节学习并不能根据学习者的自身学习状态采取个性化的行为因素来进行调节。这些特点将导致学习者学习目标盲目、学习规划章法凌乱与落实拖延、学习过程自我监督效率低下等问题。Zheng 等（2023）的研究表明，情绪因素在自我调节学习中占据重要作用。李红霞等（2019）发现，较高的认识论信念有利于培养学习者的自我调节学习能力，降低学业拖延程度，较少受学业拖延问题的困扰。此外，Panadero（2017）通过对自我调节学习的回顾发现，情感、知识状态等学习者个体因素和自我调节学习有着紧密的联系。本书提出了一种更为科学的理论体系——通过以大语言模型为代表的人工智能技术对与自我调节学习相关联的个体因素进行实时刻画和感知，并以此为基础为自我调节学习的开展效果提供精准的反馈，从而弥补自主学习行为驱动下学习者进行自我调节学习的不足。

在对学习者自我调节学习效果进行评估的基础上，如何为不同的学习者提供合适的策略来进行规划指导也是一个不容忽视的问题。简妮·爱丽丝·奥姆罗德（2015）在《学习心理学》一书中提到了一些可促进自我调节学习的行为因素，涉及自我指导、自我监控、自我强化和自我施加的刺激控制。传统模式下，这些行为因素的选择与实施过度依赖于学习者主体，但学习者主体往往具有一定的局限性，从而导致并不能有效地发挥这些行为因素对自我调节学习的促进作用，如何利用这些行为因素来改善学习者的自我调节学习能力是有待解决的另一个重要难题。本书基于此问题和原有的个体因素刻画的理论，增加了因果推断的创新型科学理论，以为学习者提供个性化的规划指导。具体而言，本书通过以学习者的多种个体因素的感知结果为基础进行因果分析，根据溯因结果为学生提供个性化学习路径规划和学习行为指导，能够有效地解决学习状态感知不准确、自我监督不彻底的问题。

随着教育研究的主阵地从"实验室"向"真实学习环境"转移，现代教育科学不仅强调在真实的学习环境中量化学习者的学习成效，还主张根据学习者的学习状态进行智能分析并提供个性化指导。基于上述研究趋势和针对传统自我调节学习所面临问题的科学理论分析，本书综合提出了以"学习状态研究+因果推断规划指导研究"相结合的方式的理论框架，为推动自我调节学习从自主的学习行为调节转变为人工智能赋能的协同学习策略奠定了科学的理论基础。

第二节　大语言模型支持自我调节学习环境中的学习诊断与分析

"确保包容、公平的优质教育，促进全民享有终身学习机会"是联合国在 21 世纪向全球教育提出的发展目标（转引自刘玲玲，2022）。自我调节学习在教育体系中是一种十分重要的学习方式和能力，要求学习者在学习的过程中，积极主动地发起并指导自己规划、监控和反思学习过程来努力获取知识和技能，从而达到理想的个人目标，而不是依赖教师、家长或其他利益相关者（曹太合，2022）。因此，具备良好的自我调节学习能力是实现终身学习的一个关键条件。目前，传统的自我调节学习过程中的监督和规划指导等任务过度依赖学习者的自主行为并且缺乏实时性，如何在"学习状态研究+因果推断规划指导研究"的理论框架下，采用现有的相关技术对自我调节学习能力培养过程进行实践创新是一个十分关键的问题。

在传统的自我调节学习过程中，学习者的学习诊断主要依靠自我监督。如果学习者的自我监督能力不足，那么他们并不能对自己的学习状态进行实时且有效的诊断，甚至在极端情况下，他们会把一些消极的学习状态认为是正常的学习态度。长此以往，这对学习者自我调节学习的开展是极为不利的。

此外，传统的规划指导通常基于静态的数据和固定的规则，难以适应个体差异和动态变化的学习需求，缺乏灵活性和个性化，这意味着，如果学习者在某个知识点上遇到困难，传统的规划指导可能难以及时提供针对性的帮助和学习资源（Wiliam，2011）。并且，传统的规划指导主要是基于学习者的阶段性成果开展的，并没有从多种角度深入挖掘成因并进行推理，这一固有缺陷导致传统规划指导的不准确和不科学等问题。

鉴于传统的自我调节学习中存在的实践问题以及目前以大语言模型为代表的人工智能等技术的特点，本书针对自我调节学习环境下的学习诊断与分析任务构建了一种创新性的实践模型，具体可表述为构建了集跨模态学习状态感知（内心情感、注意力分析、过程行为、行为参与和知识状态）和个性化规划指导（学习路径规划和学习行为指导）为一体的、大语言模型驱动的、学习诊断与分析的自我调节学习能力培养框架。

本书针对学习状态感知设计了多元学习行为分析、知识状态感知和情感预测"三位一体"的架构来对学生的学习状态进行综合分析和判断，并构建了学习者学习状态理解模型指标体系（表10-1），还通过以大语言模型为代表的人工智能技术自动认知与理解学习者在学习过程中的学习行为、知识状态和内心情感，实现在无侵入、非配合的情况下准确地掌握学习者的学习状态。具体而言，本书先对采集到的学习者在自我调节学习过程中的视频和答题日志记录进行预处理，然后将预处理后的数据分别输入到基于面部表情的学生情感识别模型、基于实时视线的学习者注意力分析模型、基于学习者姿态的学习过程行为检测模型、基于头部姿态的学习者参与反馈分析模型和基于知识追踪的知识状态预测模型中，对学习者的内在状态（情感、知识状态）和外显状态（过程行为、参与度和注意力）进行准确感知，可帮助学习者更加准确地把握自己的学习状态，从而使他们对自己的学习行为有更清晰的认知。此外，学习者的个人思维过程也会相互影响，如元认知会影响学习者的认知过程，认知过程反过来也会影响学习者的元认知，而知识状态是学习者个人思维的一个重要反映，在内在状态中引入学习者的知识状态预测有助于学习者内隐自我调节能力的培养。融合内在状态和外显状态的学习者学习状态智能化分析，不仅扩展了传统状态感知的分析内容，而且极大地提高了分析效率和分析结果的科学性。

表 10-1   学习者学习状态理解模型指标体系

一级指标	二级指标	三级指标
内在指标	情感	积极
		中性
		消极
	知识状态	掌握
		模糊
		未掌握
外显指标	注意力	注视课本
		注视屏幕
		异常（注视窗外等）

续表

一级指标	二级指标	三级指标
外显指标	参与度	积极参与
		一般
		消极参与
	过程行为	积极（阅读、沉思、书写）
		消极（走动、睡觉、玩手机）

在以大语言模型为代表的人工智能技术支持的自我调节学习能力培养的实践应用中，实时并且准确地为学习者提供学习路径规划和学习行为指导对于学习者开展自我调节学习是至关重要的。为此，在学习者学习状态感知的基础上，如何利用状态感知的结果来进行个性化学习行为推荐和科学性学习路径规划是一个不容忽视的难点。以卷积神经网络为代表的传统深度学习网络，主要依赖大量的数据和特征提取来识别模式和进行预测。然而，这些网络由于缺乏对上下文和语义的深层理解，在处理复杂的语言和推理任务时往往力不从心（Haq et al.，2023）。大语言模型通过预训练和微调，能够从海量的数据中捕捉到语言的复杂结构和关系，其中最为明显的关系就是因果关系。此外，大语言模型通过使用自注意力机制，能够更好地理解上下文和捕捉长距离依赖关系，可保证对整个输入序列的全面理解，而不仅仅是依赖于局部信息，从而为利用学习状态进行因果推理奠定了基础（Patil，Gudivada，2024）。

基于上述的分析结果和齐默尔曼教授的自我调节学习模型，本书在规划指导研究部分选择以大语言模型技术为基础的新型的知识图谱和教育推荐系统来对学习者进行个性化学习路径规划和学习行为指导，具体表现为大语言模型通过其强大的自然语言处理能力，理解和分析学习者的知识状态、行为模式及其反馈，识别学习者的知识空白区域，预测其学习偏好、未来的学习趋势，并给予相关指导。在个性化学习路径规划方面，通过分析学习者的学习效率和知识掌握情况，大语言模型能够推荐适合其学习水平和兴趣的学习内容。例如，如果一个学生在数学学习中表现出对代数特别感兴趣但在几何方面有困难，大语言模型就可能为其推荐更多与代数相关的进阶课程，同时提供针对几何概念的补充材料和练习，以帮助学习者补足短板。在学习行为指导方面，大语言模型可利用因果推理分析学习者学习行为背后的动机和影响因素，从而提供更具针对性的指导。例如，大语言模型可识别出学习者在进行自我测验时跳过难题的倾向，并通过适时的反馈和激励机制鼓励学习者面对挑战，而不是逃避。

以大语言模型为代表的人工智能技术赋能自我调节学习能力培养的实践创新主要在于以下几个方面：首先，开展基于人工智能的自我调节学习能力培养，能够实现自适应学习环境下的精准数据采集，记录学习者在学习过程中学习状态的动态变化，实现学习者自我调节学习的轨迹追踪，帮助学习者改进学习规划和学习行为，促进自我调节学习能力的培养；其次，并行计算的硬件的普及和大容量存储的成本降低，能实现人工智能技术与学习状态检测、个性化推荐指导的深层次融合，推动监督和指导手段科学化、现代化、智能化和精准化；最后，将以大语言模型为首的人工智能应用到自适应学习环境中，能够建立健全的学习状态感知机制和个性化规划指导体系，为自我调节学习能力培养提供新思路。

第三节　学习行为的重塑：大语言模型推动自我调节学习能力提高

随着人工智能技术的不断发展，以大语言模型为代表的人工智能技术为学生自我调节学习能力的培养提供了有效的工具支持。此外，对学生的学习行为进行科学分析对于学生自我调节学习能力的培养是至关重要的。科学分析主要是对学生的学习状态进行科学分析，学生的学习状态主要包括学习行为刻画和学习行为投入感知两部分。学生的学习行为主要涵盖视线方向、学生姿态和头部方位等非言语信息，对这些非言语信息进行实时感知，可为学生学习行为刻画奠定基础。而基于人工智能技术的视线估计、头部姿态估计和人体姿态估计作为收集非言语信息的重要途径，能为学生学习行为刻画提供真实的一手资料。此外，武法提和张琪（2018）认为在混合学习环境中，学习行为投入包括情感投入和认知投入。基于面部表情的学生情感识别和基于知识追踪的学生知识状态预测，为学生情感投入和认知投入的刻画提供了宝贵的数据支撑。自我调节学习不等同于无支架学习，反馈是自我调节学习的重要支架（赵蔚，李士平，2018）。将学生学习状态作为反馈，利用大语言模型和教育推荐系统等人工智能技术来为学生进行学习路径规划和学习行为指导，有助于培养学生的自我调节学习能力。

以大语言模型为代表的人工智能促进的自我调节学习能力培养以个性化学习的新理念为指导，借助人工智能技术分析学习者的学习行为，为个性化指导提供了跨模态数据支持。另外，利用大语言模型和教育推荐系统分析学习状态的成因，基于归因推理进行个性化的学习路径规划和合理的学习行为指导，进而在实践中助力学习者自我调节学习能力的培养，具有重要的实践意义。总之，利用以大语言模型为代表的人工智能技术开展自我调节学习能力研究，不仅有利于实现学习者学习状态的信息收集、分析的自动化，还可以协助学习者根据自身学习状态制定合理的学习路径和学习行为，寻求促进学习者自我调节学习能力培养的有效路径。

第四节　未来研究趋势：大语言模型与自我调节学习深度融合

随着人工智能技术的快速发展，大语言模型在教育领域的应用日益广泛，特别是在自我调节学习领域展现出了巨大的潜力。未来，大语言模型与自我调节学习的深度融合将呈现以下几个研究趋势。

一、深化自我调节学习服务理论模型

未来研究将更加注重自我调节学习服务理论模型的构建与完善。大语言模型将通过深度分析学习者的学习行为和需求，为学习者提供更加个性化、更精准的学习服务。同时，研究者将探索如何将大语言模型与自我调节学习的理论框架相结合，以构建更加科学、系统的自我调节学习服务模型。

二、动态学习状态监测与反馈

大语言模型将结合多模态数据，实时监测学习者的学习状态，包括情感、注意力、参与度等。通过动态学习状态监测，大语言模型驱动的学习诊断与分析系统能够及时发现学习者的学习问题和困难，并提供即时的反馈和建议。这将有助于学习者更好地调整学习策略，提高学习效率。

三、智能评估与归因分析

未来研究将利用先进的网络模型和大数据技术，对学习者的学习成果进行更加精准、全面的评估。通过深度分析学习者的学习数据，大语言模型驱动的学习诊断与分析系统能够准确评估学习者的学习效果和存在的问题，并通过归因分析揭示影响学习效果的关键因素。这将有助于学习者更加准确地掌握自己的学习状况，并及时对学习计划进行更新。

四、自适应干预与指导

基于大语言模型的自适应干预与指导将成为未来研究的重点。大语言模型驱动的学习诊断与分析系统将根据学习者的学习状态和需求，动态调整学习资源、学习路径和学习策略等，为学习者提供个性化的学习支持和指导。通过自适应干预与指导，该系统能够帮助学习者更好地进行自我调节学习，提升学习效果。

五、提升外显学习与内隐模态信息融合的准确性

未来研究将关注如何提升外显学习与内隐模态信息融合的准确性。通过优化多模态数据融合算法和技术手段，研究者将探索如何更准确地融合学习者的面部表情、肢体动作、生理信号等外显和内隐信息，从而更全面地感知学习者的学习状态和需求。

六、持续技术创新与自我调节学习的深度融合

随着技术的不断创新和发展，未来研究将探索更多新的技术手段和方法论，如利用虚拟现实、增强现实等技术构建沉浸式学习环境，以及利用可穿戴设备实时监测学习者的生理和心理状态等。这些技术创新将进一步推动大语言模型与自我调节学习的深度融合，为学习者提供更加高效、个性化的学习支持。

七、注重数据伦理与隐私保护

在利用大语言模型进行自我调节学习的同时，未来研究将更加注重数据伦理和隐私保护。研究者将探索如何在保护学习者隐私的前提下利用大数据技术提升学习效果，同时制定严格的数据使用政策和规范，确保学习者的数据安全和隐私权益得到保护。

总之，大语言模型与自我调节学习的深度融合将为教育领域带来革命性的变革。未来研究将关注深化自我调节学习服务理论模型、动态学习状态监测与反馈、智能评估与归因分析、自适应干预与指导、提升外显学习与内隐模态信息融合的准确性等方面，同时注重持续技术创新与自我调节学习的深度融合，还将注重数据伦理与隐私保护。这些研究趋势将有助于推动自我调节学习的持续发展和优化，为学习者提供更加高效、智能化的学习辅助。

参 考 文 献

曹太合.（2022）. 利用点击流数据揭示学习者在线自我调节学习的时间管理. 华中师范大学博士学位论文.

简妮·爱丽丝·奥姆罗德.（2015）. 学习心理学. 第六版. 汪玲，李燕平，廖凤林等译. 北京：

中国人民大学出版社.

李红霞，张佳佳，赵霞，司继伟，黄碧娟.（2019）. 大学生认识论信念、自我调节学习与学业拖延的联系：有调节的中介模型. 心理发展与教育，35（5），557-565.

刘玲玲.（2022-08-05）. 共同推动全球教育均衡发展（国际视点）. 人民日报，第 17 版.

武法提，张琪.（2018）. 学习行为投入：定义、分析框架与理论模型. 中国电化教育，（1），35-41.

赵蔚，李士平.（2018）. 基于学习分析的自我调节学习路径挖掘与反馈研究. 中国电化教育，（10），15-21.

Haq，M. U.，Sethi，M. A. J.，& Rehman，A. U.（2023）. Capsule network with its limitation，modification，and applications—A survey. Machine Learning and Knowledge Extraction，5（3），891-921.

Panadero，E.（2017）. A review of self-regulated learning：Six models and four directions for research. Frontiers in Psychology，8，422.

Patil，R.，& Gudivada，V.（2024）. A review of current trends，techniques，and challenges in large language models（LLMs）. Applied Sciences，14（5），2074.

Wiliam，D.（2011）. What is assessment for learning? Studies in Educational Evaluation，37（1），3-14.

Zheng，J.，Lajoie，S.，& Li，S.（2023）. Emotions in self-regulated learning：A critical literature review and meta-analysis. Frontiers in Psychology，14，1137010.

后　记

在编写本书的过程中，我们深入探讨了自我调节学习的核心意义以及大语言模型在教育领域的应用潜力。自我调节学习作为学习者实现终身学习、自我超越的关键能力，其重要性不言而喻。然而，在实践中，我们发现学习者在自我调节学习的过程中往往面临着诸多挑战，如学习目标的设定、学习策略的选择、学习过程的监控与调整等。这些挑战不仅影响了学习者的学习效果，也制约了自我调节学习能力的提升。

在探索大语言模型与自我调节学习的深度融合时，我们意识到这一领域面临着诸多挑战和难题。首先，大语言模型虽然具有强大的语言处理能力，但其在教育领域的应用仍处于初级阶段，如何将其有效应用于学习诊断与分析中，还需要进一步的研究和探索。其次，自我调节学习涉及学习者的认知、情感、动机等多个方面，如何全面、准确地感知和诊断学习者的学习状态，是一个复杂而艰巨的任务。此外，随着技术的不断发展，新的学习形式和学习需求不断涌现，如何适应这些变化，为学习者提供更加个性化、精准化的支持，也是我们需要思考和解决的问题。

针对上述问题，本书在自我调节学习关键技术攻关中提出了一系列具体的网络模型与技术路线。例如，在学习状态研究部分，我们利用面部表情识别、实时视线分析、学生姿态检测等技术，实现了对学习者学习状态的全面感知和深度分析。这些技术的应用不仅为学习诊断提供了更加丰富的数据支持，也为学习者提供了更加精准、个性化的学习反馈和指导。此外，在规划指导研究部分，我们基于大语言模型构建了学习路径规划和学习行为指导模型，为学习者提供了更加科学、有效的学习建议和支持。这些模型的提出和应用，不仅推动了自我调节学习理论的发展，也为教学实践提供了新的思路和方法。

当然，由于笔者阅历有限，本书对于一些方向的探索可能还不够具体和深入，可能存在着一些缺陷和不足。我们真诚地希望广大读者能够提出宝贵的批评和指导性建议，帮助我们不断完善和提高。同时，我们也期待未来有更多的研究者能够加入到这一领域的研究中来，共同推动自我调节学习与大语言模型的深度融合，为教育领域的创新与发展贡献更多的智慧和力量。